KB024456

중학교 적응 만렙 매뉴얼

중학생활 끝판왕

정동완 육근섭 안혜숙 진연자
윤호진 문예나 유경화 지음

꿈구두

이 책을 읽는 독자들에게

현직 교사들이 직접 알려주는
행복한 중학교 생활을 보내는 알짜 비법!

누구나 꿈을 꿉니다. 그 꿈을 불가능한 것이라 믿고 현실에 꿈을 맞추는 사람이 있고, 꿈이 가진 가능성에 현실을 바꾸는 사람이 있습니다. 그렇게 자신을 바꾸고, 세상을 변화시킬 수 있는 사람이 미래사회에서 요구되는 인재상일 것입니다. 이 책을 공동 집필한 선생님 모두 그렇게 불가능할 수도 있었던...! '중학생을 위한 도서집필'을 위한 꿈을 갖고 도전하게 되었습니다. 저자 모두 열정을 쏟아가며 하나씩 꿈에 다가설 수 있는 작은 실천가가 되어, 특별하지 않을 수도 있었던 30대, 40대, 50대에도, 저마다 그 꿈을 놓지 않고 협력하며 중학생활 끝판왕을 집필하였습니다.

학교에서 학생들이 무엇을 배우는가보다 이제는 어떤 태도로 학습하는지, 어떻게 탐구할 수 있는지, 자기주도적인 학습능력이 뛰어난지가 더 중요해지고 있습니다. 이 책은 현재 필요한 정보뿐만 아니라, 가까운 미래나 먼 미래에 대한 정보와 계획을 끝없이 업데이트하며 자신을 설계할 수 있는 방법을 담아냈습니다.

중학교 1학년을 시작하는 학생뿐만 아니라, 본격적인 내신관리에 고민을 시작하는 중학교 2학년, 진로에 대한 고민과 입시에 대한 불안감을 가질 수 있는 3학년까지 모두에게 필요한 내용을 엄선하였습니다.

학부모님과 학생들이 함께 읽을 수 있는 책을 만들고 싶었습니다. 선생님에게도 필요한 내용을, 특히 중학교에서 처음 지도하시는 선생님을 위한 안내서가 될 수 있도록 심혈을 기울였습니다. 학생들에게 진로를 찾는 방법을 안내하고, 구체적으로 자신의 진로를 준비할 수 있게 진학까지 연결할 수 있는 다양한 정보를 담아서 학생들이 고등학교에 진학한 후에도 자신의 가치를 빛낼 방법을 제시하였습니다. 집필진 각자가 다른 전공과목과 다양한 지역의 지도경험을 바탕으로 최선의 선택과 최대한의 간접 경험을 할 수 있도록 구체적인 예시를 제공하려 노력했습니다.

당장 해야 할 것이 무엇인지, 어떻게 해야 하는지 결정해야 한다면 중학생활 끝판왕이 등대가 되어드리겠습니다. 여러분의 꿈을 향해 선생님과 함께 앞길을 밝혀볼까요?

중학생활끝판왕 저자 일동

추천사

김이헌(남양주 별내중 교사)

중학교 입학을 앞두고 있거나, 중학교 생활에 어려움을 겪고 있는 모든 중학생과 학부모님을 위한 책입니다. 다양하고 정확한 정보로 아이들이 차분하게 중학 생활에 대한 준비를 할 수 있고 현실적인 조언을 통해 많은 도움을 얻을 수 있을 것입니다.

류수진(해운대고 교사)

간결하게 제시되는 설명과 직관적으로 받아들이기 쉬운 구성으로 중학생들과 학부모님 모두에게 중학 생활에 즉각적인 도움을 줄 수 있는 책입니다. 다양한 방법과 사례가 제시되어 있어 중학생들의 학교 내외에서 일어나는 다양한 활동에 적용해 볼 수 있습니다. 더 나아가 동일한 맥락으로 고등학교 생활과 활동 관리를 미리 대비해 볼 수 있는 큰 그림을 그리는데 도움받을 수 있으리라 기대해 봅니다.

민현진(산본고 교사)

교직에 20여년 간 몸담고 있으면서 중학교 때부터 기초를 탄탄히 해 온 학생들이 고등학교 와서 체계적으로 자신의 진로를 찾아가는 모습을 많이 보았습니다. 고등학생들을 위한 대입준비 서적과 자료는 넘쳐나지만, 중학생을 위한 가이드북은 많이 없어 안타까웠는데, 드! 디! 어! 불안에 떨며 중학교에 들어가지 않아도 되게 되었네요^^ [중학생활 끝판왕]은 중학교 입학 전 필독서입니다! 중1,2,3도 늦지 않았어요. [중학생활 끝판왕]을 꼭 읽어보시고 실천하시면 남은 중학생활을 후회 없이 보낼 수 있을 것입니다.

배지혜(예일여중 교사)

교실에서 한분의 선생님께 대부분의 과목을 배우고, 다양한 활동과 체험 중심의 교육을 받아온 열세살의 학생들에게 다가올 중학교 생활이 궁금하고 새롭기만 합니다. 자녀가 이제 막 중학교 입학을 앞두고 있는 학부모님들에게는 자유학년제부터 고교학점제까지 생소한 것이 많지만 어디에 문의해야 할지 막막합니다. 이런 예비 중학생과 학부모님들께 [중학 끝판왕]은 중등교육의 첫 단추인 중학생활에 대한 자세한 안내와 고등학교까지의 징검다리 역할을 확실하게 해주고 진로로드맵을 제시해 줄 것입니다.

성유진(동대문 중학교 교사)

이 책은 학생과 진로에 대해서 상담하고자하는 교사, 자녀의 진로 준비에 대해 막막한 부모 그리고 진로에 고민이 있는 학생들 모두가 읽어야 할 필독서입니다. 지피지기면 백전백승이라고 하죠? 막연하기만 했던 미래의 꿈을 구체적으로 설계할 수 있도록 도와주고 꼼꼼하고 효율적으로 계획하고 진행할 수 있도록 도와주는 길잡이 같은 책입니다. 꼭 읽어보고 꿈을 두드림(Do Dream) 하세요!

신고은(남양중 교사)

내 손 안의 입학 설명회를 가지고 싶으신 학부모님들
나만의 학습 컨설턴트가 필요한 학생들께 강력히 추천합니다.
이 책은 자신의 학습성향을 파악하도록 도와주며 제대로된 목표와 방향을 잡아 매일의 공부 습관까지 잡아줍니다.

장현아(한국지문적성연구원 대표)

중학생활 끝판왕은 고등학교를 준비하고 진로를 정할 때 많은 도움을 주는 책이다.
특히 대학진학의 폭풍적인 정보 속에서 학부모들과 선생님들의 길잡이가 될 수 있는 책이다.
이번 코로나로 인해 집에 아이들과 함께 있으면서 같이 책을 읽고 실천해 보면 넘 좋을 듯 싶다.
특히 스마트 포트폴리오 설명은 매우 유익하다. 독서, 글쓰기의 구글프레젠테이션, 블로그 등 AI시대에 맞게 설명이 잘 되어 있다.
영상매체를 접하면서 독서활동이 약한 부분을 학생들이 할 수 있게 학년별 도서목록과 다양한 분야의 만화, 에세이, 문학등 으로 나눠 있고, 독서 활동 기록지 예시문과 기록지까지 있어 실전에 쓸 수 있게 되어있다. 그리고 독서의 확장으로 과제탐구를 하는 방법도 설명 되어 있어 고등학교 대비하기에 적절한 책이다.
학교선생님도 읽으면 수업 때 많은 도움이 될 것으로 본다.

차례

이 책을 읽는 독자들에게 | 002

추천사 | 004

1교시 슬기로운 중학 생활

❶ 중학 생활 미리보기 | 012
❷ 학교알리미 활용하기 | 020
❸ 자유학기제 미리 보기 | 024
❹ 자동봉진 준비하기 활동지 포함 | 034

1교시 쉬는 시간

사춘기 잘 보내기 | 052

2교시 진로네비게이션-진로탐색 및 체험

❶ 자기이해 및 진로 탐색하기 | 058
❷ 커리어넷 & 워크넷 활용하기 | 066
❸ 계열성향검사 해보기 활동지 포함 | 076
❹ 진로체험활동 해보기 | 096

2교시 쉬는 시간

미래 유망 직업 둘러보기 | 113

3교시 학습 코칭 - 성적 향상 프로젝트

❶ 유형별 학습 코칭 활동지 포함 | 118
❷ 플래너 활용하기 활동지 포함 | 132
❸ 성적표 제대로 읽기 | 142
❹ 메타인지 활용 공부법 | 150
❺ 과목별 학습법 | 158
- 국어/한문
- 영어
- 수학
- 사회/역사
- 과학

❻ 교과세특 기록하기 | 218

3교시 쉬는 시간

쉬는 시간 알아두면 쓸모있는 학습 정보 | 223

4교시 스펙업 프로젝트 - 학생부 관리하기

❶ 스마트한 포트폴리오 | 232
❷ 독서 활동 | 240
❸ 독서로 하는 과제탐구 활동지 포함 | 248
❹ 교과연계 과제탐구 | 256

4교시 쉬는 시간

OECD 학습 나침반 | 265

5교시 대학입시는 고등학교 선택부터

❶ 고등학교 유형 살펴보기 | 268

❷ 고등학교 선택하기 활동지 포함 | 290

❸ 원서 작성 후 알차게 보내기 | 296

5교시 쉬는 시간

아는 선배 인터뷰 | 300

6교시 입시 실전 준비하기

❶ 백점만점 자소서 | 308

❷ 면접 길라잡이 | 316

❸ 대입용어 정리 | 322

❹ 미리보는 대입전형 | 324

❺ 고등학교 학교생활기록부 | 328

❻ 진로에 따른 과목 선택하기 | 330

❼ 목표대학, 학과 탐색 | 334

6교시 쉬는 시간

중학생이 알아야 할 대입 정책 | 336

1교시

슬기로운 중학생활

"예비 중1을 위한 중학교 입학 준비 ABC"

"중학생이 학교 밖 공부 시간 제일 길다"

"OO중학교, 폭력 없는 학교 문화 만든다"

"좋은 친구는 평생의 재산"

"OO중학교, 학교-학부모 협력 소통 총회"

01	중학 생활 미리보기
02	학교알리미 활용하기
03	자유학기제 바로 알기
04	자동봉진 준비하기

01 중학생활 미리보기

중학교 생활 일상다반사

중학교 생활 중 가장 기억에 남는 것은 무엇인가요?

수학여행 때 설렁탕 먹은 것

수학여행 첫날 밤에 친구들이랑 선생님 몰래 얘기하면서 논 것

축제 첫날 반에서 저녁까지 노래 틀어놓고 춤추며 난리 치는 모습을 오빠들이 창문으로 보고 튄 것

점심시간에 친구들과 축구 한 것

축제에서 리허설한다고 했는데 리허설도 없이 시작했던 일

소풍 가서 다 같이 쓰레기를 줍고 게임도 한 것

방과 후에 친구들과 물놀이하고 떡볶이 사 먹고 축축한 옷 입은 채로 같이 집에 간 일

반 아이들 전체가 선생님께 혼난 것

중학생활 미리보기

중학 생활 미리보기

중학교에서는 3년 동안 국어, 영어, 수학과 같은 교과 공부를 하고, 교과 이외 동아리, 봉사, 진로 활동을 합니다. 공부해야 할 양이 폭발적으로 증가하기 때문에 자기주도적인 학습 능력을 갖추고, 자신에 대한 심도깊은 이해를 바탕으로 진로를 탐색하고 결정하는 매우 중요한 시기입니다. 1학년은 자유학기(년)제를 통하여 진로 탐색을, 2학년은 자기주도적인 학습 습관 형성을, 3학년은 고등학교 선택을 통한 진학 활동이 중점적으로 이루어집니다.

학교 시간표 예시

구분		월	화	수	목	금
1	09:15~10:00	국어	도덕	과학	사회	영어
2	10:10~10:55	체육	영어	도덕	중국어	수학
3	11:05~11:50	진로	과학	가정	국어	국어
4	12:00~12:45	중국어	기술	음악	영어	체육
5	13:45~14:30	스포츠	수학	사회	미술	과학
6	14:40~15:25	수학	체육	동아리	기술	도덕
7	15:35~16:20	과학	국어	동아리	창체	

중학생의 하루

중학교는 등교 시간이 초등학교와 비슷하나 하교 시간이 오후 3 ~ 4시로 학교에 머무는 시간이 길어집니다. 초등학교 때보다 중학교에서 해야 할 공부의 양도 많고, 학교에서의 활동도 많다는 것을 의미하죠. 중학교에서 수업 시간은 45분이며, 하루에 6~7교시가 운영됩니다. 중학교에서 배우는 교과목은 국어, 도덕, 수학, 사회, 과학, 기술 · 가정, 음악, 체육, 미술, 영어, 정보, 역사, 중국어(또는 일본어), 한문, 도덕입니다. 학년별로 배우는 과목이 학교별로 조금씩 다르니 학교알리미를 이용하여 교육과정을 확인해보세요.

달라진 하루 일과

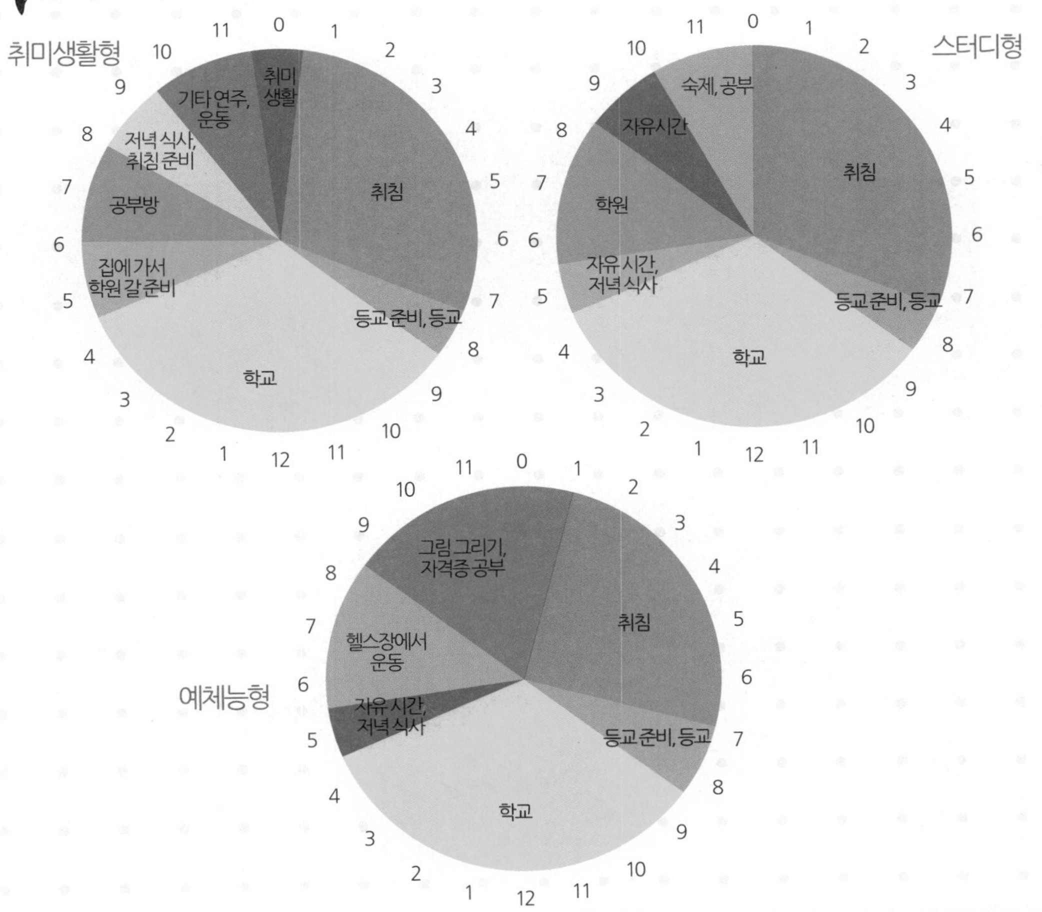

중학교 생활 한 눈에 보기

환경정리, 영어듣기평가, 소방합동훈련, 글쓰기대회, 봉사활동, 동아리활동, 수련활동, 축제, 체육대회, 지필고사 등 중학교 생활은 너무 바쁘고 정신없을 것 같습니다. 학교에서는 학사일정을 미리 정해두고 그것에 따라 학교를 운영합니다. 학사일정을 보고 시기별로 어떤 활동을 해야하는지 생각해보세요.

학사 일정 예시

월	주	수업 일수	일	월	화	수	목	금	토	일정
9	1	3				1	2	3	4	9/1 2학기 시작 9/3 독서표창
	2	5	5	6	7	8	9	10	11	9/7 환경정리주간
	3	5	12	13	14	15	16	17	18	9/16 영어듣기평가
	4	2	19	20	21	22	23	24	25	9/20~22 추석 9/24 학교설명회
	5	4	26	27	28	29	30			9/28 학교 폭력 설문조사
10	5	1						1	2	10/1 국군의날
	6	5	3	4	5	6	7	8	9	10/4 모범학생표창 10/7 진로의 날
	7	5	10	11	12	13	14	15	16	
	8	5	17	18	19	20	21	22	23	10/19~21 1차 지필고사
	9	5	24	25	26	27	28	29	30	10/25 학교 폭력설문조사 10/28 체육대회 예선 10/29 체육대회
11	10	5	10/31	1	2	3	4	5	6	11/5 토론대회
	11	5	7	8	9	10	11	12	13	11/10 양성평등교육
	12	4	14	15	16	17	18	19	20	11/16 영어말하기대회 11/18 재량휴업일(수능) 11/19 진로교육
	13	5	21	22	23	24	25	26	27	11/26 수행평가마감
	14	2	28	29	30					11/29 학교폭력설문조사
12	14	3				1	2	3	4	
	15	5	5	6	7	8	9	10	11	**12/7~9 2차 지필고사**
	16	5	12	13	14	15	16	17	18	
	17	5	19	20	21	22	23	24	25	12/22 학급부스 운영 12/23 학교 축제
	18	4	26	27	28	29	30	31		12/29 학생회장선거 12/30 자유학기발표회

지혜로운 부모되기

지혜로운 부모되기

중학생이 된 내 아이~! 어느 순간 가족들과 함께 외출하려고 하지 않고, 엄마의 말에 '됐어', '신경쓰지마', '짜증나'와 같이 부정적인 반응을 보입니다. 내 아이가 누구나 겪는 질풍노도의 시기인 사춘기임을 알고 있지만, 아이의 급격한 변화에 부모님 역시 적응하기 힘들고 많이 속상해 하십니다.

자녀가 부정적인 반응을 보일 때 부모님들은 어떻게 해야 할까요? 보통은 감정을 억압하거나 방관하거나 자녀의 감정을 별 것 아닌 것처럼 축소시켜 관심을 다른 곳으로 돌리게 합니다. 감정이 억압된 아이는 자신의 감정을 자연스럽게 받아들이지 못하고, 감정에 대한 올바른 대처법을 알려주지 않았기 때문에 자녀는 어디까지가 괜찮고 어디까지가 안 되는지 알지 못합니다. 자녀의 감정을 마음으로 공감하여 불안정한 자녀의 마음을 안정시키고, 자신의 감정을 올바르게 표출할 수 있도록 자녀와 긍정적인 관계를 형성하는 것이 중요합니다. 맛집, 좋아하는 연예인, 드라마 등 사소한 이야기로 시작하여 하며 대화를 늘리고, 잔소리보다는 핵심만 이야기해주세요. 부모님의 긍정, 믿음, 사랑을 자주 표현해주세요.

자녀와의 긍정적인 관계 형성을 위한 기술 - 감정코칭

01

1단계 - 자녀의 표정을 살피며 물어보며 자녀의 감정을 포착한다.

자녀의 감정을 알아차리기가 쉽지 않습니다. 많은 부모님의 실수는 자녀의 마음에 있는 감정을 모르고 눈에 보이는 행동에만 초점을 두기 때문에 일어납니다.

02

2단계- 자녀의 감정에 부드럽고 침착하게 반응한다.

자녀가 강한 감정을 보일 때 부모가 야단을 치거나 감정을 억압하면 오히려 더 강한 감정을 표출하게 됩니다. 자녀가 안정감을 느낄 수 있도록 말은 차분히, 표현은 부드럽게 하는 것이 중요합니다.

03

3단계 - 자녀의 감정을 들어주고 공감한다.

공감의 핵심은 경청과 관심 표현입니다. 고개를 끄덕이거나 관심을 보여주는 것만으로도 내 아이는 감정이 누그러질 수 있습니다.

04

4단계- 바람직한 행동으로 이끈다.

부모님이 문제를 해결해 주는 것이 아니라 '어떻게 하면 좋을까?', '네가 가장 원하는 건 뭐야?'라는 질문을 통해 자녀가 스스로 문제를 인식하고 해결할 수 있도록 도와주세요.

현명한 학부모되기

학부모 상담 주간에 담임 선생님과의 면담 때 무엇을 물어봐야 하고, 어떤 이야기를 해야할지 고민되셨죠? 부모님의 교육관, 자녀의 성장 과정, 장점과 단점, 집안 분위기, 부모님과의 관계 등 아이에 대하여 진솔하게 이야기하시면 됩니다. 담임 선생님이 아이 학습이나 진로 상담 시 구체적인 방향을 설정하는데 큰 도움이 됩니다. 고등학교, 학교생활, 진로 등 궁금한 것을 리스트로 만들어 구체적으로 질문하시면 좋습니다.

02 학교알리미 활용하기

우리는 포노 사피엔스

정보나 지식은 머리로 하는 것이 아니다.
행동으로 옮기고 실천해야 한다.
-앤터니 로빈스 -

전 세계에서 하루 생성되는 정보의 약은 2.5EB(엑사바이트)라고 하는데요. 이는 해리포터 책 6500억 권쯤 된다고 합니다. 게다가 전 세계의 데이터의 90%가 지난 10년 동안 만들어졌습니다. 온라인을 통한 지식의 정보와 공유가 최근 들어 무척 활발해졌다는 것을 알 수 있습니다. 포노 사피엔스는 스마트폰을 신체의 일부처럼 사용하는 신인류를 가리키는 말입니다. 방대한 양의 정보를 접하고, 선택하여 재구성하는 것이 익숙한 세대인 것이죠.

학교알리미

학교알리미는 학교의 정보를 누구나 쉽게 찾아볼 수 있게 학교에 관한 정보를 모아놓은 사이트입니다. 학교알리미는 초·중·고등학교, 약 12,000개교 정도의 정보가 3차에 걸쳐(4월, 5월, 9월) 업데이트 됩니다.

- 학교 운영
- 교육과정 편성 및 운영(자유학기제 포함)
- 평가 및 진도 계획
- 학교 폭력 발생 현황 및 처리
- 동아리
- 방과후활동
- 교육운영 특색사업 계획

다음은 학교알리미 사이트 접속하는 방법과 정보를 검색하는 방법입니다.

1. 학교알리미 사이트 **www.schoolinfo.go.kr**  에 접속합니다.
2. 메인화면에서 찾고자 하는 중학교, 고등학교를 입력하여 정보를 찾습니다.

학교알리미란 전국학교정보 알리미 소식 참여마당

학교를 보면
아이들의 미래가 보입니다

학교명 + 공시항목명을 입력해주세요. 예)서울고등학교 성별 학생수

내 주변 학교정보
지도검색

3 검색창에 학교 명칭을 적고 돋보기 버튼을 누릅니다.

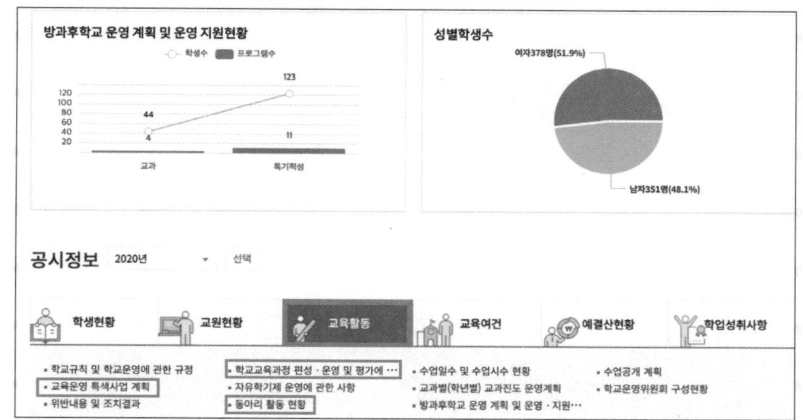

중·고등학교 입학 전이나 학년을 올라갈 때, 학교 현황, 학교 특색 사업, 자유학기에 관한 사항, 교과별 평가 계획 등을 살펴보면 학교생활 전체를 조망할 수 있고, 이를 바탕으로 여러분이 꿈꾸는 학교 생활을 안정적으로 만들어 갈 수 있습니다.

학업성취사항 > 교과별(학년별) 평가계획에 관한 사항 > 첨부파일 클릭

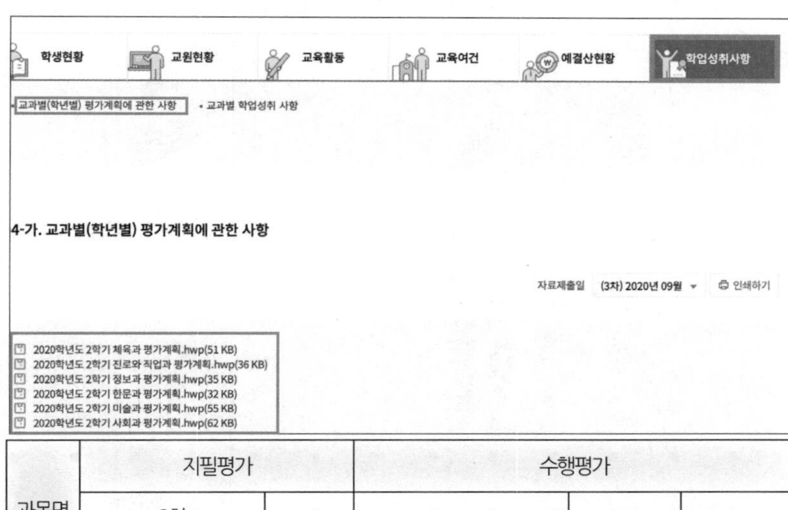

과목명	지필평가			수행평가		
	2차		합계 (%)	항목 (논술형)	비율 (%)	기본점수 (점)
	선택·서답형(%)	논술형 (%)				
과학	60	·	60	실험 (논술10)	20	5
				프로젝트 (논술10)	20	4

출처 학교알미리 사이트 https://www.schoolinfo.go.kr/Main.do
교육부 공식 블로그 https://blog.naver.com/moeblog/222063963801
교육부 공식 블로그 https://if-blog.tistory.com/5669

03 자유학기제 바로 알기

자유학기제란

자유학기제는 자기주도적 학습 능력을 기르기 위해 중학교에서 한 학기 또는 두 학기 동안 지식 · 경쟁 중심에서 벗어나 학생 참여형 수업을 실시합니다. 학생의 소질과 적성을 키울 수 있는 다양한 체험 활동을 중심으로 교육과정을 운영하는 제도입니다.

체험 활동 중심

핵심역량 증진

자기주도적 학습 능력

행복한 미래 설계

자유학기제 운영 방법

자유학기제 기간 동안 이루어지는 학교 생활은 크게 교과 수업과 자유학기 활동으로 나눌 수 있습니다.

오전

국어, 영어, 수학, 사회, 과학, 도덕, 기술·가정, 체육 등 교과 수업

오후

자유학기 활동 (주제선택, 예술체육, 동아리, 진로탐색)

자유학기 활동의 구성

자유학기 활동

학생중심의 다양한 체험 및 활동 운영

진로탐색활동

학생이 적성과 소질을 탐색하여 스스로 미래를 설계할 수 있도록 체계적인 진로 교육 실시

(예시) 진로검사, 초청강연, 포트폴리오 제작 활동, 현장체험 활동

주제선택활동

학생의 흥미, 관심사를 반영한 여러 가지 전문 프로그램 운영으로 학습 동기 유발

(예시) 드라마와 사회, 3D 프린터, 웹툰, 금융 • 경제교육, 헌법 • 법질서 교육, 인성교육, 스마트폰 앱 등

예술 • 체육활동

예술 • 체육 교육을 통해 학생들의 소질과 잠재력 개발

(예시) 연극, 뮤지컬, 오케스트라, 작사 • 작곡, 벽화그리기, 디자인, 축구, 농구, 스포츠리그 등

동아리활동

학생들의 공통된 관심사를 기반으로 조직 • 운영함으로써 학생자치활동 활성화 및 특기 • 적성 개발

(예시) 문예토론, 라인댄스, 과학실험, 천체관측, 사진, 동영상, 향토 예술 탐방 등

출처 서울특별시교육청

자유학기제의 교육과정은 오전은 교과, 오후는 자유학기 활동으로 큰 틀은 같으나 학교별로 운영 프로그램, 선택 횟수 등이 다릅니다. 예를 들면 동아리 활동은 학기 초에 선택한 후 한 학기 내내 프로젝트 활동을 진행할 수 있게 운영하고, 주제선택, 예술체육, 진로 활동은 한 학기에 2~3회의 선택 기회를 주어 다양한 프로그램을 경험하게 하기도 합니다. '학교알리미'로 학교를 검색하여 들어가시면 자유학기에 대한 정보를 얻을 수 있으니, 미리 운영 계획을 살펴보는 것도 좋습니다. 학부모님과 교사들의 의견을 반영할 수 있는 자유학기 운영위원회가 있으니, 자유학기 편제와 학습 과정에 참여하는 것도 좋습니다.

자유학기 교육과정 시간표 예시

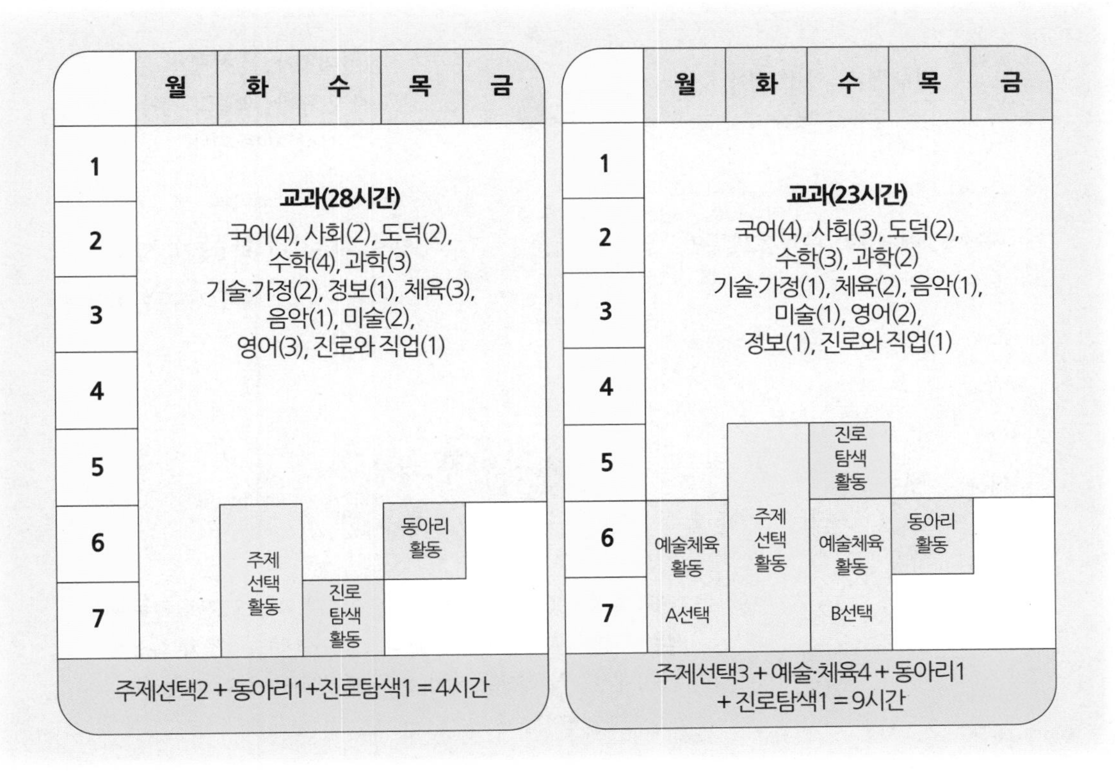

자유학기제 평가

일제식 지필평가를 실시하지 않고, 과정 중심의 평가로 개별 학생의 성장과 발달에 대한 구체적인 내용을 학교생활기록부에 문장으로 기록합니다.

과정중심 평가로의 전환

결과중심 평가
상대평가, 양적 평가 일제식 평가
경쟁, 배제구조, 우월감/열등감

과정중심 평가
절대평가, 질적평가 교사별 평가, 역동적 평가 성적 지양 평가
인정, 자존감과 학습동기, 협력

(출처 - 서울특별시교육청)

학교생활기록부 예시

학년	학기	자유학기 활동상황		
		영역	시간	특기사항
1	1	주제 선택 활동	68	(생활 속 통계)(34시간) '성적과 행복지수'에 관한 프로젝트 활동에서 설문을 제작하고 수집하여, 그래프와 도표로 표현하고, 자료와 해석 및 분포의 특징을 잘 설명함. 생활 속 문제를 통계적으로 해석하는 문제 해결 활동을 좋아함. (스마트폰 앱 제작)(34시간) 엔트리를 활용한 앱 제작활동을 주도적으로 진행하였으며, 문제 해결을 위해 다양한 방법을 시도하는 등 소프트웨어적 사고력과 끈기가 우수함.

출처 교육부

평가근거자료

구분	평가 기준		평가		
			매우 우수	우수	보통
자기 성찰 평가	물질에 따라 단열 효과가 다름을 이해하고 있는가?				
	사례 분석을 통해 비용과 편익을 고려한 합리적 선택을 설명할 수 있는가?				
	기회비용의 의미를 이해하고 구할 수 있는가?				
	흥미를 가지고 수업에 적극적으로 참여하였나?				
동료 평가		모둠원 이름	매우 우수	우수	보통
	우리 모둠의 친구들은 수업에 흥미를 가지고 원활한 의사소통으로 모둠활동에 참여하였나?	김OO			
		박OO			
		이OO			
		최OO			

Q & A로 알아보는 자유학기제

Q) 자유학기는 놀기만 해도 될까요?

아니라고 말하고 싶어요. 자유학기는 지식 전달 위주의 교육만으로는 세상이 요구하는 교육을 담기 어렵기 때문에 토론, 실험, 실습, 현장 체험, 프로젝트 기반 학습 등 다양한 형태의 학습 경험과 과정 중심의 평가 시스템을 통해 한 걸음 더 성장할 수 있게 운영하는 교육과정입니다. 학생들이 갖고 있는 꿈을 담아서 스스로 주인이 되는 자기주도적인 학습을 계획하고 실천해야 합니다.

Q) 자유학기에는 무엇을 해야 할까요?

시험이 없기 때문에 다른 학년에 비해서 학업에 대한 부담이 적은 시기입니다. 게임을 좋아하나요? 혹시 '리그오브레전드'라는 게임에 빠져있나요? 그렇다면 단순히 게임만 하기보다는 학교에서 발표 등으로 활용할 수 있는 수업을 선택해보는 것은 어떨까요? 때로는 당연해 보이는 것에도 의문을 갖고, 친구들과 토론한 내용을 바탕으로 보고서를 작성해보고, 예술체육 활동에서 자신이 좋아하거나 도전할 만한 가치가 있는 영역을 선택해서 즐겁게 참여해보세요.

예) 동아리 활동 – 학교 소식 카드 뉴스 만들기, 미니어처 만들기, 발명품 제작하기 등
예술체육 활동 – 캘리그라피, 우쿨렐레, 핸드볼, 연극, 방송댄스, 볼링 등

자신 있게 도전하고 새로운 영역을 두드려보는 경험, 시행착오를 겪으며 새로운 것을 배울 수 있는 가능성! 그것이 자유학기의 장점이라 할 수 있습니다. 자신의 꿈과 끼, 재능을 찾아보고, 도전해보며 자신이 주인공이 되는 학교 생활을 해보세요.

학생 참여형 수업 사례

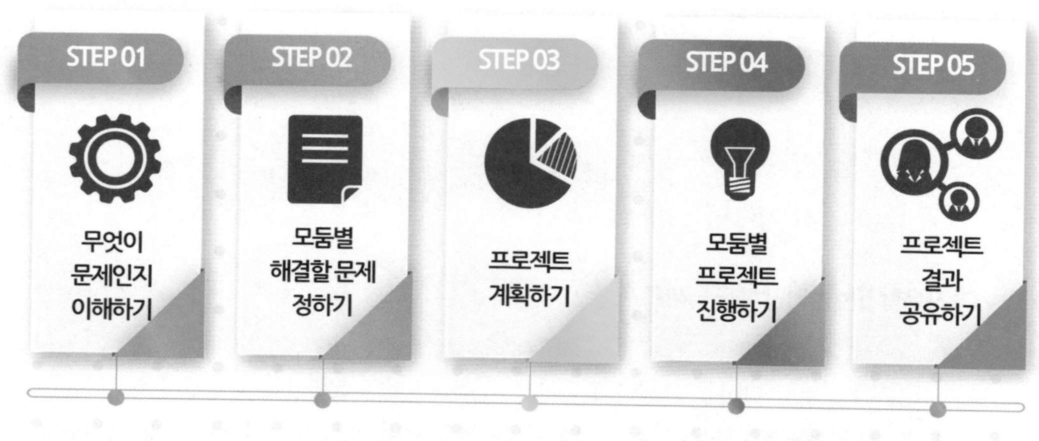

STEP 01	STEP 02	STEP 03	STEP 04	STEP 05
주변의 문제를 최대한 많이 탐구하며 사고를 확장	선생님과 친구들의 꼬리에 꼬리를 무는 질문에 답하기 위해 자료를 준비하며 문제의 본질에 접근	모둠별로 선정한 주제에 따른 프로젝트 계획서를 작성	학생들은 통계 단원의 내용을 배우면서 모둠별로 자료 조사, 통계적 분석, 문제 해결을 포함하는 프로젝트를 진행	모둠별로 통계를 활용하여 프로젝트를 진행한 과정을 담은 보고서를 작성하고 발표를 통해 공유

출처 교육부

Q) 부모는 어떤 역할을 하면 좋을까요?

자유학기 중에 선행학습을 하지 않으면 불안하다는 부모님들이 계십니다. 선행학습도 하나의 선택지가 될 수 있지만, 모든 학생에게 필요한 방법은 아닙니다. 학원에 다녀야 하고, 문제풀이 수업이 최고의 방법이라는 통념이 아직까지 존재합니다. 문제풀이가 중요하지 않다는 것을 말하는 것이 아닙니다. 현대 세상에서 필요로 하는 부분이 달라졌고, 그것이 평가 방법과 평가 요소에 많이 반영되어 있습니다.

프로젝트 기반학습, 탐구 보고서 작성, 포트폴리오 만들기, 토론하기, 자기주도적인 동아리 활동 등 대학교 입시까지 깊이 반영될 정도로 다면적인 평가가 이루어지고 있습니다.

자녀 교육의 방향을 잡는 조타수의 역할이 바로 부모님이 해주실 일입니다. 따뜻한 안내와 격려가 가장 중요합니다. 동시에 자녀가 스스로의 행동에 책임질 수 있도록 교육해 주세요.

Q. 자유학기에는 학업과 관계없이 다양한 활동만 시키면 될까요?

자유학기 활동은 만들기를 비롯해서 연극, 스포츠, 토론, 교과심화, 융합교과 등 학생이 꿈을 찾고 행복을 느끼는 학습 경험을 제공하고 있습니다. 하지만 표면적인 것을 전부라고 생각하는 것은 옳은 접근이 아닙니다. 비교과 영역의 핵심역량을 기르기 위해서 자유, 자율, 책임, 참여, 자발성 등의 실천적 삶을 배우는 데 힘써야 합니다.

교과 지식의 공부도 소홀히 할 수는 없습니다. 기초가 튼튼한 학생들은 교과공부에 어렵지 않게 접근하나, 대부분의 학생은 초등학교와 다른 난이도와 학습량에 부담을 느낍니다. 1학년은 기초적인 개념과 교과서 내용을 충실하게 학습하고 2학년을 준비하세요. 학습 수준, 학습 방법, 학업 의지 등에 맞추어 개별적인 학습전략이 필요합니다.

자유학기 운영교사가 말하는 자유학기

자유학기는 아일랜드의 Transition Year, 덴마크의 Efterskole 와 같은 교육제도를 한국에 맞는 방법으로 정착시키려고 도입했답니다. 어렸을 때의 즐거운 경험은 평생에 걸쳐서 발생할 수 있는 어려움을 극복할 수 있는 원동력이 된다고 합니다. 학습에서도 즐거움을 경험하고,

작은 협력과 성취감을 맛보게 설계되어야 합니다. 중학교에는 자유학기가, 고등학교에선 고교학점제가 학생들에게 선택의 기회를 넓혀줍니다. 교육활동에 학부모와 학생의 적극적인 참여가 필요하다고 이해하면 되겠습니다.

자유학기는 친구들과 협력하고, 교사와 좋은 관계를 유지하며, 학생-학부모-교사가 함께 교육활동에 참여해야 하는 시기입니다. 지역사회에서 학생이 할 수 있는 활동을 찾고, 지역을 바탕으로 국가와 세계를 바라볼 수 있는 인재를 양성하기 위하여 토론, 실험, 실습, 현장 체험, 프로젝트 기반 학습 등 교육과정 운영의 자율성을 확대합니다. 세계시민교육. 학생자치법정, 민주시민교육 등으로 학교생활에서 주인의식을 갖고 자발성과 자율성을 바탕으로 학생 스스로 주체성을 갖는 것이 중요합니다. 일제식 지필평가 대신 과정 중심의 평가로 개별학생의 성장과 발달에 대한 내용을 학교생활기록부에 서술하여 기록합니다.

서울대입학본부 평가안내자료 참조

학업능력 및 학업태도

- 교과(목) 이수 충실도 및 학업 준비도
- 지식 습득 과정 및 활용 경험
- 글쓰기, 발표, 토론 등의 학습 과정에서 나타나는 논리적·분석적 사고력
- 탐구 능력, 지식 적용 능력, 문제해결력, 글쓰기 능력 및 의사소통능력(외국어 사용 능력 포함)등
- 지적 호기심을 바탕으로 수행한 학업 경험
- 학업에 대한 열의
- 능동적 학습태도 및 탐구 자세
- 도전정신, 집념, 회복탄력성, 과제집착력, 추진력, 지속성 등
- 다양한 학습 방법을 활용한 다면적 학업태도

학업 외 소양

- 공동체 의식 및 배려심
- 협업능력 및 리더십
- 책임감
- 긍정적 자세 및 포용력
- 모범이 될 만한 성숙한 태도
- 다양한 경험에 대한 적극성

자유학년제에 대하여 더 자세히 알고 싶다면?

꿈끼

▶꿈끼 (www.ggoomggi.go.kr)
자유학기제의 정책 소개나 관련 연구자료를 제공합니다.

꿈트리

▶꿈트리(dreamtree.or.kr)
명사인터뷰, 자기주도진로 등 진로 관련 다양한 정보를 제공하는 웹진(월간)입니다.

Plus+

[TIP] 나를 업그레이드하자

01 문서편집 연습하기

중학교, 고등학교에서는 문서 편집능력과 자료 검색 능력이 요구되는 경우가 많습니다. 탐구보고서를 작성해야 하는 경우 등 주어지는 과제가 많기 때문입니다.

02 자료 조사 능력 키우기

새로운 주제가 주어졌을 때, 연관 검색어를 활용해서 핵심 키워드를 정리해보세요. 마인드맵을 그려보는 것도 도움이 됩니다. 국회 도서관 등 논문이나 학술 자료를 검색할 수 있는 방법도 익혀두면 필요할 때, 전문지식을 가져올 수 있습니다. 관련 기사를 스크랩하여 정리해보는 경험도 필요합니다.

04 자동봉진 준비하기

학교생활기록부는 셀프브랜딩의 시작

2020년 5월, 칸 영화제에서 황금종려상을 수상한 봉준호 감독의 소감입니다.

"저는 그냥, 열두 살의 어린 나이에 감독이 되기로 마음먹은
소심하고 어린 영화광이었습니다.
이 트로피를 손에 만질 날이 올지는 상상도 못했습니다."

수상 소감에서 '어린 영화광' 이라는 말이 눈에 띕니다. '~광'은 미칠(광), 달릴(광)으로 어떤 한 분야에 몰두한 사람을 의미합니다. 봉준호 감독이 성공한 이유는 자신이 좋아하는 분야에 몰두하고 도전하였기 때문입니다.

성공한 사람들은 어떤 특징을 가지고 있을까요? 이들은 어떤 일이든 자신감 있게 도전하며, 다양한 요소를 결합하여 새로운 것을 만들어내는 것을 즐깁니다. 학교의 대회와 각종 활동도 같은 과정입니다. 학교에서 개최되는 대회와 활동에 적극적으로 참여하고 도전함으로써 가지고 있는 능력과 소질을 개발할 수 있으며, 결국에는 자신이 하고 싶은 것과 잘하는 것을 명확하게 알 수 있게 됩니다. 이는 학생에게 적합한 고등학교를 선택하여 진학하고, 하고 싶은 일을 선택하는, 즉 꿈을 담는 틀을 만드는 중요한 과정입니다. 이러한 과정이 세상에 하나뿐인 자신을 브랜드로 만드는 셀프 브랜딩(Self Branding)입니다 자신의 이름을 걸고 유튜브, 방송, 도서 집필을 하는 사람들이 대표적이죠. 이들은 '자신이 잘하는 것(장점)에 있어 잘 활용하는 방법을 안다.' 라는 공통점이 있습니다.

학교에서 공부하고 생활하는 과정 자체가 여러분을 브랜딩하는 과정이라고 볼 수 있습니다. 셀프 브랜딩의 핵심은 자기 분석입니다. '나는 어떤 사람일까?', '나의 강점과 단점은 무엇일까?', '살면서 중요하게 생각하는 것은 무엇일까?', '만족을 느끼는 순간은 언제일까?', '남들과 다른 차별화된 나만의 가치는 무엇일까?' 등의 고민이 학교활동에서 이루어져야 합니다.

자.동.봉.진

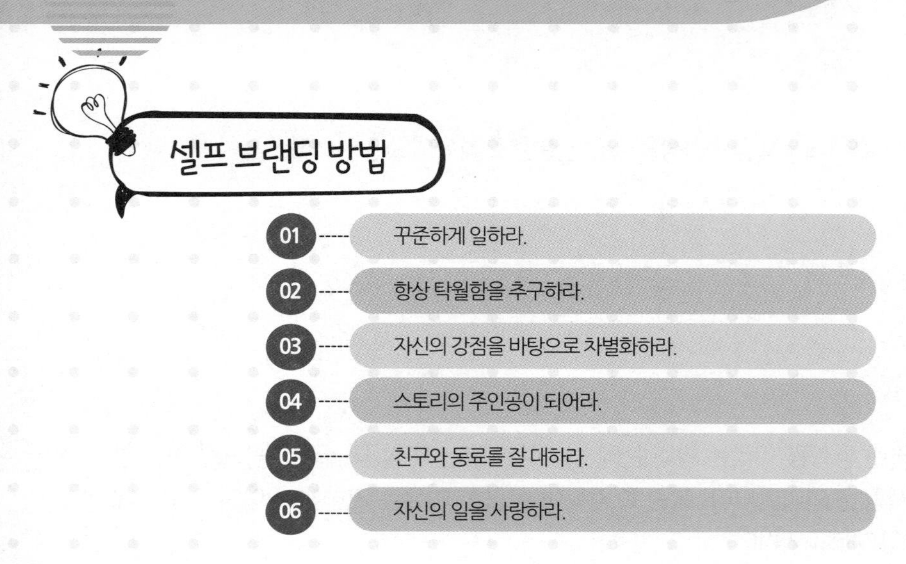

학교생활기록부, 많으면 많을수록 좋다!

항목	내용	고입 내신 성적 반영 여부
출결 상황	지각 · 조퇴 · 결석의 횟수 및 특기사항 사유 - 질병, 미인정, 기타	○
교과 학습 발달 사항	지필고사, 수행평가를 통한 교과의 성적 교과 활동에서 두드러진 특기사항	○
창의적 체험활동	교과 이외 자율, 동아리, 봉사, 진로 활동, 자율활동 임원(동아리활동 임원도 포함되는 학교 있음)	봉사활동 반영
수상 경력	학교 내에서 이루어지는 대회에서 수상한 경력	○
행동특성 및 종합의견	객관적 사실에 기초하여 학생을 총체적으로 이해할 수 있도록 기록한 담임 교사의 종합 의견	×
독서활동 상황	학생의 독서 활동 내용을 담임 교사 및 교과 교사가 기록	×

학교생활기록부란 학교에서 수행한 교과 활동과 비교과 활동을 누가 기록한 문서입니다. 학교생활기록부가 나의 중학교 생활이자, 성장과 발달 과정이 담긴 앨범, 포트폴리오, 일기장과

같은 역할을 하게 됩니다. 활동 내용이 기록되면 학교생활기록부를 내가 원하는 스토리로 연결하기 쉽기 때문에 기록은 많으면 많을수록 좋습니다. 구체적인 활동과정과 나의 핵심역량, 인성 요소와 발전 가능성이 생활기록부에 드러나 있는지 확인해보세요!

Plus+

창의적 체험 활동 한눈에 보기

자율활동

❶ 적응 활동
학교 적응, 기초 생활 습관 형성, 상담 활동 등

❷ 자치 활동
학급회, 학생회, 모의 의회, 토론회 등

❸ 행사 활동
각종 행사, 체육대회, 현장학습, 수련 활동 등

❹ 창의적 특색 활동
학생, 학급, 학년, 학교 특색, 전통 수립

봉사활동

❶ 교내 봉사 활동
학습 부진 친구, 다문화 가정 학생 돕기 등

❷ 지역사회 봉사 활동 등
병원, 보육원, 양로원, 군부대 위문 등

❸ 자연환경 보호 활동
식목 활동, 저탄소 생활 습관화 등

❹ 캠페인 활동
질서, 교통안전, 헌혈, 편견 극복 등

진로활동

❶ 자기 이해 활동
심성 계발, 정체성 탐구, 각종 진로 검사 등

❷ 진로 정보 탐색 활동
학업, 학교, 직업 정보 탐색, 직장 방문 등

❸ 진로 계획 활동
진로 설계, 진로 지도 및 상담 활동 등

❹ 진로 체험 활동
학업 및 직업 세계 이해, 직업 체험 활동 등

동아리활동

❶ 학술 활동
과학 탐구, 다문화 탐구, 신문 활동, 외국어 등

❷ 문화 예술 활동
문예, 회화, 성악, 뮤지컬, 연극, 방송 등

❸ 스포츠 활동
구기 운동, 수영, 육상, 무술 등

❹ 청소년 단체 활동
스카우트, 걸스카우트, 우주소년단 등

자율활동 #사회성 #공동체의식 #리더십 #협력과나눔

자율활동은 학교에서 실시한 활동으로 자치, 적응, 행사 등이 이에 해당합니다. 자율활동은 담임교사가 활동 과정에서 리더십, 협력과 나눔, 배려, 갈등관리, 의사소통능력, 창의적문제해결력 등을 관찰하여 기록하기 때문에 활동마다 적극적이고 진지한 자세로 임해야 합니다. 의외로 많은 학생이 자율활동에 신경을 많이 쓰지 않아요. 성실하고, 꼼꼼하고, 적극적인 자세만으로도 선생님 눈에 띌 수 있어요!

자율활동

적응활동

학교 활동, 기초생활습관형성, 상담 활동 등
양성평등교육, 학교폭력예방교육, 안전교육,
장애인식개선교육 등

자치활동

※ 임원은 고입 내신성적산출 시
[학교활동]에 점수로 포함됨.

학급회, 학생회, 모의 의회, 토론회 등
학급자치회 회장·부회장, 전교
학생자치회 회장·부회장

행사활동

전시회, 발표회, 축제,
학생건강체력평가, 수련활동,
현장체험학습, 체육대회, 자치 법정 등

창의적 특색 활동

학생, 학급, 학년, 학교특색, 학급 규칙
만들기

학교생활기록부 자율활동 기록 예

학급회의(2021.05.01.)에서 식수대 관리가 잘 되지 않는다는 문제를 제기하고, 합리적인 대안(캠페인 활동, 주기적인 청소 등)을 제시함. 문제를 제기하고 그것을 해결해나가기 위해 모둠원의 의견을 조율하며 정리하는 과정에서 자기 주도적 리더십이 돋보임.

학급회의(2019.03.21.)에서 선거를 통하여 단합된 학급 공동체를 만들기 위해서 실천 가능한 구체적인 공약의 필요성을 역설함.

1학기 학급자치회 회장(2019.03.01.~2019.08.15.)으로서 민주적인 방식으로 학급회의를 진행하였고, 합창대회, 현장체험학습, 스포츠클럽 등 학급 행사 운영 시 리더 역할을 맡아 급우들의 역할을 적절하게 배분하여 행사가 원활하게 운영될 수 있도록 지속적으로 노력함.

동아리활동 #관심 #열정 #창의성 #리더십 #진로 #진학 #과제탐구 #주도성

동아리는 흥미, 적성, 특기가 비슷한 학생들이 자발적으로 참여하여 관심 분야에 관한 체험활동을 하고 능력을 개발하는 활동입니다. 동아리활동은 학교교육과정에 근거한 동아리와 학생이 주도적으로 조직하여 학교장의 승인을 받아 운영하는 자율동아리가 있습니다. 자율동아리는 학기 초에 신청 안내를 합니다. 신청 기간을 놓치지 마세요.

자율동아리 만들기 과정

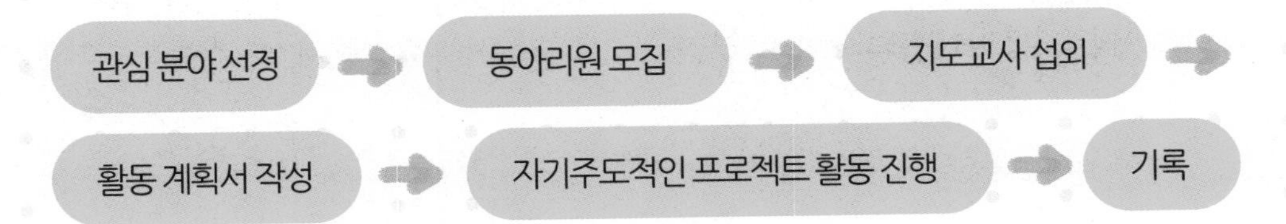

학교생활기록부 동아리활동 기록의 예

만다라트 기법을 활용하여 자신의 성향 파악하기 활동에서 군인, 운동선수, 건축가, 모델 등 다양한 분야에 관심이 있음을 알게 됨. 조용하지만 활동하는 것을 좋아하는 성향과 창의적인 사고, 성실한 태도를 통합적으로 작용하여 발현할 수 있는 학과를 선택하여 살펴봄. 열린 태도로 포괄적으로 다양한 학과를 두루두루 살펴보며 자신의 성향에 맞는 학과를 찾아가는 모습이 매우 인상적임.

자기소개서 작성을 위하여 글감을 모으는 과정에서 정치외교, 정치 등에 관심을 갖게 된 과정을 담백하고 솔직하게 표현하였으며, 정치외교 관련된 정보를 철저하게 분석함. 정치외교학이 정치학 이론에 기초하여 다양한 정치 현상을 체계적, 논리적으로 분석하는 학문임을 알고, 다양한 분야의 도서를 탐독하고 신문 구독을 통하여 정치와 경제에 관한 견문을 넓힘. 동아리 학생들과 정치와 경제에 관한 질문과 토론을 통하여 스스로 생각하게 되고 자신의 생각을 논리적으로 표현하고 의사소통능력을 기름. 스스로 세운 목표를 향해 꾸준히 노력하는 자기조절력이 매우 우수하며, 미래사회를 살아가는데 필요한 비판적 사고력, 창의력, 의사소통능력이 표현된 창의적인 콘텐츠를 제작함. 동아리 활동에 매우 적극적으로 참여하였으며, 성실하고 모범적인 태도가 타의 모범이 됨.

모둠원들과 승무원과 관련된 면접 문항을 수집하고 분석하는 활동에 매우 적극적으로 참여함. 다른 사람들 앞에서 말을 할 때 조리 있게 말하는 방법에 대하여 깊이 고민함. 주장을 먼저 이야기하고 설명을 나중에 하는 두괄식의 방법을 활용하여 자신의 생각과 주장을 조리 있게 전달함. 질문과 토론을 통하여 자신의 생각을 논리적으로 표현하는 의사소통능력이 매우 우수함.

봉사활동 #공동체의식 #나눔 #배려 #성실 #주도성 #진정성 #일관성 #지속성

봉사활동은 학생이 자발적으로 참여와 협력을 통하여 학교 내 환경을 개선하거나 지역 사회 발전에 기여하여 공동체 의식을 기르고, 나눔과 배려의 민주 시민으로 성장할 수 있는 활동입니다. 일관성 있고 지속적이며 방향성 있는 봉사활동 계획이 필요합니다. 교사가 꿈인 학생이라면, 1학년 때 지역아동센터에서 재능 기부활동, 2학년 때 교내 멘토링 활동, 3학년 때 도서관 도우미 활동으로 연계하여 진행하는 것이 좋습니다. 고입 내신에 반영되는 방식과 시간은 지역에 따라 다르므로 학교에서 나눠주는 안내장을 잘 확인해보세요.

봉사활동 신청하기

봉사활동은 주관 장소에 따라 학교와 개인으로 나뉩니다. 교내에서 이루어지는 봉사활동은 학교교육계획에 따라야 하며, 봉사활동 계획서를 학생들이 따로 준비할 필요가 없습니다. 학교에서 할 수 있는 봉사활동은 급식 도우미, 멘토-멘티 활동, 또래 상담, 교내 환경정화, 등하교길 교통안전 도우미, 도서 정리, 교실 환경정리(분리수거), 방송 시설 관리 등 입니다. 주로 학기초에 선발하고, 담임선생님이 안내합니다.

개인 봉사활동은 나눔포털, VMS, DOVOL의 사이트에서 봉사활동을 신청하여 참가하는 것입니다. 병원, 양로원, 군부대 등 지역 사회 봉사활동과 나무심기 활동, 쓰레기 줍기 등과 같은 환경미화활동, 교통안전, 헌혈과 같은 캠페인 활동이 있습니다.

Plus+

봉사 활동 학생부 기록 방법

● **실적 연계 사이트를 이용하지 않은 경우**

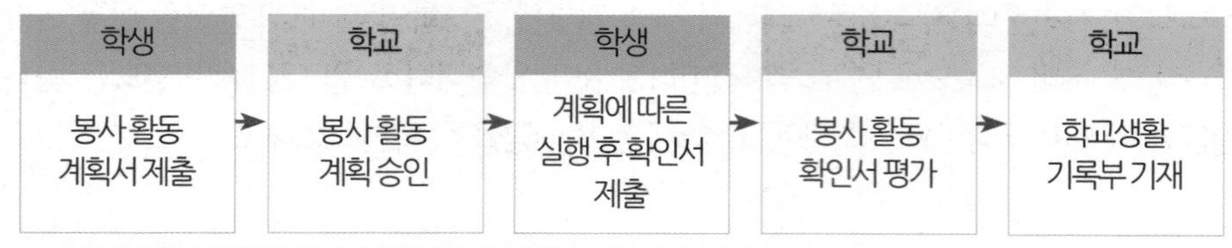

※ 사전 봉사 활동 계획서를 학교장이 추천(허가)한 경우에만 봉사 활동 실적으로 입력할 수 있음

● **실적 연계 사이트를 이용하는 경우**

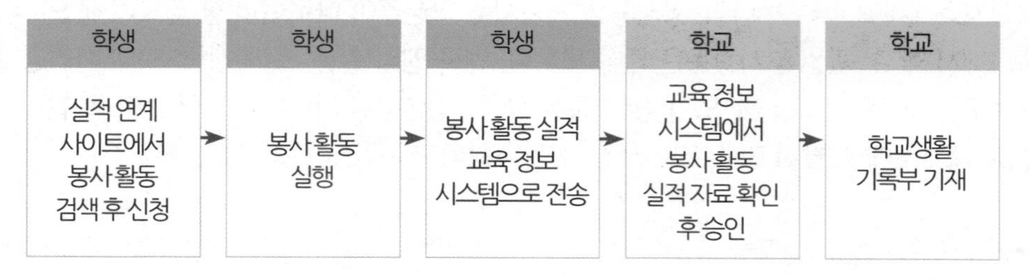

진로활동 #전공적합성 #진로에대한열정 #흥미 #관심 #직업 #가치관

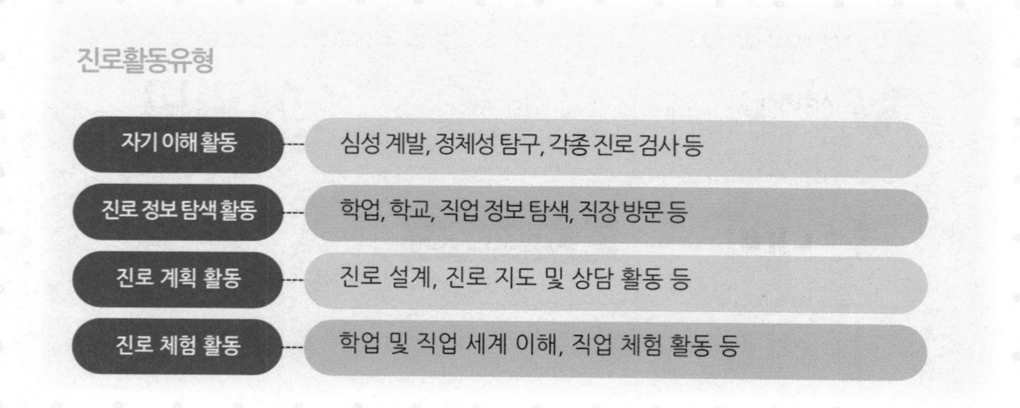

복잡한 진로 검사 힘드셨죠? 어플리케이션 하나로 자신에게 맞는 학과와 직업을 탐색해보세요.

1 Play 스토어에서 한양입학플래너 어플리케이션을 다운 받아 설치합니다.

2 어플리케이션을 실행하고, 하단에 전공적성나침반을 클릭하여 검사를 시작합니다.

3 적성검사 결과를 클릭하면 학과가 나오고, 학과 및 진로 정보를 확인할 수 있습니다.

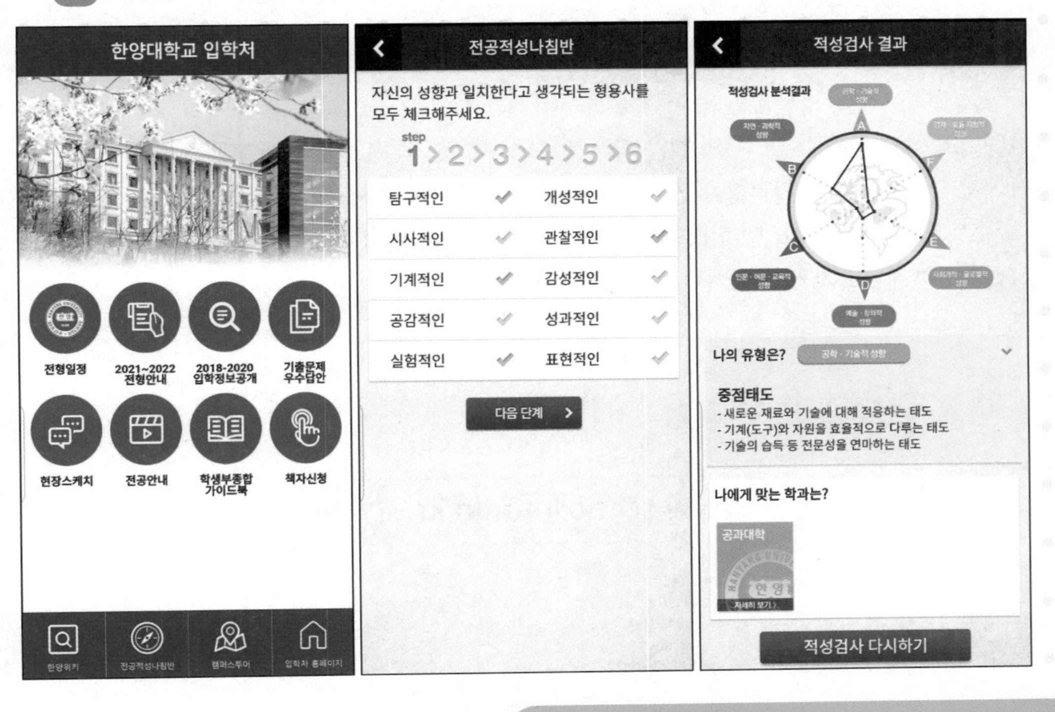

교내대회에서 수상을 하면 생활기록부의 '수상경력'란에 기재됩니다. 교내대회에서 수상을 하게 되면 어떤 점이 좋을까요?

고입 내신 성적에 가산점을 받을 수 있습니다. 구체적인 가산점은 지역에 따라 다르게 산출합니다. 수상경험은 나의 자신감을 향상시켜주고, 더 성장할 수 있는 기회를 준답니다. 도전해보세요!

학교생활기록부의 수상경력

수상명	등급(위)	수상연월일	수여기관	참가대상
교과 우수상(국어)		2020.07.20	oo학교장	수강자
표창장(선행부문)		2020.05.29	oo학교장	1학년(300명)
드론날리기대회	금상(1위)	2020.09.14	oo학교장	전교생 중 참가자 (150명)

대회 및 활동 정보 찾기

대회의 정보는 학교e알리미와 같은 학생/학부모서비스, 가정통신문, 학교홈페이지, 학교·학급 게시, SNS 등을 통해 확인할 수 있습니다. 아침 조회, 오후 종례 시간 선생님의 말씀을 주의 깊게 듣고, 가정통신문, 학교 및 학급의 게시판을 수시로 확인하는 것이 좋습니다. 학교 홈페이지에 접속하여 전년도에 개최되었던 대회를 확인해보세요.

학교 알리미 활용하기

www.schoolinfo.go.kr

학교알리미 > 전국학교 정보 > 학교 정보 클릭(4-7) > 검색 > 교육활동 > 학교교육과정편성 > 첨부파일 다운

교내상 운영 계획의 일부

연번	수상명	시행	대상	수상비율	담당자(부서)	공개방식
1	과학발명품경진대회	3월	1,2,3 학년	학년별 5% 이내	과학과	홈페이지 학급게시물
2	행동발달상 (모범, 봉사, 선행, 효행)	5월/11월	1,2 학년	학년 재적 인원의 20% 이내	학생부	홈페이지
		5월/10월	3 학년			
3	시화전	7월	3 학년	5%이내	국어과	홈페이지 학급게시물

자동봉진&대회 활동 가이드

자율활동, 동아리활동, 봉사활동, 진로활동(일명 자동봉진!) & 대회 활동 가이드

자동봉진 & 대회 활동의 중요성

자동봉진과 대회는 학생이 앞으로 진학 예정인 학과와 고등학교와의 연관성을 나타내는 지표가 됩니다. 학생이 진로에 대하여 얼마나 관심을 가지고 있는지, 그 분야에 얼마나 열정을 쏟았는지를 평가할 수 있습니다. 자신이 잘하고 싶은 영역, 잘하는 기능을 활용할 수 있는 대회와 활동을 선택하여 도전해 보세요.

계열	관련 과목 또는 활동	활동
인문사회	국어, 영어, 중국어, 일본어, 한문, 사회, 역사, 도덕	글쓰기, 토론, 말하기, 독서 활동, 언어 및 문화 관련 산출물 제작
자연공학	과학, 수학, 기술 · 가정	발명대회, 융합과학, 탐구실험대회, 수학경시대회, 자유탐구, 코딩, 아두이노 프로그래밍, 과학 만화, 과학 상상화, 과학UCC
예체능	미술, 음악, 체육	악기 연주, 작곡·작사, 구기 종목, 릴레이 게임, 디자인, 그림
교육기타	진로진학, 학급활동, 창의적체험활동, 인성 등	행동발달상(선행상, 모범상, 효행상 등), 자기주도학습, 포트폴리오, 안전, 성평등, 장애이해교육, 식품안전, 학교폭력

셀프 브랜딩, 자동봉진 기록하기

자율활동, 동아리활동, 봉사활동, 진로활동, 수상경력은 학교생활기록부에 기재가 되었더라도, 경험하고 느낀 점은 직접 기록해야 합니다. 왜냐하면 학교생활기록부의 내용은 교사의 객관적인 평가 내용만 기록되어 있기 때문입니다. 배운 점, 노력한 점, 문제점, 해결 방법, 어려운 점을 극복한 과정, 느낀 점 등 구체적인 내용은 시간이 지나면 기억하기 힘들죠. 그렇기 때문에 학교 활동 기록표를 만들어 지속적으로, 자세하게 학교 활동 기록을 누적하여 남기는 것이 중요합니다. 더불어 결과물을 만드는 과정과 활동사진을 남겨두는 것이 좋으며, 다양한 형태의 결과물(동영상, 파워포인트, 한글 파일, 그림 파일 등)을 컴퓨터에 날짜순으로 정렬하여 보관하면 좋습니다.

자동봉진 기록표

일시		학년 / 학기	
활동명		활동 동기	
활동 내용		나의 역할	
알게된 점			
문제점			
해결 방안			
생각하고 느낀 점			
Plus(강점)	활동에서 보여줄 수 있는 나의 능력과 가치 창의성, 협동심, 적극성, 성실성, 리더십, 호기심, 비판적 사고력, 지속성 학업 역량 증진, 전공적합성과 매우 관련, 발전가능성 및 인성		
Minus(부족한 점)			
Interest(흥미로운 점)			
첨부 파일	사진, 파워포인트, 한글 파일, 동영상 등		

대회 및 활동 시 눈에 띄는 성장 과정 기록 팁을 확인하세요.

개인 또는 팀(4-5인) : 동기 - 도전 - 과정 - 결과 - 느낀 점

개인 또는 소규모의 팀은 동기와 도전, 문제를 해결하는 과정이 중요하므로 이 부분을 중점적으로 쓴다.

학급 또는 그룹(10인 이상) : 동기 - 도전(과정) - 역경 - 극복 과정 - 결과

10인 이상의 모임은 생각과 의견이 다양하기 때문에 중간에 문제를 해결하는데 어려움이 생기기 마련이다. 그렇기 때문에 이 부분을 어떤 인성적인 요소를 바탕으로, 어떤 방법으로 해결하였는지를 상세하게 기록하는 것이 좋다.

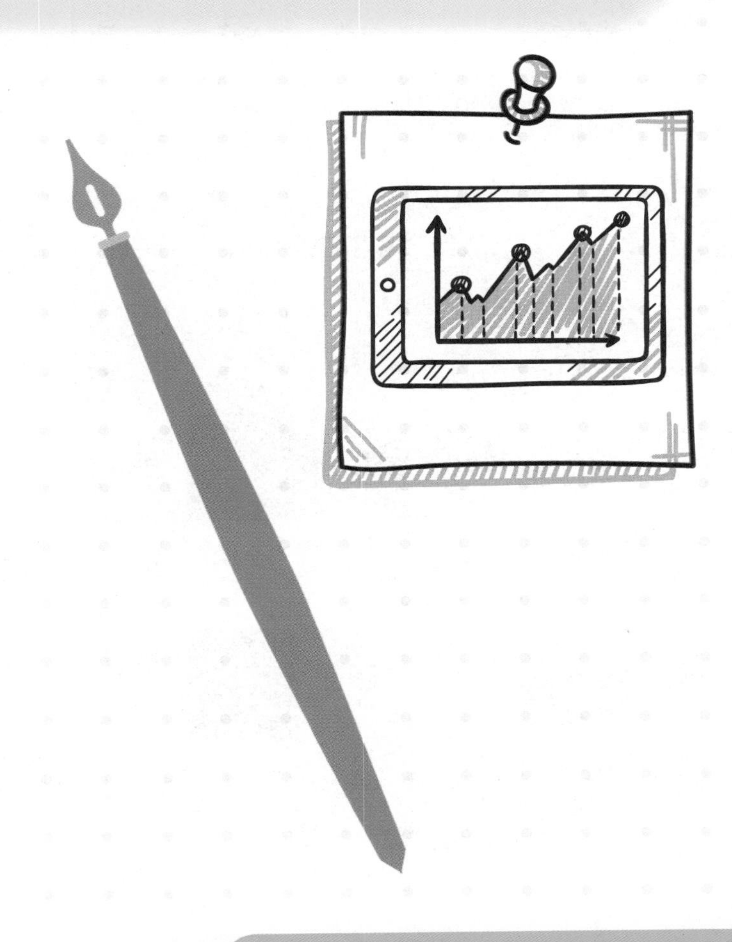

만다라트로 학교 생활 설계하기 활동

만다라트는 활짝 핀 연꽃 모양으로 아이디어를 다양하게 발상해 나가는 데 도움을 주는 사고 기법입니다. 일본의 마츠무라 야스오가 개발했으며, 연꽃만개법 또는 MY 기법이라고도 합니다. 야구선수 오타니 쇼헤이가 목표 달성에 사용했다고 알려지면서 덩달아 주목받았지요.

괴물투수 오타니 쇼헤이의 만다라트

몸관리	영양제 먹기	FSQ 90kg	인스텝 개선	몸통 강화	축 흔들지 않기	각도를 만든다	위에서부터 공을 던진다	손목 강화
유연성	**몸만들기**	RSQ 130kg	릴리즈 포인트 안정	**제구**	불안정 없애기	힘 모으기	**구위**	하반신 주도
스테미너	가동역	식사 저녁7숟갈 아침3숟갈	하체 강화	몸을 열지 않기	멘탈을 컨트롤	볼을 앞에서 릴리즈	회전수 증가	가동력
뚜렷한 목표·목적	일희일비 하지않기	머리는 차갑게 심장은 뜨겁게	**몸만들기**	**제구**	**구위**	축을 돌리기	하체 강화	체중증가
핀치에 강하게	**멘탈**	분위기에 휩쓸리지 않기	**멘탈**	**8구단 드래프트 1순위**	**스피드 160km/h**	몸통 강화	**스피드 160km/h**	어깨주변 강화
마음의 파도를 안만들기	승리에 대한 집념	동료를 배려하는 마음	**인간성**	**운**	**변화구**	가동력	라이너 캐치볼	피칭 늘리기
감성	사랑받는 사람	계획성	인사하기	쓰레기 줍기	부실청소	카운트볼 늘리기	포크볼 완성	슬라이더 구위
배려	**인간성**	감사	물건을 소중히 쓰자	**운**	심판을 대하는 태도	늦게 낙차가 있는 커브	**변화구**	좌타자 결정구
예의	신뢰받는 사람	지속력	긍정적 사고	응원받는 사람	책읽기	직구와 같은폼으로 던지기	스트라이크 볼을 던질때 제구	거리를 상상하기

만다라트로 학교 생활 설계하기 활동 방법

① 표 가운데에 이름을 적습니다.
② 학교에서 하는 활동을 8개의 하위 주제로 나누어 이름 칸 둘레에 적습니다.

진로검사 성격 관심직업 독서 자율 동아리 봉사 교과

③ 8개의 하위 주제와 관련한 중점 목표, 관리 사항을 적습니다.
④ 수시로 달성 정도를 체크하고, 피드백하며 관리합니다.

한양입학 플래너 공학기술적성향	RIASEC R실재형 I탐구형	MBTI INTJ 과학자형	꼼꼼하고 성실함	도식화하여 노트 정리	탐구적이고 관찰을 잘함	로봇 공학자	드론 전문가	인공지능 전문가
DISCR검사 D주도형 S신중형	**검사 결과**	Holland	계획에 시간을 많이 허비함	**성격 장점 단점**	비판적이며 분석적임	무인 자동차 엔지니어	**관심있는 직업+계열**	사물인터넷 전문가
KCM II	SMART 계열탐색검사	와이즈멘토	긍정적, 실패를 두려워하지 않음	시행착오가 많음	손재주가 좋고 만들기를 좋아함	과학 교사	가상현실 전문가	항공우주 공학자
김광희 [창의력에 미쳐라]	김석환 [열정과 야망의 전기이야기]	과학동아 편집부 [정보통신과 신소재]	**검사 결과**	**성격 장점 단점**	**관심있는 직업+계열**	크리스토퍼 아르고즈키 [현대물리가 날 미치게 해]	리처드 파인만 [파인만의 여섯 가지 물리 이야기]	칼 세이건 [코스모스]
스티븐 호킹 [위대한 설계]	**읽은 책**	EBS 제작팀 [문명과 수학]	**읽은 책**	**이름**	**읽어야할 책**	김이리 [과학상식 130가지]	**읽어야할 책**	사이먼 싱 [페르마의 마지막 정리]
전승민 [로봇인문학 여행]	이현 [나는 화성 탐사 로봇 오퍼튜니티]	김선미 외 [나도 AI 로봇 만들 수 있어]	**자율봉사**	**동아리 진로**	**교과**	모리스 클라인 [수학 문명을 지배하다]	히로나카 헤이스케 [학문의 즐거움]	도쿄물리서클 [뉴턴도 놀란 영재들의 물리노트1]
1학년 과학 컨텐츠 제작 대회	1학년 학급 부회장	2학년 과학 기자단	1학년 과학 독서 동아리	1학년 주제 선택 과학 만들기	1학년 과학 수사대	1학년 과학 부장 모둠 활동장	1학년 주제 선택 부장	2학년 기술·가정 부장 모둠 활동장
2학년 학급 회장	**자율봉사**	2,3학년 과학 실험 대회 창의적 구조물 대회	2학년 코딩 로봇 동아리	**동아리 진로**	2학년 MY BEST 계열 검사	2학년 과학 부장 모둠 활동장	**교과**	2학년 미술 프로젝트 공학자 방 꾸밈
3학년 교내 과학체험 부스	3학년 과학교육원 도슨트 봉사활동	3학년 과학 멘토-멘티활동	3학년 코딩 로봇 동아리 회장	3학년 진로체험 박람회 로봇공학자	3학년 프로젝트 초음파센서 이용 지팡이 제작	3학년 과학 부장 모둠 활동장	3학년 기술·가정 부장 모둠 활동장	3학년 수학 부장 모둠 활동장

다음의 주제를 이용해서 여러분도 계획을 세워 보세요.

	검사 결과			성격 장점 단점			관심있는 직업+계열	
			검사 결과	성격 장점 단점	관심있는 직업+계열			
	읽은 책		읽은 책	이름	읽어야할 책		읽어야할 책	
			자율봉사	동아리 진로	교과			
	자율봉사			동아리 진로			교과	

읽어보기

학교 폭력

학교폭력이란?

- 학교 내 · 외에서(장소 무제한)
- 학생을 대상으로 발생한(행위자 무제한)
- 상해, 폭행, 감금, 협박, 약취 · 유인, 명예훼손 · 모욕, 공갈, 강요 · 강제적인 심부름 및 성폭력, 따돌림, 사이버 따돌림, 정보통신망을 이용한 음란 · 폭력 정보 등에 의하여
- 신체 · 정신 또는 재산상의 피해를 수반하는 행위

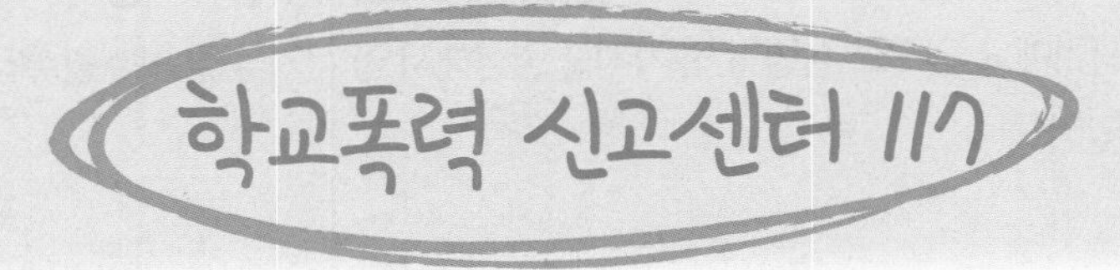

학교폭력 사안 처리 절차

학교 폭력은 발생 후 대처도 중요하지만 예방이 우선입니다.

교육부 학교폭력 사안처리 가이드북(2020)

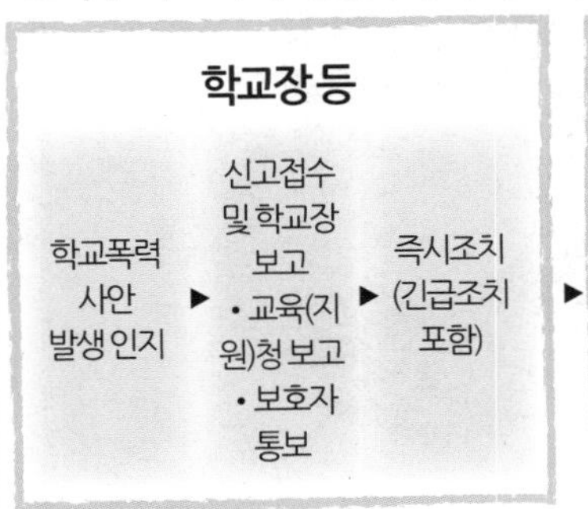

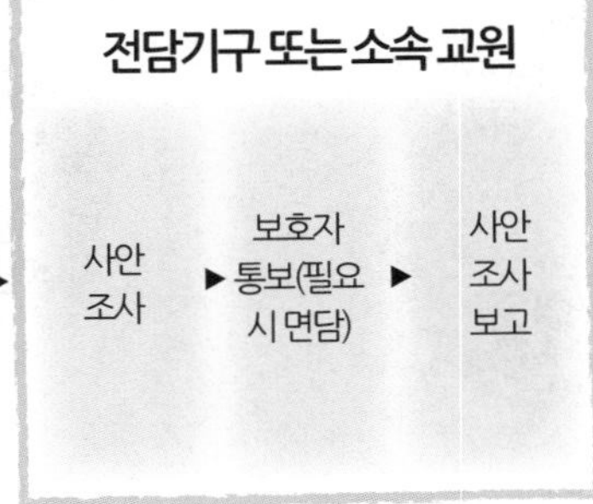

자체해결/심의위원회

학교장 자체해결

심의위원회 심의 · 의결

학교폭력 예방과 대처방법

학교폭력은 꾸준한 관심과 대화로 예방하고 사안이 발생하면 즉시 담임 선생님께 알리는 것이 좋습니다. 가해자, 피해자 모두에게 따뜻하고 친절한 말로 안내하되, 단호함도 병행해야 합니다. 학생들에게도 자율과 책임에 대해 바르게 알려주어야 합니다.

쉬는시간 사춘기 잘 보내기

1. 질풍노도 사춘기 이해하기

다음 중에서 4가지 이상 해당한다면 사춘기!

❶ 최근 6개월 내 키가 5cm 이상 자랐어요.
❷ 잠을 자다가 아무 이유 없이 자꾸 깨요.
❸ 몸이 변했어요(여자는 가슴이 나오고, 초경 등…… 남자는 목소리가 굵어지고, 몽정 등……).
❹ 이성 친구를 사귀고 싶어요.
❺ 갑자기 기분이 좋아지기도 하고 나빠지기도 해요.
❻ 아무 이유 없이 무뚝뚝한 표정으로 남들을 바라봐요.

환영합니다! 드디어 여러분도 사춘기에 접어들었네요. 사춘기는 몸과 마음이 자라서 어른이 되어가는 시기예요. 앞으로 설명할 몇 가지를 명심해서 이 시기를 잘 보내면 우리도 멋진 어른이 될 수 있어요!

2. 부모님 생각, 내 생각!

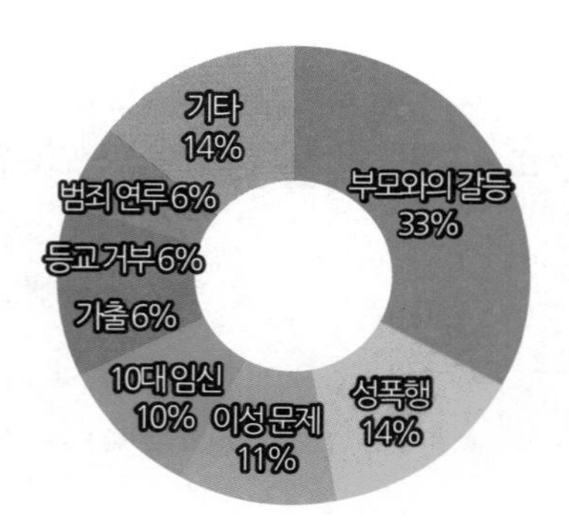

청소년 문제

청소년 문제에서 부모와의 갈등이 큰 비율을 차지하는 것을 알 수 있어요.

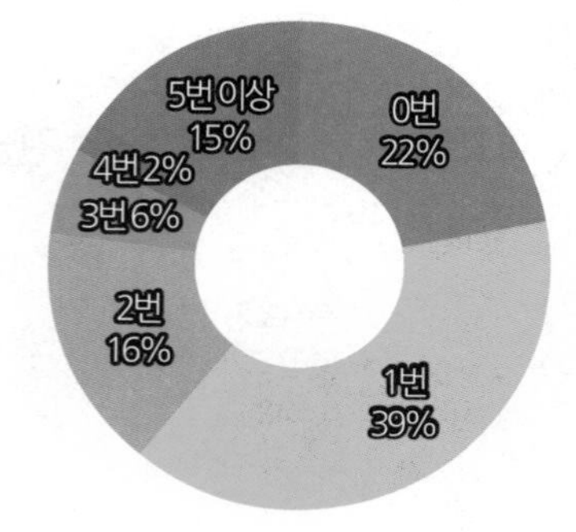

일주일에 부모님과 몇 번 싸우나요?

모 학교에서 부모님과 일주일에 몇 번을 싸우는지 묻고 통계를 내봤더니 적어도 일주일에 1번 이상이네요.

사춘기에 접어들면 부모님과 많은 갈등을 겪게 됩니다. 부모와 자녀가 싸우는 걸 원하지 않지만 또 막상 상황이 되면 서로 마음을 이해하지 않는 것 같아 참 쉽지 않죠. 서로 어떤 생각을 하는지, 어떻게 말을 하면 갈등을 완화할지 간단히 알아봐요.

자녀의 뇌 구조

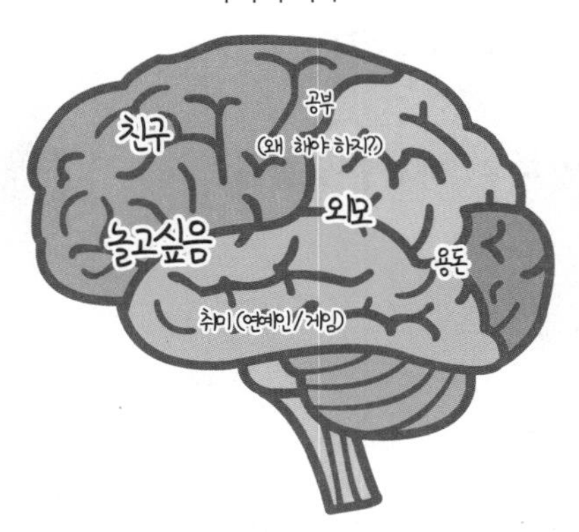

엄마의 뇌 구조

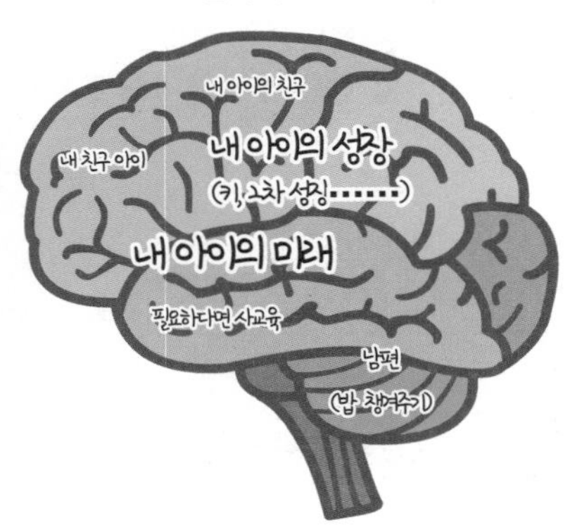

부모님에게도 자녀와 같은 시기가 있었잖아요? 자녀의 행동을 무조건 막기보다, 먼저 물어보고 들어주고 이해한다면 자녀들도 부모님께 마음을 열고 이해할 것입니다.

자녀들도 부모님께서 하시는 말씀이 잔소리로 들리겠지만, 여러분의 생각을 차분히 말한다면 자신의 생각을 인정받을 수 있을 거예요.

어떻게 말을 하는 게 좋을지 예시를 보여줄게요!

대화

아니, 이게 어디서 배운 말버릇이야!

▼

마음이 상했나보구나. 무슨 문제라도 있는 거니?

잠시 혼자 생각 좀 정리하고 말씀드릴게요.

공부

오자마자 폰·게임이야? 어서 방에 들어가서 공부해!

짜증나, 알아서 할게요!

▼

폰·게임은 공부하고 한 시간만 하기로 약속했지?
할 일은 먼저 끝내고 즐기자.

지금 이것만 마무리하고 할 일 할게요.

비교

은희는 이번 시험 반에서 1등 했다며?

은희네 엄마는 엄마같이 안 해!

▼

우리 아들·딸, 전보다 더 나은 모습을 보여줘서 고마워.

엄마아빠가 최고예요. 감사해요.

외모

멋 좀 그만 부리고, 공부 좀 해!

내가 화장하는 데 엄마가 무슨 상관이에요?

▼

자꾸 거울을 보는 걸 보니, 여드름 때문에 신경 쓰이나 보구나.

여드름이 신경 쓰여서 아무것도 못하겠어요.

대화를 통해 서로를 더 이해하고 위해 줄 수 있는 부모와 자녀의 관계를 만들어봐요.

3. 사춘기 시절 내 몸을 더 예쁘고 멋지게 만들어주는 것들!

음식 고르기 TIP

키 크고, 튼튼한 몸을 위해
우유 하루 1,000~1,500cc!

성장에 좋은
시금치, 당근!!

성장기엔 역시,
멸치, 정어리!

비타민 섭취엔
뭐니 뭐니 해도 귤!

과일이나 채소는 많이!

인스턴트 식품은 조금만!
짜고 매운 자극적인 음식도 조금만!

키가 쑥쑥, 성장운동 TIP

깡충깡충 줄넘기!

3점 슛! 농구!

아침엔 역시 조깅!

위아래로 뛰는 동작이 많은 운동을 하루 30분 이상씩 해봐요.
체력을 기르고, 무릎에 있는 성장판을 자극해서 키도 쑥쑥 큰답니다!

2교시

진로네비게이션

진로 탐색 및 체험

"꿈 찾기? 나에게 힌트가 있다!"

"꾸준한 독서, 꿈 찾기의 기본"

"진로 설정되어야 진학에 유리"

"좋은 목표는 최대한 구체적인 내용을 담은 목표"

01 자기이해 및 진로 탐색하기

02 커리어넷 & 워크넷 활용하기

03 계열성향검사 해보기

04 진로체험활동 해보기

01 자기이해 및 진로 탐색하기

자기이해

영화 세 얼간이의 주인공 란초, 파르한, 라주~! 세 명의 친구는 자신이 좋아하는 일이 아닌 부모님이 정해준 꿈을 따르다 어느 대학에서 서로 만나게 됩니다. 그들은 이내 부모님이 정해준 방향이 자신이 진정으로 좋아하는 일이 아닌 것을 깨닫고, 진정한 꿈을 이루려 노력합니다. 이 영화에서 '너의 재능을 따라가면 성공은 뒤따라 올 것이다.'라는 말이 나옵니다. 자기가 좋아하고 잘할 수 있는 것을 찾아야 진정한 꿈을 이룰 수 있습니다.

2019년 교육부 자료에 따르면 중학생들은 내가 좋아하고 잘 해낼 수 있는 것을 바탕으로 직업을 선택한다고 합니다.

희망 직업 선택 이유

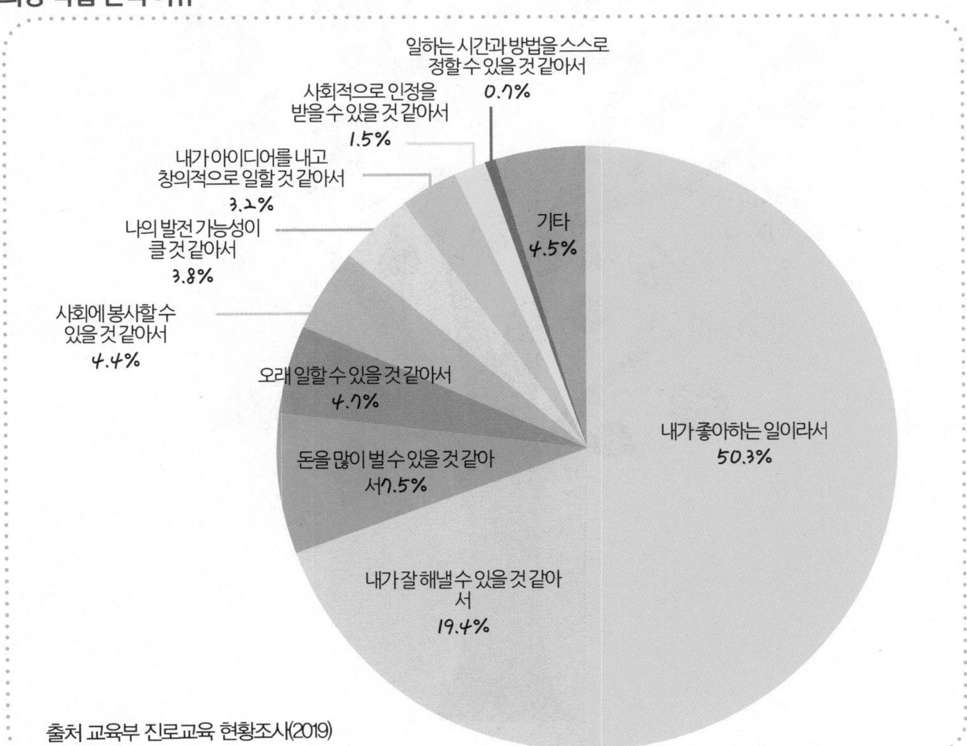

출처 교육부 진로교육 현황조사(2019)

자기이해

자신이 누구인지, 어떤 감정과 강점, 가치를 갖고 있고 내 행동의 이유가 무엇인지 아는 것을 자기이해라고 합니다. 가치관, 성격, 강점지능, 흥미, 적성 등 자신의 특성을 바탕으로 자신을 객관적이고 입체적으로 바라보는 과정이 진로 탐색입니다.

자기이해

자기이해 영역

자기 이해를 바탕으로 한 진로 성숙도를 높이는 것이 진로 탐색의 목표입니다. 자기 이해는 총 4가지로 영역으로 나누어서 살펴볼 수 있습니다.

1 직업흥미 - 일이나 활동에 관심이 있고 즐거움을 느끼는 일

흥미는 어떤 일이나 활동에 관심이 있고 재미있어 하는 것으로, 일시적인 경우가 많아 성장하면서 변합니다. 흥미는 직업을 선택하는데 매우 중요합니다. 자신의 흥미에 맞는 직업을 선택하여 일을 하는 사람은 일에 대한 만족도와 업무 수행 능력이 높습니다. 자신의 흥미를 탐색하여 자기 자신을 더 잘 이해하고, 자신의 흥미에 맞는 직업을 찾을 수 있어야 합니다.

홀랜드 직업성격 유형

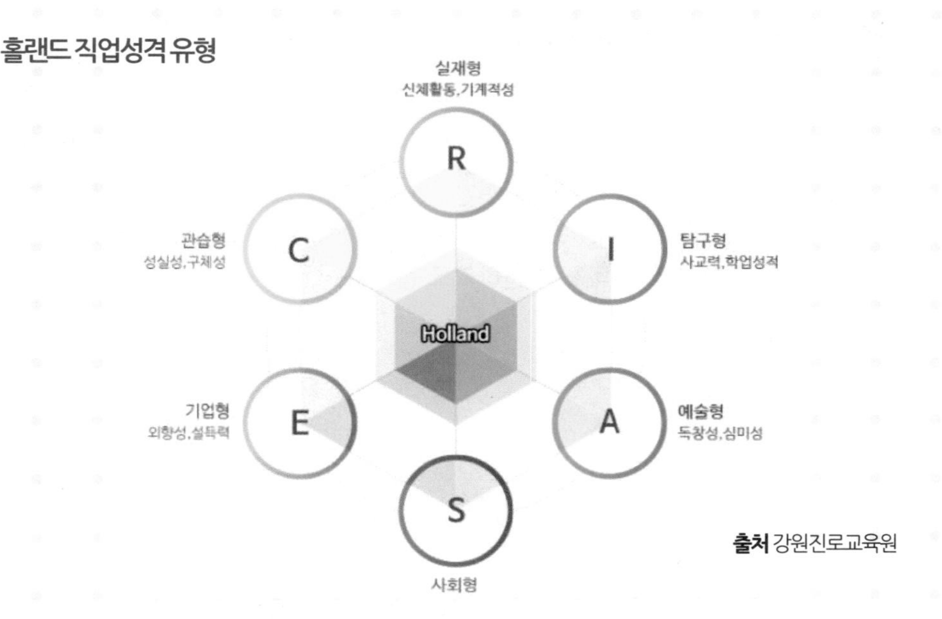

출처 강원진로교육원

2 직업 적성 - 어떤 일을 잘하거나 잘할 수 있는 가능성

적성은 내가 다른 친구들보다 필요한 기능을 빠르게 배우거나 주어진 일을 성공적으로 해낼 수 있는 능력을 말합니다. 적성은 현재의 능력보다는 미래에 성공할 가능성을 말해주는 잠재력이죠.

다중지능이론에 근거한 8가지 지능

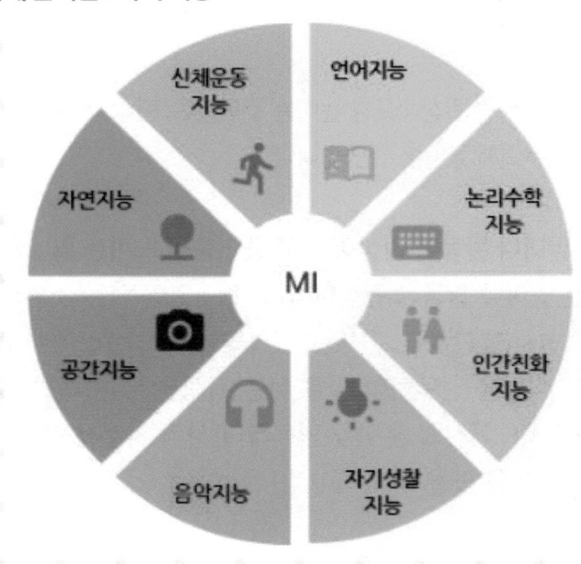

3 직업 가치관 - 개인이 추구하거나 실현하고자 하는 목표

직업 가치관은 직업이나 일의 장면에서 중요하다고 생각하고 행동하는 믿음과 신념을 말합니다. 직업 가치관이 중요한 이유는 사람들은 자신의 가치관에 따라 행동하는 경향이 크기 때문입니다. 가치관은 단시간 내에 형성되는 것이 아니라 어린 시절부터 접하는 환경과 사람들에 의해 서서히 형성되며, 나이가 들면서 개인이 속한 환경이 바뀌면 변하기도 합니다.

4 성격 - 주어진 상황에서 지속적이고 일관된 행동을 하는 개인의 특성

성격은 나만의 고유의 말과 행동으로 타고난 것이 많으나 후천적으로 학습, 경험, 주변 환경, 부모님과 상호작용 등에 따라 달라지기도 합니다. 성격은 직업 활동에 많은 영향을 끼치는데, 어떤 직업이 적성이나 흥미에 맞더라도 성격과 맞지 않으면 그 직업은 자신에게 적합하다고 할 수 없기 때문이죠. 아이의 성격 형성을 이해하고 이해하고 교육하면서 아이의 성격에 맞는 직업을 탐색하는 활동을 함께 하길 권합니다. 부모의 직업관이나 성격 요소를 아이에게 강요하지 않아야 하며, 자녀의 고유한 가치를 존중해야 합니다.

MBTI 성격유형검사

ISTJ 세상의 소금형 한번 시작한 일은 끝까지 해내는 성격	**ISFJ** 임금 뒷편의 권력형 성실하고 온화하여 협조 잘하는 성격	**INFJ** 예언자형 사람과 관련된 뛰어난 통찰력을 가진 사람	**INTJ** 과학자형 전체적인 부분을 조합하여 비전을 제시하는 사람
ISTP 백과사전형 논리적이고 뛰어난 상황 적응력을 가진 사람	**ISFP** 성인군자형 따뜻한 감성을 가지고 있는 겸손한 사람	**INFP** 잔다르크 이상적 세상을 만들어가는 사람	**INTP** 아이디어뱅크형 비평적 관점을 가진 뛰어난 전략가
ESTP 수완 좋은 활동가형 다양한 활동을 선호하는 사람	**ESFP** 사교적형 분위기를 고조시키는 우호적 성격	**ENFP** 스파크형 열정적으로 새로운 관계를 만드는 사람	**ENTP** 발명가형 풍부한 상상력으로 새로운 것에 도전
ESTJ 사업가형 사무적, 실용적, 현실적인 성격	**ESFJ** 성인군자형 친절하고 현실감 있게 타인에 봉사하는 사람	**ENFJ** 언변능숙형 타인의 성장을 도모하고 협동하는 사람	**ENTJ** 지도자형 비전을 갖고 타인을 활기있게 이끄는 리더

출처 강원진로교육원

나의 강점 발견하기

강점은 적성 혹은 소질이라고 합니다. 어떤 과제나 임무를 수행할 때 개인에게 요구되는 특수한 능력 혹은 잠재능력을 말합니다. 어떤 직업에서의 성공 가능성을 예측하기도 합니다.

하워드 가드너(Howard Gardner)는 사람에겐 누구나 좋아하고 잘하는 각자의 강점 지능이 있다고 했습니다. 그렇다면, 강점은 어떻게 발견할 수 있을까요?

자신이 초록 잎이 반짝이는 나무라고 생각해 보세요. 나무는 땅 속의 양분과 햇볕을 받아 광합성을 하며 하나 둘 잎을 피워내요. 나무에게 초록 잎은 강점이 되고 양분과 햇볕은 여러분을 둘러싼 환경과 경험이라고 할 수 있어요. 칭찬과 자신감의 양분은 초록 잎을 무성히 피우고 열매를 맺게 하지요. 여러분이 지금까지 자라 오면서 뿌듯하고 자랑스러웠던 경험이나 칭찬받은 기억은 자신감을 갖게 하는 양분이 되어 바로 '나'라는 나무의 강점이 되었습니다. 이제 구체적인 나의 강점을 찾아보세요. 강점이 구체적일수록 꿈과 끼를 발현시킬 수 있습니다. 내가 나를 인정하거나 다른 사람이 나를 인정하는 것, 자신이 특히 잘 할 수 있는 것, 더 잘해내고 싶은 자신감이나 자기효능감이 높아지는 것도 강점지능입니다. 이때 자기효능감은 어떤 일을 성공적으로 해낼 수 있는 능력이 있다고 믿는 기대와 신념이며, '내가 잘할 수 있다'는 믿음이 강점이 된다는 것을 기억해주세요.

8가지 강점 지능

자기성찰지능	음악지능	공간지능	인간친화지능
자신의 객관적 이해 목표 설정 및 달성	음악 창작 및 표현	그림, 도형, 물건 등 설계 및 배치	타인 이해와 조화 상황대응력
언어지능	**논리수학지능**	**자연친화지능**	**신체운동지능**
말과 글의 이해력과 표현력	논리적 사고 탐구력	환경에 대한 관심과 실천	신체 활동 능력

8개 지능 중 자신의 강점 지능이라 생각되는 것에 순위를 매겨보세요.

나의 강점은 ①순위 : ②순위 : ③순위 : 입니다.

나의 강점 지능에 맞는 일을 찾아보았나요?
나의 강점 지능에 맞는 직업군을 커리어넷에서 찾아보세요.

강점 찾기의 예

나는 역사를 좋아해서 역사 관련 다큐를 보고 책을 찾아 읽기를 좋아합니다. 역사를 어려워하는 친구들에게 도표로 정리해서 설명해 주고 멘토를 해줬는데 친구들이 역사 공부에 도움이 많이 되었다고 칭찬해줘서 기분이 좋았습니다.

경험을 통한 나의 강점 : 궁금한 것을 구체적으로 찾아보고 내 지식으로 만든 후, 어려워하는 친구들에게 도움을 줄 수 있어서 뿌듯했다.
나의 강점을 통해 얻게 되는 공동의 가치 : 지식은 나눌수록 기쁨이 커지고 함께 성장한다.

나의 다중지능 : ① 자기성찰지능 ② 언어지능 ③ 논리수학지능

Plus+

부모님이 아이들에게

부모는 아이들에게 '네 장점은 이거야.'라고 자주, 정확하게 말해주는 것이 좋습니다. 아이들에게 자신의 장점을 말해보라고 하면 구체적으로 말하지 못하거나 1~2개의 장점을 겨우 말하기도 합니다. 특히 아이가 어릴수록 부모의 구체적인 이야기와 격려는 영향력이 크다고 할 수 있습니다. 아이가 자신의 장점을 강점으로 끌어낼 수 있도록 자녀와 자주 대화를 나누고 자녀의 강점 찾기를 통해 자신감과 자아존중감을 높여주세요.

02 커리어넷 & 워크넷 활용하기

진로 전문 사이트
커리어넷 & 워크넷 활용하기

진로를 알기 위한 심리 검사를 학기마다 혹은 학년별로 주기적으로 해보길 추천합니다. 심리 검사의 결과는 검사를 진행할 때의 마음 상태에 따라 다르게 나올 수 있는데, 여러분이 새로운 정보를 받아들이고 이해의 폭이 넓어지면서 성장을 하고 있기 때문입니다.

여러분은 자신을 잘 안다고 생각하고 있나요? 나의 관심사가 무엇인지 알고 있다 하여도 잠재된 성격까지는 알지 못할 수도 있어요. 진로에서 흥미, 적성, 성격, 가치관, 진로성숙도 등이 중요한데 각각 얼마나 잘 발달되어 있는지 객관적인 자료를 통해 자신을 더 깊이 이해하고 진로 방향을 설계할 때 참고하시길 바랍니다.

진로심리검사 결과는 참고 자료일 뿐입니다. 검사의 결과를 통해 자신을 조금 더 알게 되는 도구라는 것을 알아두세요!

진로정보망 커리어넷

http://www.career.go.kr 

커리어넷은 진로심리검사, 진로상담, 직업 및 학과 정보, 진로동영상 등 진로에 관한 다양한 유형의 활동과 정보를 가진 최고의 진로 사이트입니다.

직업적성검사, 직업가치관검사, 진로성숙도검사, 직업흥미검사 등 다양한 유형의 진로심리검사를 무료로 받을 수 있으며, 진로심리검사를 통해 자신을 이해하고, 진로 의사결정에 관한 유용한 정보를 얻을 수 있습니다. 비회원인 경우에도 진로심리검사를 진행할 수 있지만 검사 결과가 저장되지 않습니다. 회원가입을 꼭 하세요.

커리어넷 직업적성 검사결과

CareerNet 진로정보망 커리어넷

직업적성검사

청소년용 진로심리검사 커리어넷 : 직업적성검사

기다려봐

여자

커리어넷 직업적성검사 결과표

소속 -
학년(나이) 1학년(14세)
나이스 식별번호 41954078
검사일 2021.01.28
커리어넷ID

적성은 지금 현재 내가 잘하고 있거나 앞으로 발전할 가능성이 높은 능력을 뜻합니다. 이 검사를 통해서 자신의 적성 영역과 그 영역에 잘 맞는 직업에 대해서 알 수 있게 됩니다. 하지만 검사의 결과는 성적이 아니며 적성은 여러분의 노력 이나 경험에 따라 변할 수 있습니다. 또한, 적성만으로 직업이 결정되는 것이 아니므로 검사결과는 참고자료로 활용하세요.

직업적성검사 주요 결과

1. 높은 적성으로 살펴본 기다려봐님에 대한 종합평가

창의력

호기심이 많고 독특한 방법으로 문제를 해결하는 경향이 있습니다. 융통성이 있고 아이디어를 내서 실제로 활용할 가능성이 높습니다.

손재능

손으로 만드는 일을 잘 해내는 경향이 있습니다. 다른 친구들보다 만들어 낸 결과물이 정교하거나 정확합니다.

공간지각력

글로 쓰인 이미지를 머릿속에서 입체적으로 떠올리고 생각할 수 있습니다. 공간 배치 및 공간 기억의 능력들을 발휘할 가능성이 높습니다.

2. 직업적성영역별 결과(백분위)

적성영역	백분위	적성영역	백분위	적성영역	백분위
창의력	95.7	수리·논리력	88	예술시각능력	72.6
손재능	94.8	자기성찰능력	80.6	신체·운동능력	62
공간지각력	89.5	대인관계능력	76.8	음악능력	48.4
자연친화력	88.4	언어능력	76.3		

3. 기다려봐님의 검사결과를 바탕으로 한 추천 직업군

적성영역	직업군
창의력	연기 관련직, 예술기획 관련직, 작가 관련직, 디자인 관련직, 웹·게임·애니메이션 관련직, 미술 및 공예 관련직, 기타 특수 예술직
손재능	기능직, 의복제조 관련직, 조리 관련직, 이미용 관련직, 기타 게임·오락·스포츠 관련직
공간지각력	고급 운전 관련직, 공학 기술직, 공학 전문직

아울러, 커리어넷에서는 온라인으로 진로 상담이 가능합니다. 공개상담과 이 주의 공감상담을 통하여 다른 친구들의 고민도 살펴보세요.

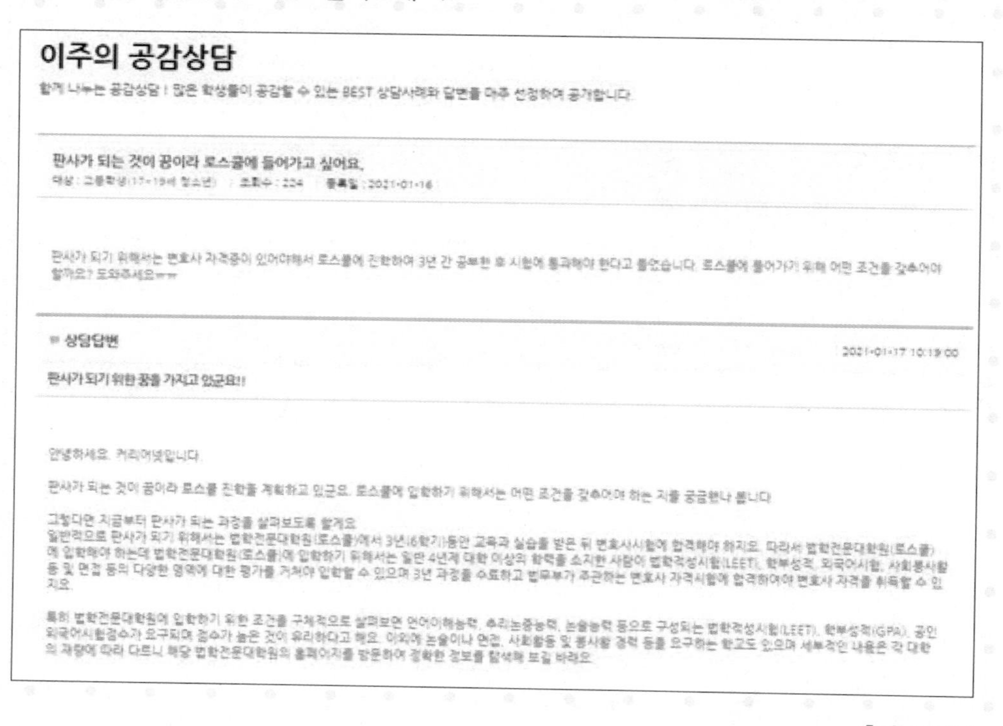

이주의 공감상담

함께 나누는 공감상담! 많은 학생들이 공감할 수 있는 BEST 상담사례와 답변을 매주 선정하여 공개합니다.

판사가 되는 것이 꿈이라 로스쿨에 들어가고 싶어요.

대상 : 고등학생(17~19세 청소년) | 조회수 : 224 | 등록일 : 2021-01-16

판사가 되기 위해서는 변호사 자격증이 있어야해서 로스쿨에 진학하여 3년 간 공부한 후 시험에 통과해야 한다고 들었습니다. 로스쿨에 들어가기 위해 어떤 조건을 갖추어야 할까요? 도와주세요ㅠㅠ

상담답변 2021-01-17 10:19:00

판사가 되기 위한 꿈을 가지고 있군요!!

안녕하세요. 커리어넷입니다.

판사가 되는 것이 꿈이라 로스쿨 진학을 계획하고 있군요. 로스쿨에 입학하기 위해서는 어떤 조건을 갖추어야 하는 지를 궁금한가 봅니다.

그렇다면 지금부터 판사가 되는 과정을 살펴보도록 할게요.
일반적으로 판사가 되기 위해서는 법학전문대학원(로스쿨)에서 3년(6학기)동안 교육과 실습을 받은 뒤 변호사시험에 합격해야 하지요. 따라서 법학전문대학원(로스쿨)에 입학해야 하는데 법학전문대학원(로스쿨)에 입학하기 위해서는 일반 4년제 대학 이상의 학력을 소지한 사람이 법학적성시험(LEET), 학부성적, 외국어시험, 사회봉사활동 및 면접 등의 다양한 영역에 대한 평가를 거쳐야 입학할 수 있으며 3년 과정을 수료하고 법무부가 주관하는 변호사 자격시험에 합격하여야 변호사 자격을 취득할 수 있지요.

특히 법학전문대학원에 입학하기 위한 조건을 구체적으로 살펴보면 언어이해능력, 추리논증능력, 논술능력 등으로 구성되는 법학적성시험(LEET), 학부성적(GPA), 공인외국어시험점수가 요구되며 점수가 높은 것이 유리하다고 해요. 이외에 논술이나 면접, 사회활동 및 봉사활 경력 등을 요구하는 학교도 있으며 세부적인 내용은 각 대학의 재량에 따라 다르니 해당 법학전문대학원의 홈페이지를 방문하여 정확한 정보를 탐색해 보길 바래요.

출처 커리어넷

'나는 이런 것에 흥미가 있어', '내가 이런 적성이 있구나', '내 성격에 이런 부분이 있었구나.' 검사 결과 분석은 자기를 객관적으로 판단하고 자신에 대해 더 깊이 생각하는 기회를 제공합니다. 자기를 인정하고 긍정적 자아를 키워나가며 멋진 삶을 준비하는 청소년이 되길 응원합니다!

우리는 지금 어디로 가야할지 모릅니다. 모른다고 해서 손을 놓고 있을 수만은 없습니다. 공부, 진로 탐색 등 자신이 할 수 있는 모든 것에 열정을 쏟아 지금 여기에 있는 나를 제대로 알고, 멋진 모습으로 성장하여 밝은 미래를 만들어 보는 것은 어떨까요?

워크넷

https://www.work.go.kr/ 

워크넷에서 직업 정보를 찾고 학과 검색과 전공에 대한 정보도 검색할 수 있습니다. 청소년 심리검사는 무료입니다.

WORKNET

채용정보 | 직업·진로 | 고용

직업·진로

- 직업·진로 홈
- 화상상담 예약 N

직업심리검사

- 직업심리검사 소개
- 청소년 심리검사 실시
- 성인용 심리검사 실시
- 검사결과 보기
- 검사결과 상담
- 검사결과 상담 FAQ

직업정보

- 직업정보 찾기

학과정보

- 학과 검색
- 전공진로 가이드
- 학과정보 FAQ
- 학과정보 동영상

진로상담

- 상담신청
- 상담 FAQ

워크넷 청소년 심리검사

워크넷 > 직업심리검사 > 청소년 심리검사 실시 > 청소년 심리검사 바로가기 > 검사 실시

청소년의 자기이해 및 진로탐색
가이드 e북 다운로드

대학생 및 성인의 자기이해 및 직업탐색
가이드 e북 다운로드

성인을 위한 직업적응 및 성공검사
가이드 e북 다운로드

청소년 심리검사 바로가기 | 성인 심리검사 바로가기 | 검사결과 보기 | 검사결과 상담

※ [검사실시] 버튼을 클릭하여 검사를 실시할 수 있으며, 검사 도중 중단되어도 당일에 한해 이어서 실시가 가능합니다.

심리검사명	검사시간	실시가능	검사안내	결과예시	검사실시
청소년 직업흥미검사	30분	인터넷, 지필	안내	예시보기	검사실시
고등학생 적성검사	65분	인터넷, 지필	안내	예시보기	검사실시
직업가치관검사	20분	인터넷, 지필	안내	예시보기	검사실시
청소년 진로발달검사	40분	인터넷, 지필	안내	예시보기	검사실시
대학 전공(학과) 흥미검사	30분	인터넷	안내	예시보기	검사실시
초등학생 진로인식검사	30분	인터넷, 지필	안내	예시보기	검사실시
청소년 인성검사	25분	인터넷, 지필	안내	예시보기	검사실시

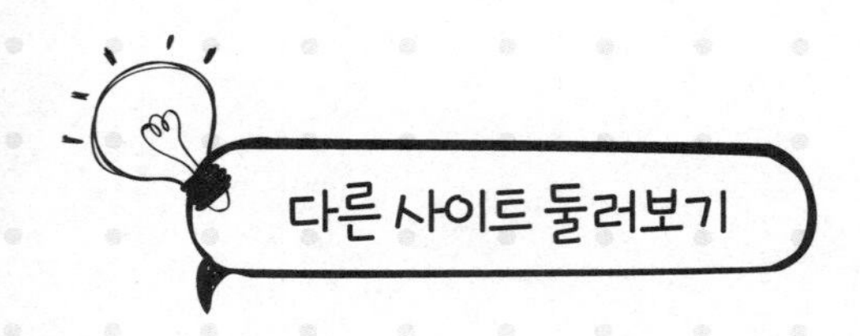

한국 가이던스

http://www.guidance.co.kr/intgr/mainindex/index.asp 

이 사이트에서는 인성 · 성격, 진로 · 적성, 학습, 역량 · 강점 등에 관한 진로 검사를 무료와 유로로 진행할 수 있습니다. 무료로 검사하면서 진로와 관련된 자신의 흥미, 능력과 가치관을 알아보며 효과적인 진로 탐색을 해볼 수 있습니다. 학생의 진로가치관을 긍정적으로 형성하는데 도움을 줄 수 있습니다. 필요한 경우 유료검사로 깊게 알아보는 것도 좋습니다.

한국가이던스 무료 검사 목록

검사종류	검사명	문항수	검사대상	검사시작
자아/성격	자아존중감검사	10	아 청	검사시작
자아/성격	일반성격검사	40	아 청 일	검사시작
자아/성격	성격강점검사	40	아 청 일	검사시작
자아/성격	자아탄력성검사	33	아 청 일	검사시작
자아/성격	방어기제유형검사	34	일	검사시작
학업/진로	진로지향성검사	10	아 청	검사시작
학업/진로	시험불안검사	20	청	검사시작
학업/진로	진로고민영역검사	20	아 청	검사시작
학업/진로	진로문제원인검사	20	아 청	검사시작
학업/진로	학습고민영역검사	20	아 청	검사시작

다중지능검사

https://multiiqtest.com/ 

미국의 심리학자인 하워드 가드너가 제시한 다중지능이론을 기반으로 만든 검사도구입니다. 다중지능을 측정하기 위한 본 검사는 총 56문항이 나옵니다. 각 문항마다 평소에 편하고 습관적으로 하는 것을 체크하시면 됩니다. 무료입니다.

어세스타온라인검사

http://www.career4u.net/Main/Main.asp 

MBTI 성격 검사, STRONG 직업탐색검사 등을 유료로 실시할 수 있습니다.

○ **MBTI 성격 검사** - 일반인들에게 가장 널리 활용되고 있습니다. 두 개의 태도지표(외향-내향, 판단-인식)와 두 개의 기능지표(감각-직관, 사고-감정)에 대한 개인의 선호도를 밝혀서 4개의 선호문자로 구성된 개인의 성격유형을 알려줍니다. 개인은 16가지 성격유형 중 한 유형에 속하게 됩니다.

○ **STRONG 직업탐색검사** - 학생이 진로에 대해 탐색할 준비가 되어 있는가를 확인하는 검사입니다. 진로성숙도검사와 직업, 활동, 교과목, 유능감, 성격특성에 대한 문항을 통해 학생들의 흥미유형을 포괄적으로 파악할 수 있는 흥미검사로 구성되어 있습니다.

03 계열성향검사 해보기

계열성향검사가 뭐예요?

My Best 계열성향검사는 간단한 문항을 읽고 답하는 검사를 통해 학생의 직업적 흥미 발견을 도와주고 이를 바탕으로 진로 로드맵을 작성할 수 있도록 개발된 도구입니다. 즉 학생이 가진 직업적 흥미를 바탕으로 어느 계열에 더 적성이 많고 흥미가 있는지를 평가하고 해석해 준다고 생각하면 됩니다.

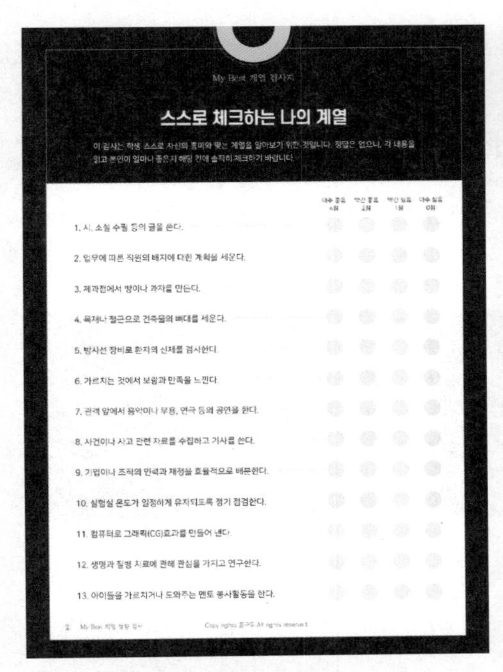

My Best 계열 검사지

스스로 체크하는 나의 계열

이 검사는 학생 스스로 자신의 흥미와 맞는 계열을 알아보기 위한 것입니다. 정답은 없으니, 각 내용을 읽고 본인이 얼마나 좋은지 해당 칸에 솔직히 체크하기 바랍니다.

	아주 좋음 4점	약간 좋음 2점	약간 싫음 1점	아주 싫음 0점
1. 시, 소설 수필 등의 글을 쓴다.				
2. 업무에 따른 직원의 배치에 대한 계획을 세운다.				
3. 제과점에서 빵이나 과자를 만든다.				
4. 목재나 철근으로 건축물의 뼈대를 세운다.				
5. 방사선 장비로 환자의 신체를 검사한다.				
6. 가르치는 것에서 보람과 만족을 느낀다.				
7. 관객 앞에서 음악이나 무용, 연극 등의 공연을 한다.				
8. 사건이나 사고 관련 자료를 수집하고 기사를 쓴다.				
9. 기업이나 조직의 인력과 재정을 효율적으로 배분한다.				
10. 실험실 온도가 일정하게 유지되도록 정기 점검한다.				
11. 컴퓨터로 그래픽(CG)효과를 만들어 낸다.				
12. 생명과 질병 치료에 관해 관심을 가지고 연구한다.				
13. 아이들을 가르치거나 도와주는 멘토 봉사활동을 한다.				

2 My Best 계열 성향 검사

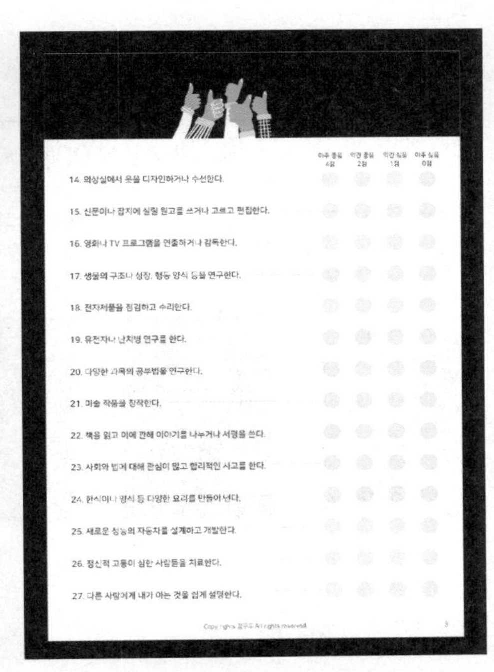

	아주 좋음 4점	약간 좋음 2점	약간 싫음 1점	아주 싫음 0점
14. 의상실에서 옷을 디자인하거나 수선한다.				
15. 신문이나 잡지에 실릴 원고를 쓰거나 고르고 편집한다.				
16. 영화나 TV 프로그램을 연출하거나 감독한다.				
17. 생물의 구조나 성장, 행동 양식 등을 연구한다.				
18. 전자제품을 점검하고 수리한다.				
19. 유전자나 난치병 연구를 한다.				
20. 다양한 과목의 공부법을 연구한다.				
21. 미술 작품을 창작한다.				
22. 책을 읽고 이에 관해 이야기를 나누거나 서평을 쓴다.				
23. 사회와 법에 대해 관심이 많고 합리적인 사고를 한다.				
24. 한식이나 양식 등 다양한 요리를 만들어 낸다.				
25. 새로운 성능의 자동차를 설계하고 개발한다.				
26. 정신적 고통이 심한 사람들을 치료한다.				
27. 다른 사람에게 내가 아는 것을 쉽게 설명한다.				

3

계열성향검사는 이런 검사입니다.

01 모든 활동의 기반이 될 계열을 파악하는 검사입니다.

02 간단 설문 조사를 통해 명료한 계열 분석 결과를 제공합니다.

03 이를 통해 학생의 흥미와 적성 파악이 가능합니다.

계열성향검사

계열성향검사 방법

http://www.only-edu.net/

계열성향검사는 인터넷 검색창에 '꿈구두교육플랫폼'을 검색하거나 http://www.only-edu.net/로 접속하면 할 수 있습니다.

계열성향검사 결과 보기

검사를 하면 학생의 1순위와 2순위 계열이 나옵니다. 보통 1순위와 2순위의 점수 차이가 5점 내외라면 거의 비슷하다고 보면 됩니다. 1순위와 2순위의 점수 차이가 별로 크지 않아서 어느 계열을 선택할지 고민이 된다면, 학생이 더 흥미로운 계열을 선택하면 됩니다. 혹시 학생이 전혀 생각하지 않았던 계열이 1순위로 나왔다면 그것은 학생에게 또 다른 면의 가능성이 더 있는 것으로 생각하면 됩니다. My Best 계열성향 검사 후 나오는 해설지에서 다음의 정보를 확인할 수 있습니다.

01 해당 계열의 의미

02 해당 계열의 흥미와 자신감

03 해당 계열의 분야

04 해당 계열의 학과

05 해당 계열에서 진출 가능한 직업

06 해당 계열의 학과 소개와 교과 선택 방법(샘플)

07 해당 계열의 면접, 자소서, 학생부 샘플

08 연구 키워드를 찾아라.

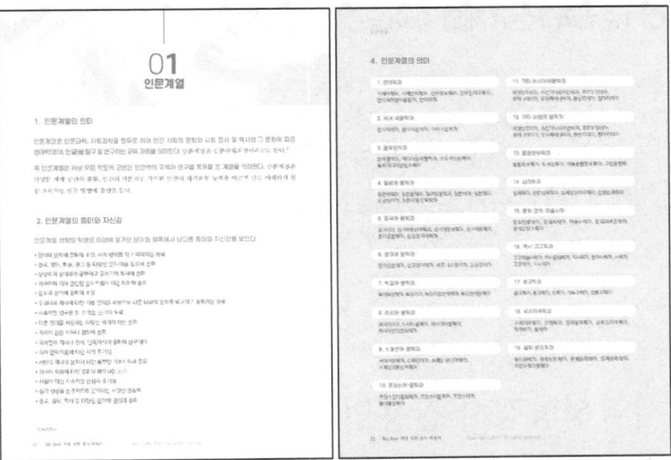

01
인문계열

1. 인문계열의 의미

2. 인문계열의 흥미와 자신감

4. 인문계열의 의미

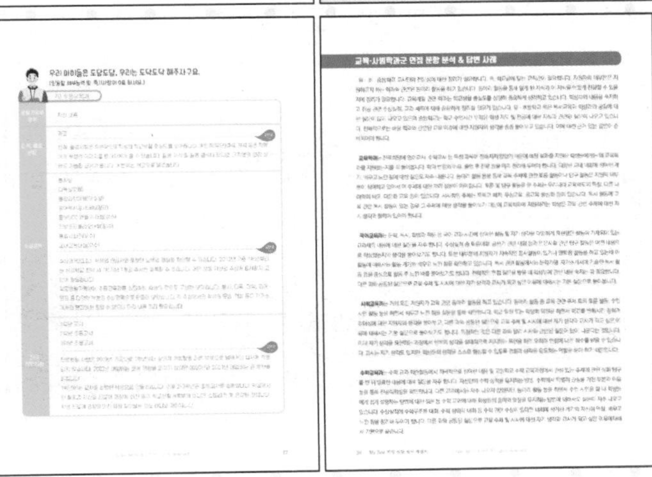

우리 아이들은 도닥도닥, 우리는 도닥도닥 해주시구요.

교육·사범학과군 면접 문항 분석 & 답변 사례

계열성향검사 후
다음의 활동지를
가지고 실행해보세요.
진로찾기에 도움이
됩니다.

질문으로 보는 계열성향 검사 Q&A

Q) 제가 평소 생각했던 계열과 다른데요?

학생이 흥미 있었다고 지금까지 이해한 것과 타고난 성향이 다를 수 있어요. 나쁜 것은 아닙니다. 학생 스스로 '아, 나에게 이런 면도 있구나.' 라고 이해할 계기가 되어줄 것입니다. 혹시 '나는 이 계열이 맞아. 그러니까 이 길로만 갈 거야.'라고 줄곧 생각하고 있었다면, 이번에 나온 계열로도 진로를 그려 보세요.

Q) 1순위와 2순위 계열 중 어느 것을 해야 할까요?

학생은 두 계열 모두 흥미나 적성이 있기 때문이에요. 학생의 가능성과 잠재력이 넓어서 어느 쪽으로 가든 흥미와 적성이 있는 것으로 파악됩니다. 본인에게 더 재미있고 즐거운 계열로 선택하면 될 것입니다.

계열성향검사 활용법

계열성향검사 결과로 학생의 진로로드맵을 그려보세요.

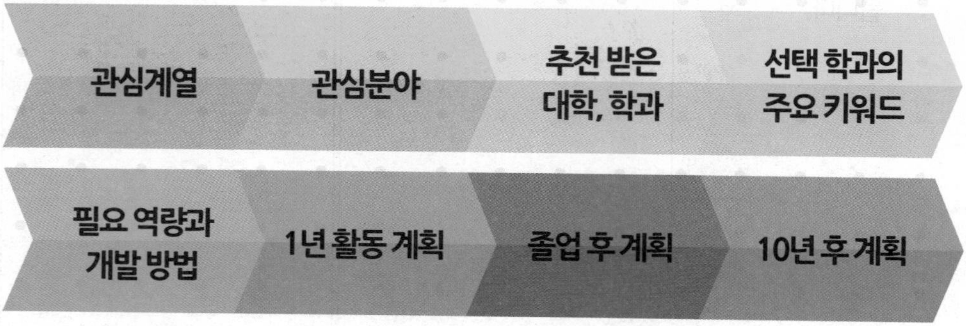

관심계열 → 관심분야 → 추천 받은 대학, 학과 → 선택 학과의 주요 키워드

필요 역량과 개발 방법 → 1년 활동 계획 → 졸업 후 계획 → 10년 후 계획

01

대입정보포털 어디가 접속 Ⅰ

→나의 1희망 직종 검색
→그 직종의 자격, 임금, 만족도, 전망, 능력, 환경 등을 찾아보기

02

대입정보포털 어디가 접속 Ⅱ

→나의 1희망 대학과 학과 검색
→학과 모집 시기, 전형유형, 전형명, 전형 요소, 수능반영영역, 최저학력기준 등 찾아보기

03

대입정보포털 어디가 접속 Ⅲ

→나의 2희망 대학과 학과 검색
→학과 모집 시기, 전형유형, 전형명, 전형 요소, 수능반영영역, 최저학력기준 등 찾아보기

04

진학에 도움이 되는 선택 과목 찾아보기

05

비교과관리

창의적 체험활동(자율활동, 봉사활동, 동아리활동, 진로활동), 독서활동에서 지원할 학과와의 연결성이 보이는 기록 생각하기

나의 계열을 찾아라!

계열성향검사 활동지

나의 계열을 찾아라!

My Best 계열 성향 검사

1. 검사 결과로 나온 계열을 적어보세요.

2. 계열의 특징은 무엇일까요? 해설지를 읽고 이해한 대로 간단히 적어보세요.

3. 해설지에 나온 계열의 여러 학과 중 관심이 생긴 학과와 직업을 3가지씩 골라보세요.

학과

학과

4. 위에 적은 관심 학과와 직업을 나의 미래와 연결해서 비주얼씽킹으로 나타내어 보세요.

우리! 같은 계열, 모이자!

같은 계열별로 모여 봅니다. 관심사가 같은 학생이 모여서
그 안에서 서로 어떤 키워드에 더 관심이 있는지 찾아봅시다.

인문계열

어문계열_글쓰기 관련

각색 간행 감상 감성 감수성 강독 고전 고찰 공감능력 광장
구비문학 국문학 귀납 규칙 근거 글 글짓기 기법 기술유토피아
김은숙드라마 논술 다큐멘터리 단락 단막극 도깨비 독서 맥락 모티프
무정 무진기행 문법 문예 문장 문체 문학사 문학이론 문학작품 문헌
미적원리 민요 민족 발표 방언 배경 백석 변천 분석 비평 사건 사례 사상
사회문화 산문 상상력 서경별곡 서사전략 서적 서한 설국열차 섭렵
소설 수사 수필 스크랩, 스토리 스토리텔링 습작 시가 시나리오
시대정신 시어 신문 실생활 쓰기 안목 알베르카뮈 어문 어휘 언어학
에리히프롬 에세이 여성의식 역할극 연계 영상 옥자 요소 우리말 웹소설
윤동주 음운론 의미론 이상 이육사 이해도 인문학 인물 인칭 읽기
자기서사 작가 작품 작문 작성 전이 전후문학 주인공 주제 창작
책 철학 최인훈 침묵의봄 콘텐츠 탈조선 토론 토의 트랜스섹슈얼리즘
트랜스휴머니즘 특성 페미니즘 편집 포트폴리오 하루키 한강 한국어
한글 한시 허날설헌 허생전 헬조선 현대문학 혐오 형태론
한문학 홍계월전 화법 화용론 활동 훈민정음 희곡 재료적용
시점

최근 관심받고 있는 계열별 키워드입니다. 읽어보시고, 관심이 가는 키워드를 포털에서 검색하고, 관련 책과 영상들을 찾아보면서 연구할 키워드를 만들어보세요!

사회상경계열

사회, 사회복지 계열

1인가구 가정폭력 가정폭력 가족 가족정책 가족치료 가족치료 정치참여 가짜뉴스 가출청소년 가치 각계각층 갈등 갈등론 감정노동 감정노동자 개선 건강 검사 게임중독 경력단절 경로당 경제 경제불평등 경청 계층 계층인식 고령화 고민 고용 고용 고통 공감 공동임대주택 공동체 공유경제 공적구조 관찰 교육 교정 구축 국민 권력 국민건강보험 국제난민 근거 근로 근로자 기구 기금 기능론 기본소득 기본소득 기부 기자 기제 기초 낙태권 낙태윤리 난민 넛지 네트워크 노년 노동 노동시장 노사갈등 노인 노인빈곤 노인의료비 노인장기요양보험 노인회 노후준비 농촌 뇌과학 눈 다문화 다문화 대안 대응 대인관계 대인관계 대중문화 데이트폭력 도시 도시화 독거 독거노인 독도 디지털 레지오 마케팅 명예 모형 무상급식 문제점 미투운동 미혼모 민간복지 민식이법 민족 민주화운동 반려동물 반려동물 발달장애인 방탄소년단 범죄 범죄심리 법 법률 법정근로시간 보건 보건복지 보완 보육 보육교사 보육원 보육정책 보장 보전 보편복지 보편주의 보험 보호 복지 복지국가 복지국가 복지체제 복지행정 복학왕 본질 봉사 부모양육행동 북한 불평등 불평등 브렉시트 블록체인 비고츠키 비속어 비영리단체 비핵화 빈곤 빈곤 빈곤율 삐아제 사상 사이버폭력 사이코패스 사회 사회과학 사회배려 사회복지사 사회약자 사회적 사회화 사회적소수자 사회학 산업혁명 산업화 산재 상담 상상력 새터민 생애 생활 서민 서비스 선진 선진국 선행 설치 성별 성소수자 세계시민교육 세계시민성 세모녀법 소년범

최근 관심받고 있는 계열별 키워드입니다. 읽어보시고, 관심이 가는 키워드를 포털에서 검색하고, 관련 책과 영상들을 찾아보면서 연구할 키워드를 만들어보세요!

교육계열

IB
교육과정 가정 갈등
관리 감성 개혁 거꾸로수업
결정적시기 고교학점제
고등교육 공감 공교육정상화 공립 공부습관
과정중심평가 관리 관찰 교과 교권 교수
교육 교육공감 교육공학
교육과정 교육복지 교육비 교육사 교육사회학
교육자 교육제도 교육철학
교육학 교육행정 교 직원 구성주의 규칙 그릿 근본 급식
기초부진 기초학력 내적동기 넛지 놀이 누리과정 눈높이 다문화 대안 대입 도덕 도덕성
동작 또래 루소 리더십 매체 멀티미디어 메이커 멘토 모둠 문제점 미디어리터러시 미래
미래교육 발달단계 발달심리학 방과후 보육 복지 봉사 부모교육 비고츠키 비교과
비폭력대화 삐아제 사교육 사립 사범 사상가 사회화 상담 상대평가 선거권 설득
성격 성교육 성인 성인지 성취 성취기준 성취수준 소통 수행평가 스트레스 심리 심리검사
아동 아동기 아동문학 아동학대 아동행복 안목 역사철학 연구자 연구학교 열린학교 외적동기
위기 위클래스 유아교육 유튜브크리에이터 윤리 인간관계 인권 인성교육 인적자원
인지발달 인터넷중독 입시 입장 입학전형 자유학기제 잠재력 장애 전과목 절대평가 정립
정보사회 정서적학대 정신건강 정책 존중 중등 중등교육 직업 진단 진단도구 진로
진로교육 진로장벽 창의성 철학 청소년 체제 체험 초등 초등교육 컨설팅 태도 통합교육
특수 팔로우십 평가 평등 평생교육 핀란드 하브루타 학교밖 학급경영 학급관리 학력 학습
학습권 학습동기 학습스타일 학습자 학업성취 핵심역량 행동 행동주의 혁신
혁신주의

최근 관심받고 있는 계열별 키워드입니다. 읽어보시고, 관심이 가는 키워드를 포털에서 검색하고, 관련 책과 영상들을 찾아보면서 연구할 키워드를 만들어보세요!

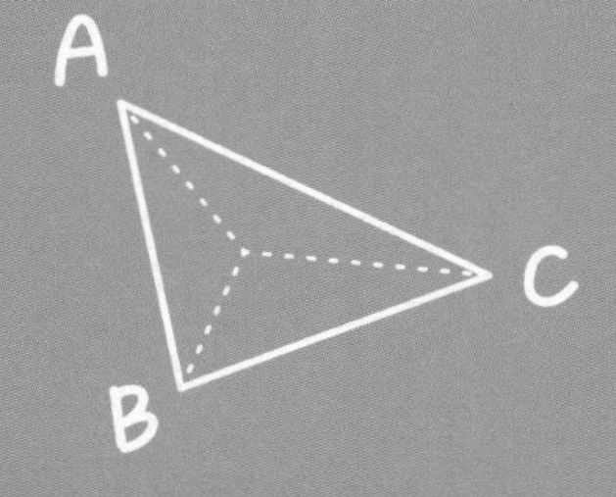

사회상경계열

수리과학계열

AI 가중치 개념 경제 계산 곡선 그래프 극한 금융 급수 기하학 기하학 논리학 대수 데이터 데이터마이닝 등가속도 리스크 모집단 문제해결 미분 미분계수 미분적분 미적분 방정식 백분율 벡터 변량 보험 보험사 복리 분배 분산 분포 비교분석 빅데이터 사고력 삼각함수 선형 선형회귀 선호도 설문 성질 속도관점 수렴 수열 수치 수학교사 수학논술 수학사 수학자신감 순간변화율 실생활 연금 오류 오차 왜곡 원리 원의방정식 위험 유클리드 융합 은행 응용 응용통계 이자 이차곡선 이차곡선학습 이해 자연상수 자연현상 작도 적분 적용 정적분 조건부확률 조사 조합 주식 증권 증명 지수함수 집합 창의력 추정 측정 탐구 택시기하 편차 평균 표본 피타고라스정리 학교수학 함수 해석 확률 회귀분석 회기

최근 관심받고 있는 계열별 키워드입니다. 읽어보시고, 관심이 가는 키워드를 포털에서 검색하고, 관련 책과 영상들을 찾아보면서 연구할 키워드를 만들어보세요!

공학계열

건축, 토목, 도시계열

3D프린팅 GPS 강체 개량
거주 건설 건축 건축디자인
경사 경주지진 계약 골목상권 공간 공간도형 공간변화 공기
공기조화 공법 교량 구조디자인 구조물 구조역학 국가 급수
기둥 기후 내진설계 뉴딜사업 단면도 대류열전달 대칭
도로 도면 도면설계 도시쇄퇴 드론 디자인 리더십 모델링
모형 물리 미분 바람 발달상권 배수 법학 베르누이법칙
복합문화공간 분배 비파괴 빅데이터 사회 사회인프라 설계
설계도 설비 성실 소음 소통 수원화성 수장 수전 수직농장
수처리 수학 쉐어하우스 스마트시티 시공
시애틀공공도서관 신재생에너지 신한옥 실내 심미성 아치구조
에너지 역학 예술 용접 원가절감 원도시 응력 인테리어 자동화
자재 재개발 재건축 전람회 정보 제로에너지 젠트리피케이션
조감도 조경 조물 조절 지열 지진 지형 창의 책임 철근콘크리트
측량 친환경 캐드 토목 토질 토질역학 통계 트러스 트러스
파괴 프팩탈기하학 필로티건축물 하 수 하중 하천 항만
해법 행동 협동심 협업 환경영향평가 환기

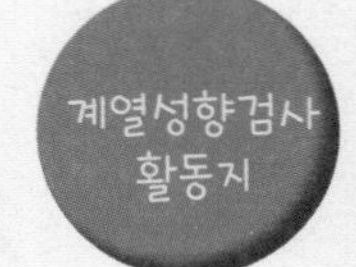

최근 관심받고 있는 계열별 키워드입니다. 읽어보시고, 관심이 가는 키워드를 포털에서 검색하고, 관련 책과 영상들을 찾아보면서 연구할 키워드를 만들어보세요!

의생명계열

생명공학계열

DNA 게놈
계통 고통 공정 광합성
교란 교배 기전 나노기술 난치병치료
내분지 내성 노화 농도 단백질 담수
대사 독성 돌연변이 동물생리 동식물
마이크로바이옴 면역 면역학 물리 물질
미생물 바이러스 바이오 바이오산업 바이오헬스
박테리아 발명 발현 발효 배양 배양육 백신 보건 복제 분류 분류학
분자 분자생물학 불치병 빌게이츠 삼투압 상호 생리 생리학
생명 생물체 생체 생태계 생태학 생화학 세균학 세포 수학 시료
식품 신경뉴런 염기서열 염색체 예방 유기화학 유발 유산균
유전자 유전자가위 육종 윤리 융합 이중나선 인체 자원
잡종 정제 조절 조직 조합 존엄성 종자 줄기세포
질병 탄소 특허 프로바이오틱스 함수 합성
항산화 항온 항원 항체 해부 현미경
혈액형 호르몬 화장품 화합물
효능

최근 관심받고 있는 계열별 키워드입니다. 읽어보시고, 관심이 가는 키워드를 포털에서 검색하고, 관련 책과 영상들을 찾아보면서 연구할 키워드를 만들어보세요!

예체능계열

음악계열

가락 감상
감수성 균형 기악
녹음 대중가요
대중성 리듬
상호작용

수용 실
기 앙상블 용
어 음악사
작곡 창의성 청음 게
이팝 클래식 파트 편
곡 편성
화성학

최근 관심받고 있는 계열별 키워드입니다. 읽어보시고, 관심이 가는 키워드를 포털에서 검색하고, 관련 책과 영상들을 찾아보면서 연구할 키워드를 만들어보세요!

미술계열

감각
감상 크리에이티브
게이미피케이션 공예 이케아
경험디자인 도시재생 공공디자인
이모티콘 카카오톡 인플루언서 메이커스
페이스 사용자경험디자인 카드뉴스 황금비
프랙탈기하학 UX UI 비주얼라이제이션 데이빗
호크니 현상학적시각 메를로 퐁티 고려청자
뉴미디어아트 다다와 초현실주의 장소성 모더니티
미술사 민중미술 환경심리학 아방가르드 자포니즘 복제 팝아트
풍속화 조선 포스트 미디어 건축 공간 관찰 광고 그래픽 그래픽스
뉴미디어 다각 댓생 도슨트 독창 디자인 매체 무대미술 미술관 미술사
미의식 미학 박물관 발상 발현 변형 비평 사진 색채 소묘 소양 스토리보드
스케치 스토리텔링 스튜디오 시각화 실기 아이디어 애니메이션
앵글 영상 웹툰 이미지 입체 재현 전시 전위예술 전환 조소 조형(성)
창작 창조 추상화 컨셉 크로키 큐레이터 탐방 판단
편집 포트폴리오 표현 프레임
프로세스 행위예술 회화

최근 관심받고 있는 계열별 키워드입니다. 읽어보시고, 관심이 가는 키워드를 포털에서 검색하고, 관련 책과 영상들을 찾아보면서 연구할 키워드를 만들어보세요!

방송, 연출계열

UCC 자기반영성 라라랜드
저널리즘 콘텐츠 독립영화
스토리텔링 쿠키영상 웹툰
스크린독점 오리엔탈리즘
탈식민주의 오큘러스 흥행요소
상업영화 예술영화 표현주의
드라마 디즈니 멀티버스
마블코믹스 미야자키하야오
애니미즘 트랜스미디어
포스트휴먼 내러티브
스낵컬쳐 에코페미니즘
공연 기획 무대 발표 방송
배우 시나리오 실기 안무
연기 연출 영상 영화 예술
인물 작품 전시 창조 촬영
프로젝트 한류

최근 관심받고 있는 계열별 키워드입니다. 읽어보시고, 관심이 가는 키워드를 포털에서 검색하고, 관련 책과 영상들을 찾아보면서 연구할 키워드를 만들어보세요!

체육계열

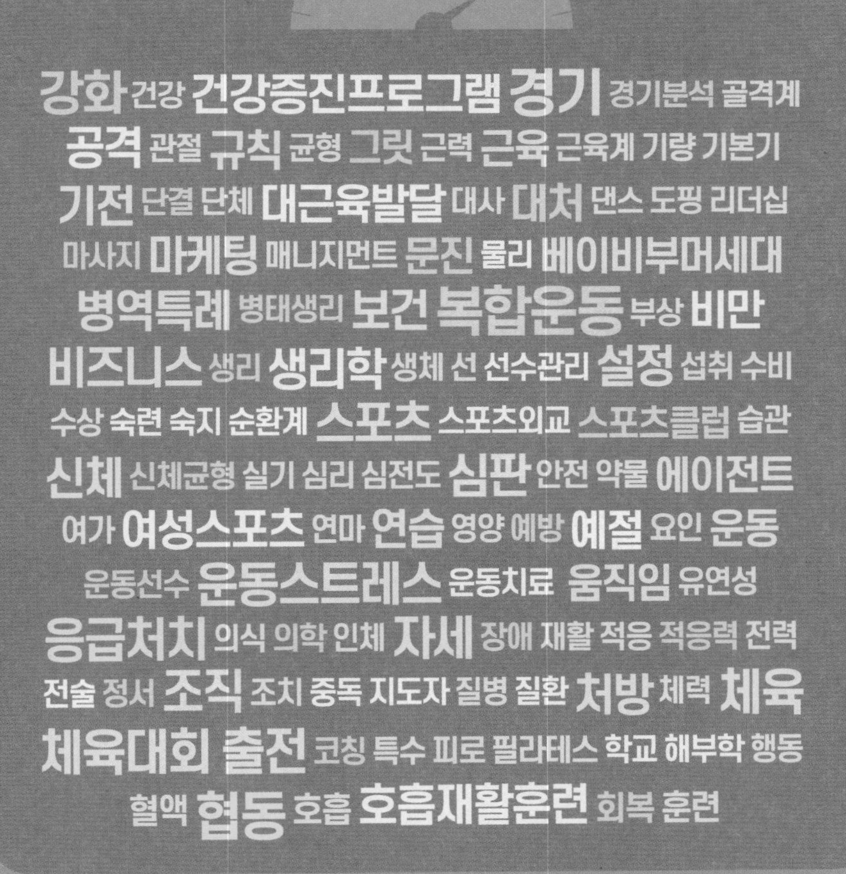

나만의 연구 주제를 찾아라!

My Best 계열 성향 검사 워드 클라우드

1. 나의 계열 워드 클라우드에서 동그라미 친 것을 적어보세요.

2. 위에 쓴 관심 키워드에서 그 내용을 3분 동안 설명할 수 있는 것은 무엇인가요?
   키워드를 넣고 아래에 설명도 적어보세요.

관심 키워드:

관심 키워드:

3. 앞으로 전공하고 싶거나 탐구해 보고 싶은 주제를 골라서 그 이유를 써 보세요.

주제 :

고른 이유

4. 최종 선정된 탐구주제로 어떻게 활동할 것인지 나만의 탐구로드맵을 만들어 보세요.
(단계별로 할 일을 정리해서 글로 쓰거나, 그림으로 그리기)

관심계열 → 관심분야 → 추천 받은 대학, 학과 → 선택 학과의 주요 키워드

필요 역량과 개발 방법 → 1년 활동 계획 → 졸업 후 계획 → 10년 후 계획

04 진로 체험활동 해보기

보고 느끼고 체험하고

백번 듣는 것보다 한 번 보는 것이 낫다는 뜻의 '백문이 불여일견'이라는 속담을 들어본 적 있죠? 경험과 체험의 중요성을 강조한 말입니다. 경험이 중요한 이유는 생각보다 단순합니다. 어떤 일을 해보아야 나와 맞는지, 맞지 않는지를 빠르고 정확하게 판단할 수 있기 때문입니다. 체험 활동은 스스로를 객관적으로 판단하고, 현재의 나와 미래의 나를 연결시켜 주는 진로 탐색에서 중요한 과정입니다.

진로 체험활동을 하면 이런 점이 좋습니다.

01 관심 있는 분야에 대한 지식을 쌓을 수 있어요.

02 필요한 능력과 기술을 경험하여 직업에 대한 다양한 관점을 가질 수 있습니다.

03 '해봐야지', '할 수 있다' 와 같은 내적 동기 유발에도 도움이 됩니다.

진로 체험활동

https://www.ggoomgil.go.kr/ 

꿈길은 교육부에서 운영하는 전국의 진로체험에 관한 정보를 모아놓은 사이트입니다. 각 지역별로 진로체험지원센터의 홈페이지, 전화번호가 있습니다. 가까운 지역에서 원하는 직업을 체험해보세요.

꿈길 사이트 접속 〉 진로체험처 검색 〉 진로체험처 목록 및 지도 〉 지역 선택

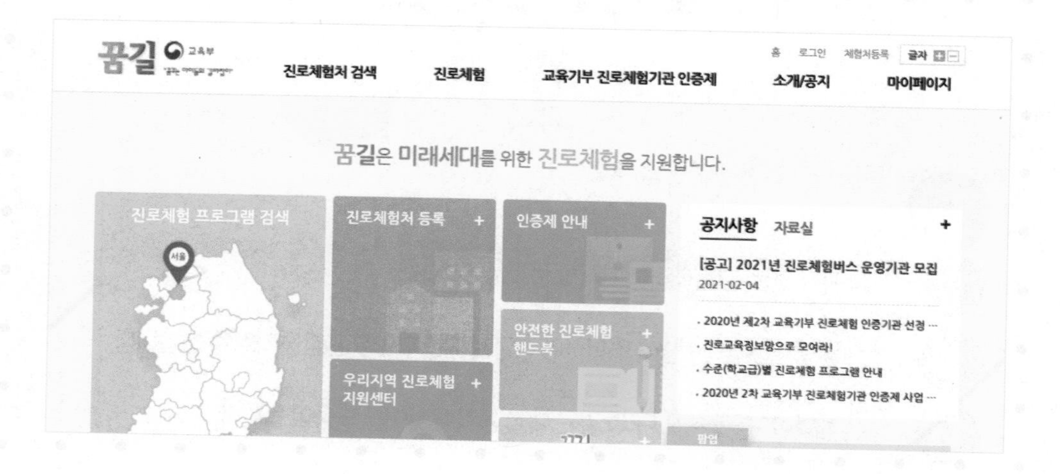

진로체험지원센터명	경기의정부센터
소속	경기도교육청 〉 의정부교육지원청
연락처	031-828-9558
담당자 이메일	jhmin@uiyouth.or.kr
주소	(11622) 경기도 의정부시 의정로 27 의정부시청소년수련관
홈페이지	http://www.uiyouth.or.kr/

잡월드

https://www.koreajobworld.or.kr/main.do 

잡월드는 건전한 직업관 형성과 진로 및 직업 선택을 지원하기 위해 설립된 직업체험관으로 경기도 성남에 위치한 대한민국 유일의 국립 직업 체험관입니다. 예약제로 진행되며, 공공서비스, 경영금융, 문화예술, 과학기술 등 유형별로 총 46개의 직업 체험이 가능합니다. 현실적인 직업체험을 위해 직업 현장을 재현한 곳에서 실제로 사용하는 기자재를 이용하여 직무 내용을 체험할 수 있는 장점이 있습니다.

국토정보센터(드론·3D측량)

2D,3D 측량테이터를 토대로 재난으로 피해입은 지역을 복구하는 공간정보연구원의 세계를 체험 수 있습니다.

건물측량과 복구에 필요한 정보들을 수집 · 분석하는 체험을 합니다.

체험직종

› **공간정보연구원** 자세히보기 +

지상, 지하, 수중 등의 정보를 활용해 새로운 가치의 공간정보를 만들고, 공공정책과 민간사업 분야에 필요한 공간정보를 만듭니다.

› **측량기술자**

토탈스테이션, 지상라이더, UAV(드론)을 활용하여 정확한 측량 자료를 수집, 국민의 소중한 재산을 보호, 국토를 효율적으로 관리하며, 문화재 복원 등의 업무를 수행합니다.

기타 진로체험활동 사이트

- **크레존** https://www.crezone.net/
- **원격영상 진로멘토링** https://mentoring.career.go.kr/school/index.do
- **나우미래** https://ytube.io/3EFZ
- **YEPP 온라인 창업체험지원 플랫폼** https://yeep.kr/main/main.do

인문사회계열 학교생활기록부 한 눈에 보기

<table>
<tr><td>자율활동</td><td colspan="2">민주시민, 평화, 경제, 통일 관련 강의 듣고 소감문 작성하기, 캠페인 활동
학생생활인권부 질서유지 활동, 학급자치회장 & 부회장, 학교 자치법정</td></tr>
<tr><td>동아리 활동</td><td colspan="2">독서·토론, 논술, 역사탐구, 고전연구, 문학작품감상, 다문화이해, 교지편집, 영미문학, 영어연극, 영어토론, 중국어 회화, 시사토론, 국제이슈 토론, 영자신문, 정책분석, 마케팅, 통계, 방송반, 연극, 교지편집반, 신문탐독, 또래상담반</td></tr>
<tr><td rowspan="2">봉사활동</td><td>교내</td><td>도서부, 안전생활도우미, 또래상담, 또래멘토링(학습도우미),
다문화학생도우미, 특수학급도우미, 방송부</td></tr>
<tr><td>교외</td><td>지역아동센터에서 재능 기부(학습 지도), 노인보호센터 보조,
도서관 등 공공기관에서 업무 보조 활동, 불우이웃돕기, 캠페인</td></tr>
<tr><td>진로활동</td><td colspan="2">○ 인문사회계열 진로검사
○ 박물관, 문학관, 법원, 국회, 방송국 등 체험 활동
○ 진로 특강-직업인 강연 듣기(외교관, 전공교수, 법조인, 언론인 등)
○ 진로 작품 제작(진로 미니북, 진로만화, 진로포트폴리오 등)</td></tr>
<tr><td>과목별 활동</td><td colspan="2">○ 대회
다독왕, 독서토론, 서평쓰기, 독서신문, 인문학스피치, 우리말 겨루기, 영어말하기대회, 백일장, 외국문화소개, 독도수호, 시사탐구대회, 경제경시대회
○ 교과 활동
문학 작품 심미적 감상, 시/소설 창작, 논리적 글쓰기, 말하기 능력, 잘못된 표현 문법적으로 교정하기, (영어 등의 언어) 글쓰기, 말하기와 같은 언어 능력, 언어 문화권 이해, 번역 활동, 사회 현상에 대한 분석력, 자료 해석 능력, 설문 조사 및 통계 활동, 공익 광고 및 UCC 제작, 발명 아이디어 활동, 사회 문제를 주제로 한 발표, 모의재판 활동, 국가별 정책 비교 등
○ 세부능력 및 특기사항
- 소설 '꺼삐딴 리'에 반영된 시대 상황을 연표와 그림 자료를 활용하여 정리하고, 주인공의 삶의 방식에 대한 모둠원의 다양한 견해를 PPT로 제작하여 발표함. 모둠원들과 함께 관련 작품들을 읽어보며 같은 시대의 상반된 삶의 태도를 보이는 다른 작품 속 인물을 찾아 두 작품 속 인물을 비교하는 영상을 자발적으로 제작하여 급우들의 이해를 돕는 적극적인 학습 태도를 보임.
- '운수좋은 날'(현진건)을 감상하기 위해 조원들과 현진건의 삶에 대해 설명하는 서적과 작품의 배경이 되는 1920년대의 시대상을 설명하는 서적을 나눠 읽고 작품을 절대론적, 표현론적, 반영론적 관점으로 다양하게 감상함. 모둠의 감상 보고서를 발표하고, 질의응답 시에는 친구들의 질문에 모둠원 모두가 서로의 답변을 보완하며 협력적으로 의견을 전달함. 더 나아가, 같은 시대적 배경을 바탕으로 하는 다른 작품을 흥미롭게 제시하여 학급의 독서 분위기를 조성함.</td></tr>
</table>

인문계열

인문학은 사람에 관한 학문입니다. 우리에게 가장 중요하면서도 근본적인 질문과 고민에 답하고 그에 대한 나름의 해결책을 찾아 나가게 해주죠. 따라서 인문계열의 인문학은 모든 학문의 기본이 되는 학문입니다. 인문계열은 언어·문학, 인문과학계열로 나눌 수 있습니다.

언어·문학계열

학과	국어국문학과, 일어일문학과, 중어중문학과, 영어영문학과, 노어노문학과
필요한 능력	해당 언어권의 문학, 언어, 사회·문화적 특성 등 그 나라 전반에 대한 관심
추천 도서	연암산문선(박지원), 훈민정음(김주원), 사기열전(사마천), 변신(카프카)
관련 직업	언론·출판·문화/관광/게임/무역 관련 기업, 교육계, 외교관, 법조인, 학예사
핵심어	국어, 동양어, 서양어, 문화, 한국문학, 세계문학, 시, 소설, 문법, 창작, 번역

인문과학계열

학과	철학과, 사학과, 고고학과, 인류학과, 문헌정보학과
필요한 능력	다양한 문화에 대한 지식과 견문, 비판적 사고, 논리적인 의사소통 능력
추천 도서	삼국유사(일연), 다산문선(정약용), 국가(플라톤), 인류학의 거장들(제리무어)
관련 직업	학계·교육계, 언론·출판·문화계, 법조인, 학예사, 사서, 유네스코, NGO활동
핵심어	동양철학, 서양철학, 인류, 한국사, 세계사, 유적, 유물, 정보 선별·보존

사회계열

사회계열은 사람이 더불어 살고 있는 사회의 다양한 모습을 공부합니다. 개인 혹은 국가의 지속적인 발전을 위해 사회변화를 분석하고 대안을 제시하는 것을 목표로 합니다. 사회계열은 크게 상경, 사회과학, 법·행정계열로 관련 학과를 분류할 수 있습니다.

상경계열

학과	경영학과, 경제학과, 무역학과, 국제통상학과, 신문방송학과, 광고홍보학과
필요한 능력	수학적 분석력, 정보 활용 능력, 경제·사회 현상에 대한 관심, 의사소통능력
추천 도서	경영학콘서트(장영재), 경제학콘서트(팀 하포드), 뉴스의 시대(알랭 드 보통)
관련 직업	회계사, 세무사, 증권사, 펀드매니저, 금융·무역·수출입 관련기관, 언론계
핵심어	기업운영, 조직, 경제 지표, 국제 무역, 금융, 통상, 매체, 커뮤니케이션

사회과학계열

학과	심리학과, 사회학과, 사회복지학과, 심리치료학과, 지리학과
필요한 능력	사회 현상, 사회현상에 대한 체계적 탐구, 봉사정신, 타인에 대한 배려심
추천 도서	스키너의 심리상자 열기(로텐 슬레이터), 사회학에의 초대(피터 L.버거)
관련 직업	마케팅 직무, 리서치회사, 언론·출판·문화계, 교육계, 교정직, 사회복지사
핵심어	사회 현상, 인지, 임상, 집단, 가족·아동·노인·청소년 문제

법·행정계열

학과	법학과, 행정학과, 정책학과, 정치외교학과, 국방보안학과
필요한 능력	복잡한 문제를 논리적으로 해결하는 능력, 자료 분석 능력, 의사소통 능력
추천 도서	정의란 무엇인가(마이클 샌델), 국가는 내 돈을 어떻게 쓰는가(김태일)
관련 직업	정치인, 보좌관 등 정계, 학계, 외교관, 법조인, 수사관, 교도관
핵심어	헌법, 민법, 형법, 상법, 정책, 지방행정, 공공관리, 국제관계, 외교정책, 정치

자연공학계열 학교생활기록부 한 눈에 보기

자율활동		과학 방탈출, 드론 체험, 로봇 체험, 과학 체험 부스, VR 체험관, 보드 게임
동아리 활동	과학	과학 실험, 과학 독서 · 토론, 과학 논문 읽기, 발명품 제작
	수학	구조물 제작, 수학 보드 게임, 빅데이터 분석
	공학	메이커, 파이썬, 드론, 코딩, 로봇, 어플리케이션 제작
봉사활동	교내	ㅇ 교내 축제 부스 운영 ㅇ 과학 멘티-멘토(멘토링)
	교외	ㅇ 과학관 도슨트(박물관, 과학관, 각 지역 과학교육원 등) ㅇ 과학 기자단 활동(블로그) ㅇ 재능기부 과학 실험
진로활동		ㅇ 이공계열 진로 검사 ㅇ 과학관 체험 활동 ㅇ 과학 기자 활동, 과학 강연 듣기 ㅇ 계열별 체험 활동 - 실험누리과학관 http://www.hlsi.co.kr/sub/sub05_0103.php - 사이언스 레벨업 https://scienceleveup.kofac.re.kr/ - 무한상상실 https://www.ideaall.net/ - 과학기술인재 진로지원센터 https://www.sciencecareer.kr/
과목별 활동		ㅇ **대회_과학 및 공학** 자연관찰 대회, 과학탐구실험대회, 학생발명품경진대회, 과학전람회, 자유탐구대회, 융합과학, 과학토론, 항공우주, 창의적 산출물(구조물) 경진대회, 과학UCC 대회, 과학 독후감 대회 ㅇ **대회_수학** 수학 경시대회, 수학 구조물 제작하기, 수학창의사고력대회, 수학 포스터 제작 대회, 통계활용대회 ㅇ **세부능력 및 특기 사항** - 구름 발생 실험에서 기압의 변화를 1학년 때 배운 부피와 압력과의 관계인 보일 법칙과 연관 지어 생각함. 밸브 오픈 시 공기가 밖으로 이동하여 내부 공기에 단열 팽창이 일어나 온도 하강 과정을 올바르게 예측하고, 정확한 과학 용어를 사용하여 설명함. 근거를 바탕으로 과정에 따른 결론을 도출하는 과학적 탐구 능력과 사고력이 뛰어남. - 바이오연료 자동차 과학기술이 인류 문명 발달에 영향을 미친 사례를 상세하게 조사하여 과학기술과 인류 문명의 관계와 과학의 유용성을 체계적으로 설명함. 조용한 리더십으로 모둠 활동이 원활하게 운영될 수 있도록 하였으며, 프로젝트 활동을 통하여 여러 주제들을 융합하여 아이디어의 새로운 전환 기술을 습득함.

자연계열 VS 공학계열

자주 보는 유튜브 서비스에 다양한 학문의 정보와 기술이 융합되었다는 것을 알고 있나요? 서버 구축 부품을 만들기 위해서는 과학이, 유튜브 서버를 구축하는 일에는 공학이, 추천 영상을 추천해주는 알고리즘에는 수학이 바탕이 됩니다. 이와 같이 공학은 수학과 과학이 밝혀낸 기본 원리를 이용하여 실생활에 응용하는 데 초점을 두고 있습니다. 과학, 수학, 기술·가정이 이 계열과 관련 있는 과목입니다.

자연계열	구분	공학계열
자연현상을 설명하는 원리 탐구 및 법칙 형성 (기초 과학)	중점	원리나 법칙의 실생활 활용 (응용과학, 실용과학)
자연 우주, 지구, 동·식물 등	대상	인위적인 자연 기계, 장치, 가공된 재료 등

자연계열

학과	물리학과, 화학과, 생명과학과, 지구과학과(천문 포함), 수학과, 농업·수산
필요한 능력	호기심 및 관찰력, 과학적 탐구력, 논리적 분석 능력
추천 도서	최무영 [최무영 교수의 물리학 강의], 김이리 [과학상식 130가지(청소년이 꼭 알아야 할)], 사키가와 노리유키 [재미있는 화학 이야기]
관련 직업	연구원, 대학교수, 교사, 은행, 공기업, 병원, 인공위성개발자, 요리사, 신약개발원
핵심어	세균, 바이러스, 줄기세포, 빅데이터, 지구온난화, 미세먼지, 친환경소재

공학계열

학과	건축학과, 기계공학과, 스마트자동차학과, 로봇공학과, 스마트IT학과, 사이버보안과, 신소재학과, 반도체학과
필요한 능력	실천적 문제 해결 능력, 컴퓨팅 사고력, 스마트 도구 활용 능력
추천 도서	매튜 프레더릭 [건축학과에서 배운 101가지], 조영선 [Why? 정보통신], 스티븐 호킹 [위대한 설계], 베르너 하이젠베르크 [부분과 전체]
관련 직업	사이버수사대, 생산 업체, 대학교수, 연구원, 통신업체, 프로그램 개발자
핵심어	인공지능(AI), IoT, VR, AR, 자율주행, 웨어러블, 홀로그램, 하이브리드

재미로 읽는 자연공학계열 학생들의 특징

01 호기심이 많고, 관찰력이 좋다.

02 끈기와 인내심이 강하고, 집중력이 좋다.

03 기계나 사물을 다루는 것을 좋아하고, 손재주가 좋다.

04 한두 가지 분야에 몰두하는 성향을 보인다.

05 증거를 찾고, 자료를 분석하는 능력이 뛰어나다.

06 다양한 요소를 융합하여 창의적인 것을 만들어내는 능력이 뛰어나다.

07 일상생활 속에서 문제를 이해하고 해결하는 능력이 매우 좋다.

08 데이터를 그래프와 표로 변환하고, 해석하는 능력이 우수하다.

09 기계를 잘 다루고, 컴퓨터를 잘 활용한다.

10 현상을 전체적으로 조망할 수 있는 시스템 위주의 사고방식을 갖추었다.

의생명 계열 학교생활기록부 한 눈에 보기

<table>
<tr><td>자율활동</td><td colspan="2">학급임원, 교환학생 사이언스 매직쇼, 전공 관련 조사활동 및 발표
생명과학 멘토링, 사회 참여 발표회</td></tr>
<tr><td rowspan="3">동아리 활동</td><td>진로 관련</td><td>보건동아리, 요양원 봉사동아리, 간호동아리, 의학상식 동아리</td></tr>
<tr><td>수학</td><td>통계 포스터 동아리, 수학탐구 동아리, 경제수학 동아리, 유클리드 기하탐구 동아리, 정수론 탐구 동아리</td></tr>
<tr><td>과학</td><td>화학동아리, 생명동아리, 과학동아리, 영재과학동아리, 과학탐구동아리, 과학실험동아리, 과학자유주제토론 동아리</td></tr>
<tr><td rowspan="2">봉사활동</td><td>교내</td><td>또래멘토링, 장애학생 도우미</td></tr>
<tr><td>교외</td><td>노인요양병원, 요양원 학습지도, 월드비전 생명지킴이</td></tr>
<tr><td>진로활동</td><td colspan="2">○ 의사 3년 모두 일치, 의학 연구원
○ 약사, 제약회사 연구원
○ 간호사, 보건 의료인, 응급처치사, 식약청 공무원</td></tr>
<tr><td>과목별 활동</td><td colspan="2">○ 수상
- 국어, 수학, 영어, 과학교과 1등급에 준하는 성적 필수(의약계열)
- 보건계열은 중상위권 이상 성적
- 경시대회 수상
- 봉사활동 수기 쓰기

○ 교과 활동
- 뇌 과학 캠프
- 화학, 생명관련 동아리 활동(보고서 작성)
'의약품 개발 기술', '유전자 변이'를 주제로 발표
- 중학생이 할 수 있는 통계, 리서치 활동
- 스터디 그룹(국어, 수학, 과학), 자기주도적인 학습과정을 담아낼 것</td></tr>
</table>

출처 학생부 끝판왕

의생명계열

의생명계열은 인체의 구조와 기능을 조사하여 인체의 보건, 질병이나 상해의 치료 및 예방에 관한 방법과 기술을 연구합니다. 이 계열의 특성상 생물, 화학, 물리 등 기초과학에 대한 넓고 깊은 이해가 필요합니다. 의생명계열의 대학 진학을 희망한다면 학업성취도가 아주 중요해서 열심히 공부해야 합니다.

학과	의학, 한의학, 치의학, 간호학, 물리치료, 치위생학, 한약학, 의료공학, 제약학, 임상병리학
필요한 능력	봉사정신, 민첩함, 높은 성취수준의 학업능력, 의사소통 능력, 가설 설정에 대한 근거를 제시하는 탐구 능력, 사람에 대한 이해와 관심, 사랑, 새로운 지식에 대한 정보탐색 능력, 최근 논문 자료를 분석하고 활용할 수 있는 능력
추천 도서	이기적 유전자(리처드 도킨스), 닥터스 씽킹(제롬 그루프먼), 다윈 지능(최재천), 미래의 의사에게(페리 클라스), 불량 유전자는 왜 살아남았을까(강신익), 듣지 않는 의사 믿지 않는 환자(제롬 그루프먼 외 1명), 세포의 반란(로버트 와인버그), 하리하라의 바이오 사이언스(이은희), 인체기행(권오길), 뇌과학 여행자(김종성), 누구나 세포(우시키 다쓰오 외 1명), 외과의사 이승규(이승규), 가능성의 발견(야마나카 신야 외 1명), 암의 비밀을 풀어낸 유전자(수 암스트롱), 달콤한 생명과학(조진원 외 1명), 바이러스 행성(칼 짐머), 인간은 왜 병에 걸리는가(R. 네스 외 1명), 이중나선(제임스 왓슨), 줄기세포(크리스토퍼 토머스), 인체는 건축물이 아니다(이문환), 유전자와 생명복제에 관한 100문 100답(이마가사 게이스케), 빌 앤드루스의 텔로미어 과학(빌 앤드루스), 국경없는 의사회(데이비드 몰리)
관련 직업	의사, 치과의사, 한의사, 간호사, 간호조무사, 임상병리사, 방사선과 기사, 의료공학자, 의료기기 전문개발자, 의료시스템 프로그래머, 병리학 연구자, 의학관련 연구직, 기생충 학자 등

의생명계열 Q&A

Q) 의생명 계열을 준비하는 데 특별한 탐구활동이 필요할까요?

비교적 높은 수준의 탐구활동이 필요합니다. 다음과 같은 활동을 준비해주는 것이 진로 준비에 특히 도움이 됩니다.

신문을 활용한 탐구활동

평소에 관련 기사를 읽어보면서 미래 의학기술에 대한 정보를 숙지해두세요. 키워드를 찾아보며 모르는 지식을 하나씩 하나씩 확보해 보세요. 관련된 학습에도 동기부여가 되고, 관련 내용을 더 쉽게 이해할 수 있는 지식의 연결망을 구축할 수 있답니다.

창의적 체험활동 기록

자신의 학교생활기록부를 확인해보세요. 기재된 항목과 연결하여 다음 학년에 보강하거나 심화 탐구해야 할 적합한 주제를 찾아 전공적합성 관련 활동을 수행할 필요가 있습니다.

독서를 활용한 심화탐구

교과와 진로를 연결할 수 있는 독서를 추천합니다. 발표나 토론, 프로젝트 등에 독서활동을 연결하여 기재할 수 있습니다. 관련된 심화활동을 바탕으로 보고서를 작성하거나 독서활동 후에 궁금한 내용을 질문으로 만들고 질문에 대한 답변을 해 보는 것도 좋은 방법입니다.

Q) 교과 세부능력 및 특기사항 기록이 중요하다고 하는데, 중학교에서 준비해야 할까요?

중학교는 고등학교 보다 교과 세부능력 및 특기사항 기록(일명 '교과세특')에 대해서 큰 중요성을 느끼지 못하는 경우가 많습니다. 자신의 진로희망을 밝히고 그에 대한 노력과 의지를 교과 선생님께 확인받으며 교과세특을 관리하면 좋습니다. 특히 수학, 과학 시간에 학습한 내용과 연계된 활동(발표, 보고서 작성, 토론이나 독서활동 등)을 적극적으로 수행하고, 담당 과목 선생님께 피드백을 받아보세요. 중학교 때 연습한 내용은 고등학교 진학 후 제대로 결실을 볼 수 있을 것입니다. 충실한 과정을 실천하는 준비자세가 습관이 되어 원하는 결과를 얻을 수 있을 것입니다.

교육계열 학교생활기록부 한 눈에 보기

자율활동	친구들의 안전하고 쾌적한 하굣길을 위한 우산 대여프로그램 운영에 참여, 등교 시 교문 앞 교통안전 도우미 활동에 참여, 전교학생회 또는 학급반·부반장으로서 활동함	
동아리 활동	진로 관련	교수학습, 예비교사, 학습멘토, 또래상담, 교육봉사, 교육문제 심화탐구, 또래교사, 교육학, 인문학, 과학탐구, 환경 · 탐구, 사회 정치 참여반, 영어연극, 영어원서 읽기, 문학 및 글쓰기 동아리
	기타	신문부, 교지편집부, 방송반 아나운서, 학교홍보
봉사활동	교내	학교 내 학습도우미, 등굣길 지도, 다문화가정친구 멘토링, 환경정화, 급식질서, 학교 교통지도, 활동 수학 스터디그룹 멘토, 과학 실험 멘토
진로활동	교육계열 진로 검사, 교육계열 전공 체험, 교육관련 강연 듣기, 멘토링	
과목별 활동	○ **대회** 과제연구 발표대회, 수학 과제 탐구대회, 학술 에세이, 수리과학 부문 대회, 과학 논술문 대회, 자연과학 탐구 한마당, 융합과학대회, 창의 발명대회, 전공 도서 포트폴리오대회, SW 창의경진대회, 융합과학대회, 시사 능력 탐구 한마당 ○ **행동 특성** - 많은 교사가 학생의 적극적인 활동에 대해 언급하고 칭찬함. - 다른 학생들에게 멘토의 역할을 잘 수행함. - 다양한 활동(글쓰기, 발표, 심화학습, 토론, 보고서 등) 내용이 기록됨. - 교과수업시간에 교육 계열 관련 분야와 연계된 활동이 특징임. - 구체적인 사회 현상에 대해 관심을 가지고 탐구한 노력이 있음. - 전반적인 성실성, 학습 태도, 학습능력 등에 대해 언급이 됨. - 각 세부능력 및 특기사항 부분마다 친구들이 모르는 것을 친절히 설명해주고, 발표에 적극적이라는 기록이 있음. - 과제 수행에 있어 주제에 적합한 다양한 정보를 수집하고 조직하여 특색 있고 창의적인 자료를 만들어내는 지식정보처리역량이 매우 뛰어남. - 학습 열의가 뛰어나고 질문을 통해 능동적인 태도로 수업에 참여하며 깊이 사고함. - 조원들의 장점을 발견하고 이에 맞게 역할 분담을 하는 등 리더십과 책임감이 있어 향후 교사로서의 활약이 기대됨. - 수업 분위기를 이끌어 가고 활동 수업에서는 열정적인 준비와 활기찬 태도가 돋보이는 학생으로 담당교사도 배울 점이 많은 학생임. - 교육 문제에 관한 연구 및 토론 활동에 대한 경험이 많음.	

교육계열

교육계열은 초·중등교사 및 교육 관련 전문가를 양성하는 것을 목적으로 하고 있습니다.

학과	유아교육, 초등교육, 특수교육, 국어교육, 영어교육, 수학교육, 역사교육, 지리교육, 사회교육, 윤리교육, 물리교육, 화학교육, 생물교육, 지구과학교육, 체육교육, 음악교육, 미술교육, 기술가정교육, 컴퓨터교육
필요한 능력	사람에 대한 이해와 관심, 사랑, 타인의 가치와 잠재력을 존중하는 자세, 교육 정책을 비롯한 교육 문제, 청소년 문제에 대한 관심과 문제해결을 위한 적극적이고 진취적인 태도, 지식과 생각을 잘 전달하는 의사소통능력과 언어능력 및 정직성과 리더십
추천 도서	최고의 교사(EBS 최고의 교사 제작팀), 에밀(장 자크 루소), 교사역할훈련(토머스 고든), 캐나다 교육 이야기(박진동), 아이들은 어떻게 배우는가(존 홀튼), 지혜로운 교사는 어떻게 말하는가(칙 무어만), 학교를 넘어서(존 홀튼), 침묵으로 가르치기-학생 위주 토론식 수업(도널드L. 핀켈), 아이들에게 온 마음을(바실리 알렉산드로비치 수호믈린스킨)
관련 직업	초등학교 교사, 중·고등학교 교사, 교육 관련 연구소 및 컨설팅 회사, 이러닝 업체, 각종 청소년 상담실, 사회복지기관, 교재 개발 업체, 학원 강사

교육계열 Q&A

Q) 선생님이 되려면 어떻게 해야 할까요?

선생님이 되는 방법은 여러 가지가 있습니다.
초등학교 선생님이 되고 싶으면 교육대학(교대)에 입학하거나 초등교육과를 전공하고 초등 임용고시를 봐야 합니다. 중·고등학교 선생님을 희망한다면 교육계열을 전공하고, 중등 임용고시를 보면 됩니다. 만약 대학교에서 교육계열 전공을 하지 않았는데 늦게라도 선생님이 되고 싶으면 대학원을 교육학과로 지원하면 됩니다. 또는 일반대학에서 교직 과목이 개설된 학과라면 교직과목을 이수하면 되는데 교직이수는 대학교 1학년 성적(상위 5~10%. 학교마다 다름)으로 제한하기 때문에 대학교 1학년 성적을 잘 받아놓는 것이 중요합니다. 그 후, 임용고시에 합격하면 공립학교 선생님이 될 수 있습니다. 단, 사립학교 선생님들은 학교에서 따로 채용공고를 내고 해당 학교가 요구하는 시험 절차를 거쳐 임용됩니다.

Q) 선배 교사가 미래 교사에게 한마디 한다면?

취업이 어려워지면서 많은 학생이 교사되기를 희망합니다. 그래서 초등학교 선생님이 되는 교육대학도, 중·고등학교 선생님이 되는 사범대학도 경쟁률이 높지요.
교사를 희망한다면 가져야 할 가장 중요한 마음가짐을 알려주고 싶어요. 선생님이 되고자 하는 사람은 무엇보다 학생을 사랑하는 마음을 가지고 있어야 해요. 학생들이 올바르게 살아갈 수 있도록 지속적인 지도를 할 수 있는 자상함도 지녀야 하지요. 교사의 말과 행동은 학생들에게 본보기로 작용하니 단순히 취업을 위해서 교사가 되는 것보다는 올바른 교사로서의 태도나 마음가짐을 늘 진지하게 고민해서 존경받는 교사가 되시길 바랍니다.

쉬는시간

미래 유망 직업 둘러보기

4차 산업혁명의 시대에 살고 있는 지금! 새로운 직업이 많이 생겨나고 있습니다. 다음은 미래 유망 직업에 관련된 키워드입니다. 살펴보면서 관심이 있는 분야나 용어에는 동그라미(○)표시, 궁금한 분야나 용어에는 체크(✓)표시를 해봅시다.

- ☐ 핀테크
- ☐ 블록체인
- ☐ 가상화폐
- ☐ 디지털포렌식수사
- ☐ 드론
- ☐ 무인항공기
- ☐ 무인비행기
- ☐ 무인조종기
- ☐ 무인택배
- ☐ 신재생에너지
- ☐ 바이오에너지
- ☐ 크리에이터
- ☐ 디지털큐레이터
- ☐ 로봇
- ☐ 인공지능
- ☐ AI
- ☐ 언텍트
- ☐ 자율주행
- ☐ 자율주행자동차
- ☐ 사물인터넷
- ☐ 줄기세포
- ☐ 생명공학자
- ☐ 바이오의약품
- ☐ 생물정보분석가
- ☐ 생체인식
- ☐ IoT
- ☐ 크라우드펀딩
- ☐ 빅데이터
- ☐ 클라우드
- ☐ 추천알고리즘
- ☐ 스마트재난관리
- ☐ 스마트그리드
- ☐ 고령화
- ☐ 스마트의류
- ☐ 웨어러블
- ☐ 스마트팜
- ☐ 가상현실
- ☐ VR
- ☐ AR
- ☐ 증강현실
- ☐ 3D프린팅
- ☐ 3D프린터
- ☐ 홀로그램
- ☐ 사이버보안관
- ☐ 정보보호
- ☐ 악성코드분석
- ☐ 백신개발
- ☐ 보안컨설팅
- ☐ 특허
- ☐ 해양에너지
- ☐ 해양구조물
- ☐ 해저터널
- ☐ 해양자원
- ☐ 반려동물
- ☐ 수의테크니션
- ☐ 해양레저
- ☐ 헬스케어
- ☐ 노인전문간호사
- ☐ 곤충음식
- ☐ 도시재생

미래 직업 뜨는 BEST5

01
드론콘텐츠 전문가

#드론 #4차산업혁명 #무인항공기 #무인비행기 #무인조종기 #무인택배

드론 콘텐츠 전문가는 드론을 이용하여 사진, 영상, VR(가상현실) 제작, 문화 공연, 드론 스포츠(레이싱, 축구 등) 등 드론을 이용하여 다양한 콘텐츠를 만들어 내는 일을 합니다. 공간지각력과 수리논리력이 필요하며, 탐구형과 예술형에 적합한 진로입니다.

02
빅데이터 전문가

#빅데이터 #클라우드 #4차산업혁명 #사이버보안 #알고리즘

빅 데이터 전문가는 데이터 수집, 데이터 저장 및 분석, 데이터 시각화 등을 통한 정보로 사람들의 행동이나 시장의 변화 등을 분석하는데 도움이 되는 정보를 제공합니다. 창의력과 수리논리력이 필요하며, 금융, 유통, 제조, 서비스 분야 등 다양한 영역에서 활동이 가능합니다.

03
노년플래너, 노인전문 간호사, 헬스 케어 컨설턴트

#고령화 #4차산업혁명 #실버산업

노년 플래너는 노인들이 건강하고 행복하게 남은 인생을 살아갈 수 있도록 중년 이후의 삶을 살아가기 위한 계획을 세워줍니다. 원격진료코디네이터는 원격으로 집에서 상담하고 진료를 해주는 것입니다. 언어능력과 대인 관계능력이 필요하며, 간호사, 간호조무사, 임상병리사, 재활 치료사, 노후설계사 등이 관련 직업입니다.

04
문화 콘텐츠 전문가, 게임&캐릭터 디자이너

#1인크리에이터 #유튜버

문화 콘텐츠 전문가는 드라마, 영화, 캐릭터, 애니메이션, 게임, 웹툰, 공연, 축제, 테마파크 등 다양한 형태로 콘텐츠를 떠올리고 실제로 만드는 일을 합니다. 문화 콘텐츠 전문가는 창의력과 예술 시각 능력이 필요합니다.

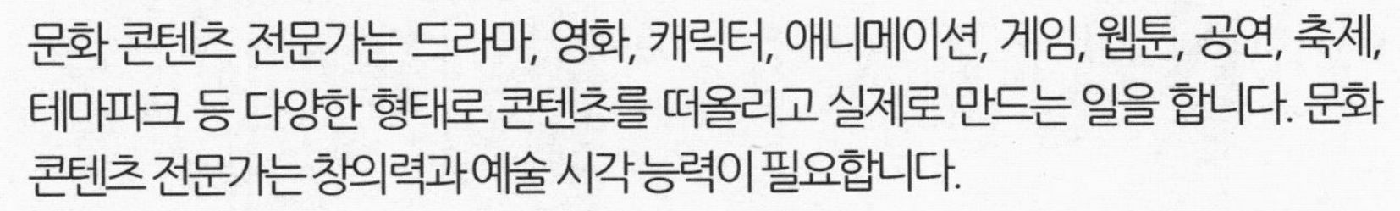

05
기후변화 대응 전문가, 신재생에너지

#기후변화 #신재생에너지 #지구온난화

기후변화 대응 전문가는 기후변화가 기업이나 정부 정책에 미치는 영향을 분석하고 더 좋게 고치는 방법을 내놓습니다. 기후에 나쁜 영향을 미치는 온실가스를 줄이기 위한 더 좋은 방법을 만듭니다. 자연 친화력과 수리 논리력이 필요하며, 기후변화가 현재 어떤 상태이며 왜 일어나는지 객관적으로 분석할 수 있어야 합니다.

출처 커리어넷 > 직업정보 > 미래직업

3교시

학습코칭
성력 향상 프로젝트

"주변 호기심이 교과 성적에 영향을 미쳐"

"수업 시간 집중이 배움의 시작"

"독서의 힘…… 부모의 학력·소득 격차도 극복"

"공부방을 바꾸면 성적도 쑥쑥"

01	유형별 학습 코칭
02	플래너 작성하기
03	성적표 제대로 읽기
04	메타인지 활용 공부법
05	과목별 학습법
06	교과세특 기록하기

01 유형별 학습 코칭

공부로 내 삶을 디자인하다

여러분은 공부를 왜 하나요? 우리나라 학생들은 매일 6 ~ 7시간씩 공부하는데, 정작 나는 왜 공부하는가에 대한 질문을 하는 학생은 많지 않은 것 같아요. 또래의 친구들은 공부에 대해 어떤 생각을 할까요? '친구들에게 지기 싫어서', '스스로 공부가 좋아서', '부모님을 기쁘게 해드리기 위해서', '분명한 목표가 있어서'와 같은 다양한 이유를 이야기합니다.

공부를 잘하면 좋은 점

01 성취감과 즐거움을 경험한다.

02 선생님과 친구들을 비롯한 주변인의 신뢰감이 높아진다.

03 할 수 있다는 자신감이 생겨 새로운 일에 늘 도전할 수 있다.

04 긍정적인 자아 형성에 도움이 된다.

05 다양한 분야의 지식들을 융합하여 창의적으로 문제를 해결할 수 있다.

06 자신이 목표로 정한 학교, 진로 분야에 도달할 수 있다.

07 추구하는 삶의 가치와 목표를 달성하기 쉬워진다.

공부하는 과정에서 성취나 실패의 경험은 학생의 삶에 많은 영향을 줍니다. 그런 경험이 모여 앞으로 어떻게 살 것인지 그려볼 수 있습니다. 여러분은 어떤 삶을 살고 싶은가요? 그 삶을 향한 목표를 달성하기 위하여 자신만의 방향을 설계해보는 것은 어떨까요?

유형별 학습 코칭

공부하는 나만의 이유를 찾기

공부는 긍정적인 자기효능감이 바탕이 되어야 합니다. 자기효능감은 스스로가 목표에 도달할 수 있다고 생각하는 자신에 대한 믿음을 가리키는 말인데요. '나는 할 수 있다'와 같이 긍정적인 자기효능감이 있는 학생이 공부를 더 열심히 하고, 성적도 더 높은 편입니다.

긍정적인 자기효능감이 바탕이 되어 학습동기, 학습 성향(유형)을 파악하여 올바른 학습 방향을 설정하고 삶을 디자인하면 여러분의 성적도 향상되고 하고 싶은 일을 하면서 행복하게 살 수 있을 것입니다.

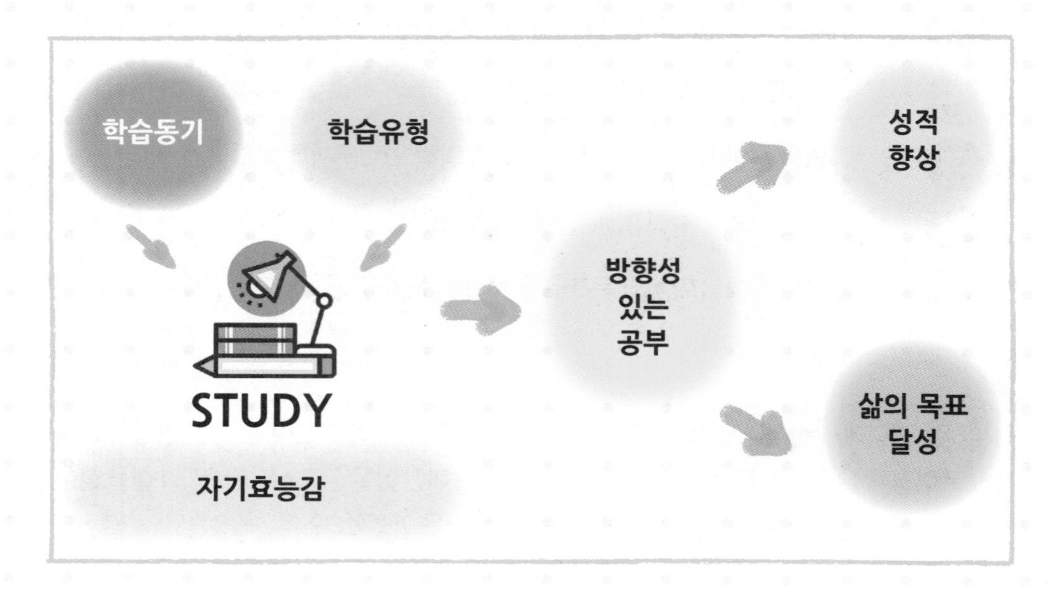

학습동기 유형 파악하기

공부는 동기와 목표가 명확할수록 더 열정적으로 하게 되죠. 학습동기는 공부를 시작하게 하고 이를 지속적으로 유지하게 하는 힘이 됩니다. 학습동기가 있으면 공부하면서 즐겁다고 합니다. 공부의 공부의 목적에 따라 학습동기는 내재적 동기와 외재적 동기로 나눌 수 있습니다. 다음에 제시된 학습동기 유형에서 자신이 해당되는 곳에 체크해 보세요.

Deci와 Ryan(2000) 자기결정성 이론에 근거한 학습동기 유형

타율적 ←	자기결정성		→ 자율적
무동기	타율적 외재적동기	자율적 외재적동기	내재적동기
마지못해 공부하거나 관심이 없음. 학습에 가치나 자신감을 느끼지 못하고 결과에 대한 기대감도 없음.	보상을 얻거나 벌을 피하기 위함	목표를 달성하기 위한 도구	공부하는 것 자체가 즐거움 호기심, 흥미, 욕구
체크표시하는 곳	체크표시하는 곳	체크표시하는 곳	체크표시하는 곳

공부를 왜 하는지 모르겠다면(무동기) 다음에서 자신의 문제점이 무엇인지 찾아봅시다.

번호	항목	체크
1	자신이 원하는 과목을 배우고 있지 않다.	
2	기초 실력이 부족하다.	
3	다른 사람의 도움 받기를 꺼려한다.	
4	친구 관계가 좋지 않다.	
5	개인 사정(집안, 건강 문제 등)이 있다.	
6	성공에 대한 불안감이 높다.	
7	학습 내용이 너무 어렵다.	
8	'할 수 있다'는 자신감이 없다.	
9	공부하는 것이 나와는 관계가 없다고 생각한다.	
10	어떤 보상도 나를 만족시켜주지 못한다.	

공부가 인생의 전부는 아니지만, 인생의 전부가 아닌 것도 하지 못한다면 나머지 인생의 전부는 어떻게 할 것인가?

추구하는 삶의 목표 ______________________

학습 동기 유형 ______________________

공부의 방향 설정 ______________________

공부하는 이유 ______________________

학습 전략

좋은 학습 전략이 공부를 재미있고, 쉽게 만들어 줍니다.

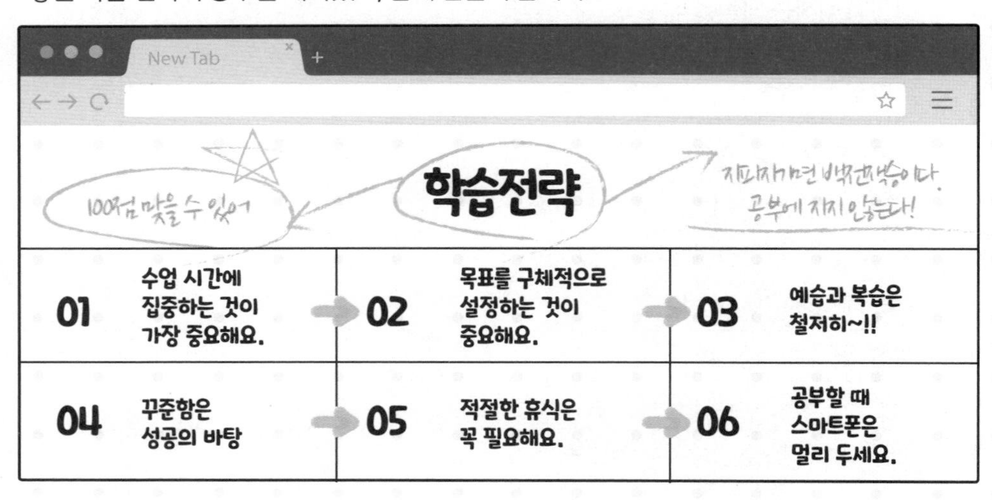

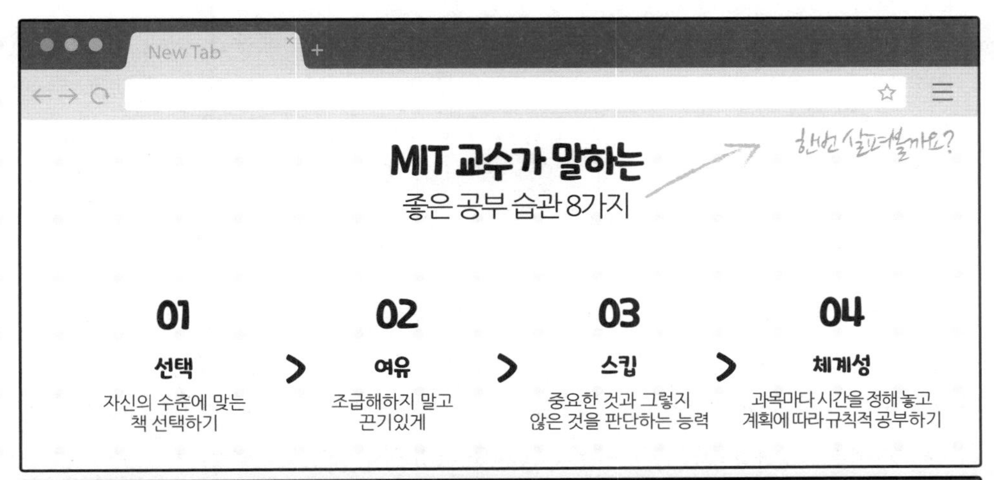

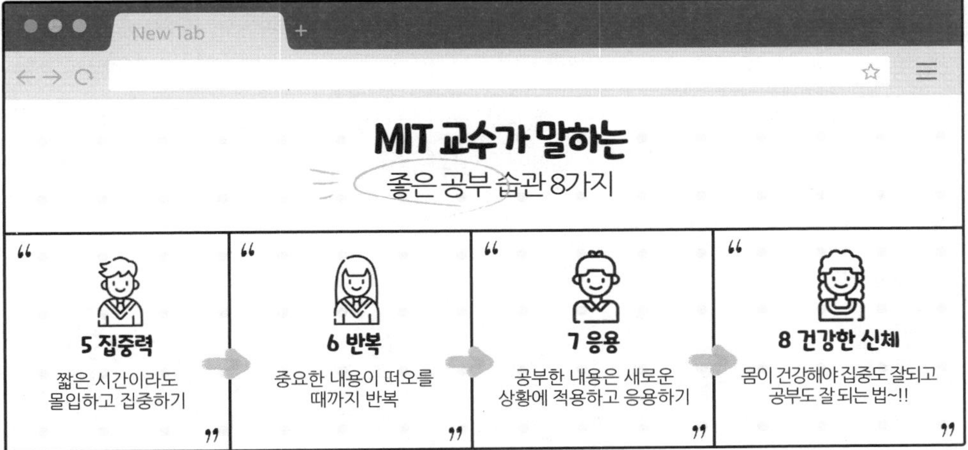

학습 목표 설정하기

심리학자 루이스 B. 스미스Lewis B. Smith는 <칭찬의 기적(2011)>이라는 책에서 칭찬은 '인정하는 것'이라고 말합니다. 인정받고 싶지 않은 사람은 없겠지만, 가장 중요한 것은 스스로를 인정하는 것입니다. 왜냐하면 인정이 자신에 대해 바로 알고 이해하는 것이기 때문입니다. 공부를 잘하려면 자신이 가진 능력을 알고 이를 조화롭게 사용할 수 있어야 합니다. 이것은 학습 성향과도 관계가 있지요. 내 공부성향을 알고 이를 바탕으로 공부계획을 세워 나에게 맞는 속도로 해 나간다면 공부하는 데 도움이 많이 됩니다.

공부 성향을 알고 싶은데 어떻게 하냐고요? 무료로 분석을 해주는 곳이 있습니다. 온라인에서는 ebsi에서 가능합니다. 또는 청소년상담복지센터나 대학교 부설 교수학습개발센터 등 여러 곳이 있습니다. 나의 공부 성향에 대한 명쾌한 분석이 있다면, 자신을 파악하기가 더 쉽죠. 소개하고 싶은 특별한 공부성향 검사는 My Best 공부 성향 검사입니다. 이것은 다음 장에서 더 자세히 다루겠습니다.

공부를 잘하려면 꿈을 찾아 목표를 정하는 것도 중요합니다. 공부에 지치고 슬럼프가 올 때, 목표를 다시 점검하면 공부를 할 동기가 다시 생기거든요. 또, 목표를 세우면 각 단계에서 해야 할 세부 목표를 구체적으로 정할 수 있고, 진로 목표를 위한 공부에 무엇을, 어떻게 해야 하는지 명확하게 그려질 것입니다. 먼저 나의 꿈이 무엇인지, 앞으로 무엇을 하고 싶은지를 잘 생각해야 합니다. 그래서 자신을 아는 것이 매우 중요하죠. 지금 마음이 혼란스럽고 공부가 잘되지 않아 힘들다면, 내가 가장 좋아하거나 잘 할 수 있는 것이 무엇일까 찾아보는 것이 좋습니다. 공부하는 이유가 나의 어떤 목표를 위해 필요한 것인지 점검하면 흔들리지 않고 공부할 수 있지요. 그걸 찾는 과정을 그리면 다음과 같이 나오는데, 이것은 고등학교 진학과 대학까지 연결됩니다.

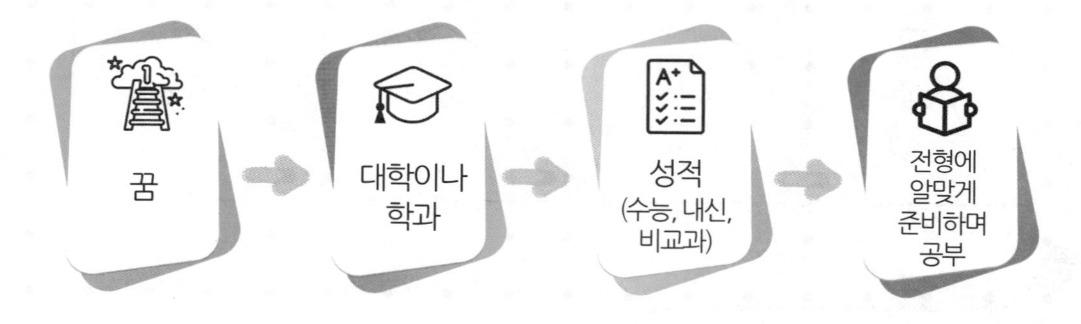

고등학교와 대학 이후 진로 선택에서 학업성취는 매우 중요합니다. 개인의 노력에 따른 공부 실력은 자신감을 주는 동시에 만족감을 높이면서 심리적 안정을 주기도 하지요. 그렇다보니 누구나 공부를 잘하기 위한 방법을 찾고 싶어 합니다.

공부해야 할 이유를 찾아주는 학습 동기와 성취율이 관련이 있다는 연구 결과는 이미 널리 알려져 있습니다. 또한, 뇌과학에 관한 연구가 활발해지면서 사람의 두뇌는 어떻게 공부를 하는지도 속속 밝혀지고 있습니다. 뇌과학에서 보면 사람은 모두 공부를 할 때 저마다 다른 방식으로 두뇌를 사용하는 것을 알 수 있습니다. 두뇌의 활용은 사람마다 다르게 나타나는 그 방식이 바로 공부 성향입니다.

성향이란, 어느 한쪽으로 쏠리는 성질이나 마음의 경향을 의미합니다. 공부 성향이란 공부에서 어느 한쪽으로 두드러지게 나타나는 일정한 패턴이라고 할 수 있습니다. My Best 공부 성향 검사를 통해 학생의 공부 성향을 분석하여, 그 학생의 두뇌 활용방식에 맞춘 학습 환경을 조성하여 학습의 효율성을 높이면 좋겠죠.

My Best 공부 성향 검사지로 학생의 공부 성향을 분석하는 방법은 다음 두 가지입니다.

첫째, 학습자의 직업흥미와 적성 (공부성향1)

학습자의 직업적 흥미와 적성에 따라 구분하는 방식입니다. 학생이 어떤 일에 관심이 있거나 잘하는 것을 파악합니다. 이는 실재형, 리더형, 탐구형, 창조형, 사교형, 규범형으로 나타나며 계열적합성과도 연결됩니다.

흥미는 어떤 일에 마음이 쏠리는 것을 말하는데, 학습자 행동의 방향이나 강도를 결정하는 중요한 요소입니다. 흥미가 있으면 자발적으로 그 분야에 대해 누가 요구하지 않아도 몰입하는 행동을 보입니다. 공부에서 이는 매우 중요한 요소입니다. 특히 우리나라의 특성상 대입까지의 지루할 수 있는 공부가 요구되는 진학 과정에서 필수적인 요소이기도 합니다.

직업흥미는 특정 직업군이 가지는 주된 활동을 하려는 경향성을 의미합니다. 일반적인 흥미와 다르게 특정 직종에 대한 특별한 관심인데요. 이 흥미는 적성과 관련이 있습니다. 적성이란 어떤 직무에 알맞은 사람의 능력입니다. 특정 직업군에 흥미 있는 학습자가 보이는 경향이 그 직업군이 요구하는 자질을 이미 갖춘 상태일 수도 있지요. 이를 잘 파악한다면 그 직종에서의 성공 가능성을 가늠할 수 있습니다. 이런 흥미와 적성은 학생의 공부에서도 특정한 경향을 나타내고 남들과는 다른 더 특별한 능력으로 나타납니다.

직업흥미와 적성에 따라 학습자는 다음의 6가지 유형으로 나타납니다.

가. 실재형학습자(Authentic Type)

실재형학습자는 솔직하고 성실하며 검소한 인성적 특징을 보입니다. 흥미 있는 일에 지구력이 있습니다. 신체적으로 건강하고, 말이 적어 사교적인 활동을 별로 좋아하지 않고 단순합니다. 실재형학습자는 전자제품이나 기계와 관련된 활동을 좋아하며 협업보다는 혼자서 일하는 것을 즐깁니다. 일을 하거나 문제를 해결할 때는 분명하고 현실적인 신념에 따라 행동합니다. 질서정연하고 체계적인 대상 · 연장 · 기계의 조작이나 동물 돌보기 등의 활동이나 신체적 기술을 좋아합니다.

나. 탐구형학습자(Inquiry Type)

탐구형학습자는 탐구심이 많고, 논리적, 분석적, 합리적입니다. 매사에 정확한 것을 좋아하고 지적 호기심이 많습니다. 비판적이면서 내성적인 특징을 나타내며 다른 사람 앞에서 수줍음을 잘 타고 신중합니다. 탐구형학습자는 물리적이고 문화적인 어떤 현상을 관찰하고 탐구하는 것을 좋아합니다. 하지만 사회적으로 타인에게 설명하는 상황과 남을 설득하거나 반복적인 활동을 싫어합니다.

다. 창조형학습자(Creative Type)

창조형학습자는 상상력과 감수성이 풍부하며, 자유분방하고 개방적입니다. 독창적인 표현을 좋아하고, 개성이 강하며 타인과의 활동에 협동적이지 않습니다. 예술적 창조와 표현, 변화와 다양성을 좋아하고, 틀에 박힌 것을 싫어합니다. 모호하고 자유롭고, 상징적인 활동을 좋아하지만 명쾌하고, 체계적이고 구조화된 활동에는 흥미가 없지요. 작가나 디자이너처럼 예술성을 드러내는 일을 좋아하지만, 정돈되고 체계적으로 반복되는 일에 관심이 없습니다.

라. 사교형학습자(Communicative Type)

사교형학습자는 사람들을 좋아해서 함께 어울리기를 선호합니다. 사람들에게 친절하고 이해심이 많아 남을 잘 도와주고 봉사적인 태도를 보이고 이상주의적입니다. 다른 사람의 고민을 듣고 이해하고 도와주고 치료해 주고, 봉사하는 활동에 흥미가 있습니다. 질서정연하고, 체계적인 활동에는 흥미가 없는 편입니다. 이들은 다른 사람에게 어떤 사실을 알려주고 키우고 돌보는 활동을 좋아합니다. 문제가 생기면 인간관계 속에서 해결하려는 태도를 보입니다.

마. 리더형학습자(Leader Type)

리더형학습자는 지배적이고 통솔력과 지도력이 있습니다. 남 앞에서 말을 잘하고, 상대방을 설득시키는 일을 좋아합니다. 목표를 정해서 나아가는 경향을 보이고 하는 일에 경쟁적이고 야심을 보입니다. 외향적인 성격이고 낙관적이고 매사에 열성적으로 보입니다. 조직의 목적과 경제적 이익을 얻기 위해 타인을 선도, 계획, 통제, 관리하는 일과 그 결과로 얻어지는 인정, 권위를 얻는 것을 좋아합니다.

바. 규범형학습자(Constant Type)

규범형학습자는 매사에 정확하고 빈틈이 없어 보입니다. 하는 행동에 신중하며, 세밀하고 계획성이 있습니다. 변화를 그다지 좋아하지 않으며, 완고하고 책임감이 강합니다. 정해진 원칙과 계획에 따라 자료를 기록하고 정리하는 일을 좋아합니다. 사무적이고 계산적 능력을 발휘하는 활동을 좋아합니다. 규범형학습자는 규칙을 만들어 그 규칙에 따라 행동하려는 경향을 보이며 문제가 생겼을 때 그 해결법을 체계적인 방법으로 세웁니다.

둘째, 학습자의 감각 선호 스타일 (공부성향II)

학습자가 선호하는 감각 입력에 따른 구분방식입니다. 구체적으로 청각형학습자, 시각형학습자, 신체운동형학습자로 나타납니다.

가. 청각형학습자(Auditory Type)

청각형학습자는 듣는 학습을 선호합니다. 이들은 '내가 들었는데, 내가 듣기론'이라는 말을 자주 하지요. 또한, 강의 위주인 수업에 잘 적응하는 편이고 물건을 고를 때에도 제품의 안내서를 읽기보다 다른 사람의 설명을 듣기 좋아하죠. 외울 때 말하면서 외우는 방식을 택합니다. 청각적 지능이 강하다고 해서 한 번만 듣고 다 외울 수 있다는 것을 의미하지는 않습니다.

나. 시각형학습자(Visual Type)

시각형학습자는 뇌에서 강한 시각적 연결을 이용합니다. 이들은 공부할 때 머릿속으로 연상하는 일이 자주 나타납니다. 다른 생각을 하고 있다는 오해를 받을 수도 있지만, 시각형학습자는 단어나 개념을 그림과 연상해 공부할 때 가장 효율적입니다. 책을 읽거나 정보를 기억할 때, 시각적인 사람들은 사물이 어떻게 생겼는지 생각한다고 합니다.

다. 신체운동형학습자(Kinesthetic Type)

신체운동형학습자는 가만히 앉아서 하는 학습을 힘들어해요. 주로 움직이면서 공부하는 스타일이라 학교에서 산만하다는 지적을 많이 받기도 합니다. 이들은 직접적인 체험이나 활동을 통해 공부합니다. 움직이면서 배우지 않으면 기억하기가 힘들기 때문이지요. 그 움직임이 글을 읽거나 외울 때 단순히 방 안을 돌아다니기만 해도, 배운 정보를 가장 잘 기억합니다.

My Best 공부성향검사는 학습자의 공부 성향에 대해 이해하고, 학업성취도에 영향을 주는 학습자의 흥미, 적성, 감각적 요인에 대해 알아봄으로써 학습자 자신의 특성을 파악하고 공부 효율성을 높이는 데 목적이 있다고 합니다. 자신의 특성에 맞는 효과적인 학습전략을 사용하면 공부 과정과 결과에 영향을 끼칩니다. 학습자가 자신을 이해하고 부족한 부분을 보완하기 위한 학습 전략을 실천한다면 공부는 잘 할 수밖에 없을 것입니다!

나의 공부 성향은?

* 공부 성향 검사 I 에서 나의 공부 성향은 무엇이 나왔나요?

* 공부 성향 검사 II 에서 나의 공부 성향은 무엇이 나왔나요?

* 공부 성향 검사 I 결과로 살펴본 나의 특징은 어떤 게 있는지 정리해서 적어보세요.

* 공부 성향 검사 II 결과로 살펴본 나의 특징은 어떤 게 있는지 정리해서 적어보세요.

*** 공부 성향 검사로 알아본 나의 공부 성향에 따라 앞으로 어떻게 공부할지 계획을 세워 보세요. 계획은 구체적으로 세우면 더 좋습니다.**

꿈(내가 하고 싶은 일)

가고 싶은 대학 또는 가고 싶은 회사

목표하는 대학과 회사의 일반적인 성적
(수능, 내신, 비교과)

공부 계획

공신들의 공부 습관

친구들을 가르쳐주자!

대부분의 학생은 수업시간에 잘 들어야 한다고 생각할 것입니다. 부모님도 학생에게 "학교에서 선생님 말씀 잘 들었니?"라도 대부분 물어보실거에요. 하브루타 토론으로 잘 알려진 유대인 부모는 학교에 다녀온 자녀들에게 "오늘 선생님께 무슨 질문을 했니?" 묻는다고 합니다. 우리는 수업을 잘 들어야 한다고 생각하지만, 유대인은 수업에 참여해서 질문해야 공부한다고 생각합니다.

어떤 일에서 주도권이 없고 구경만 하면 사람의 신체와 두뇌의 활동은 점점 더뎌집니다. 몸이 불필요한 작업을 하지 않게 작동하는 것이죠. 뇌에 산소 공급량이 점점 줄고 몽롱한 상태에 빠지고 잠이 오게 됩니다. 가만히 듣는 학습은 공부 시간에 학생을 구경꾼으로 만들어버리고 잠이 슬슬 오게 됩니다.

학습 피라미드

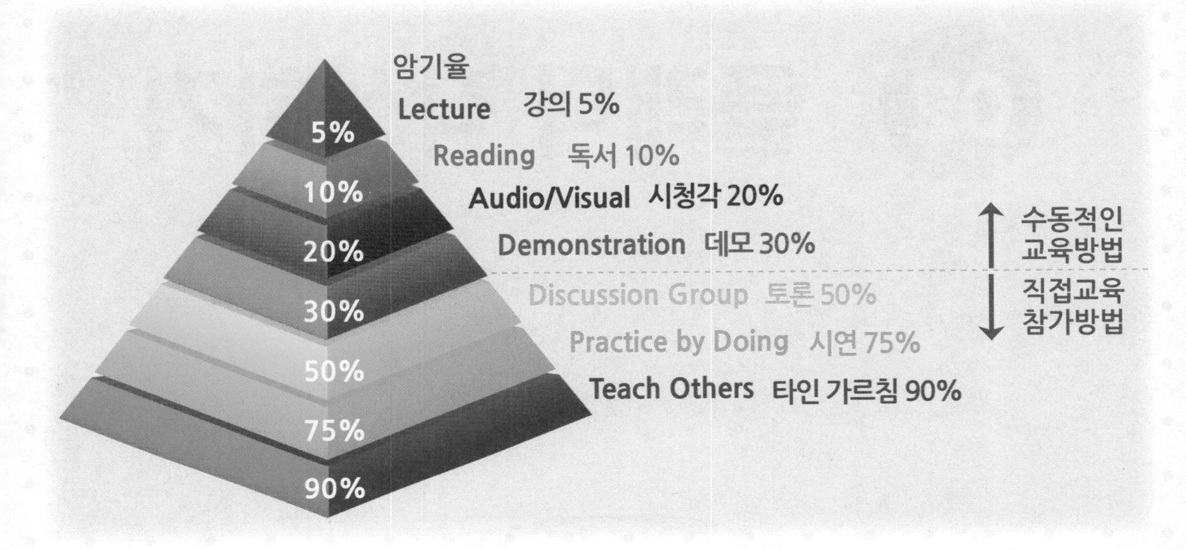

학습효율성 피라미드를 볼게요. 다양한 방법으로 공부를 한 뒤, 24시간 후에 기억이 남아 있는 비율을 피라미드로 나타낸 그림입니다. 강의식 설명은 5%, 읽기는 10%, 시청각 교육은 20%, 시범이나 현장 견학은 30%의 비율이 나타납니다.

학생이 학교에서 수업을 그저 들으면 5%만 기억합니다. 책상에 앉아 읽으면서 공부하면 10%, 시청각 수업은 20% 이죠. 그러나 그 비율은 그다지 높지 않네요. 토론은 50%, 직접 해보는 것은 75%, 다른 사람을 가르치는 것은 90%로 효율성이 높아집니다. 가장 좋은 기억의 방법은 다른 사람을 가르치는 일이 단순히 듣는 것보다 약 18배 이상의 효과가 나타납니다.

실제로 공신들의 공부 습관을 조사하면 배운 내용을 친구들에게 설명하는 습관이 있는 것으로 나타납니다. 그런데 공부시간에 떠들면서 다른 사람에게 설명할 수 없잖아요. 설명하는 것과 비슷하게 수업에 들어가는 방법은 바로 노트필기랍니다. 쓰는 활동은 수동적으로 듣는 학습을 능동적으로 주도권을 잡는 공부로 바꿔줍니다.

02 플래너 작성하기

시간 관리 매트릭스

하루는 24시간입니다. 모두에게 주어진 시간은 같지만 24시간을 어떻게 활용하느냐에 따라 삶의 방향과 질이 달라집니다. 모든 것을 다 잘할 순 없습니다. 중요하면서 꼭 해야하는 일에 선택과 집중이 필요합니다. 다음 시간 관리 매트릭스에서 일의 우선 순위를 정해봅시다.

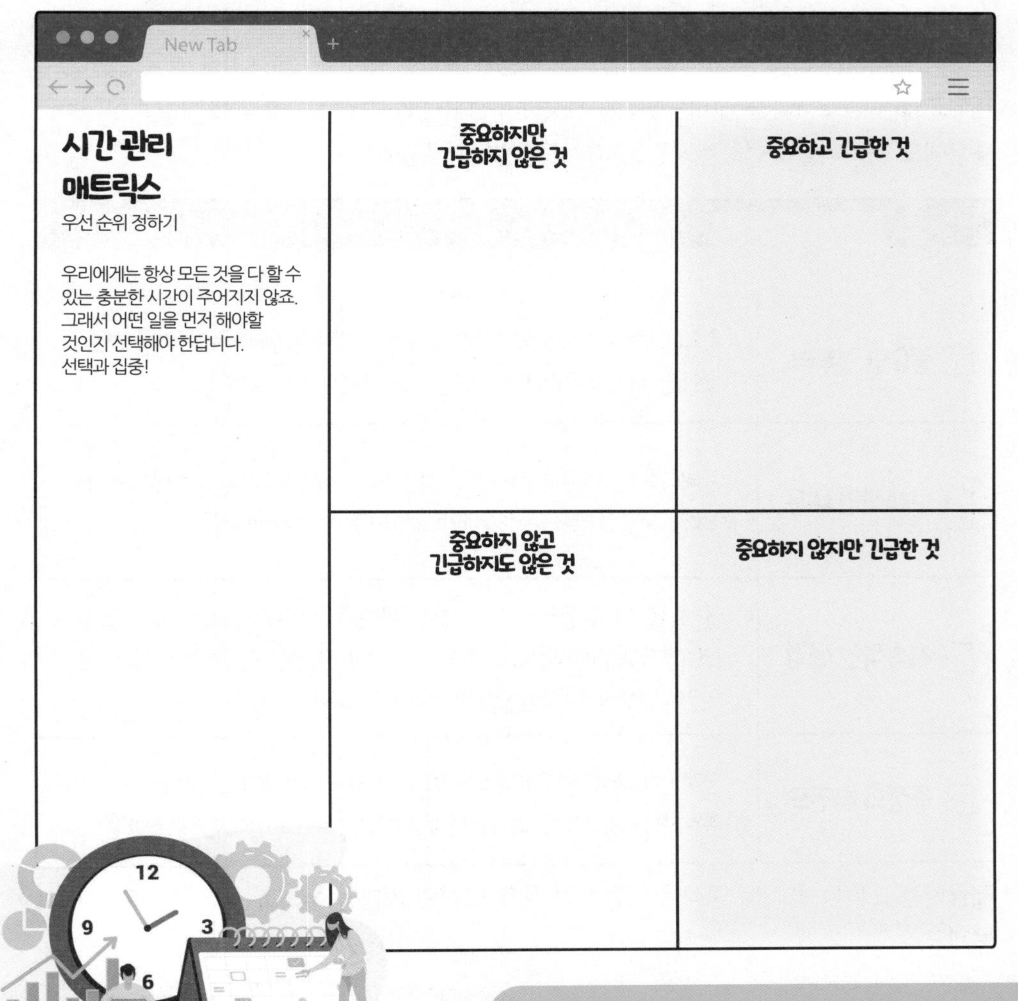

스터디 플래너 작성 방법

스터디 플래너 작성하기

스터디 플래너는 쉽게 말하면 몇 시에 어떤 내용을 얼마나 공부해야하는지를 적어 놓은 공부 계획표입니다. 스터디 플래너는 공부를 시작하기 전이나 공부를 끝 마쳤을 때 미리 작성해두면 좋은데요. 플래너를 작성하는 시간은 10~15분 정도가 좋습니다.

New Tab

중요한 것부터	중요하고 해야하는 것을 또는 많이 부족한 부분을 우선 순위에 두고 공부를 하면 좋아. 플래너를 쓰면서 자기 자신을 더 잘 이해할 수 있제! 쓸거지?
구체적인 내용	플래너를 쓸 때 기본은 구체적으로 적는 것이야. 예를 들어 영어 단어 암기하기 보다는 30분간 영어 단어 30개 암기하기 이런 식이지~! 할 수 있지?
지속적인 점검	플래너를 긴 시간 동안 작성하는 것은 정말 힘든 일이야. 그렇지만 한 번 습관이 생기면 또 그렇게 어렵지 않을 수도 있어. 쉬는 시간, 점심 시간, 수업 끝나고 약간의 남는 시간 등을 잘 활용해봐. 지치지 말고~!
긍정의 마인드	긍정적이고 선한 생각과 감정은 영혼을 끌어올려주는 생각과 감정을 촉발시켜주지. 긍정적이고 좋은 생각만 하고 살기에도 시간이 부족해. 스마일^^

제공하는 스터디 플래너 양식을 이용하여 목표 달성의 기쁨을 누리고 성적 향상도 이루어 보세요.

날마다 크는 나의 하루

나에게한마디!

20______년 ______월 ______일

몸건강점수 ① ② ③ ④ ⑤

마음건강점수 ① ② ③ ④ ⑤

시간	배운내용	확인
(　　)교시		☺ ☹ ☹
(　　)교시		☺ ☹ ☹
(　　)교시		☺ ☹ ☹
숙제&준비물		
방과후할일1		☺ ☹ ☹
방과후할일2		☺ ☹ ☹

오늘 내가 한 긍정적인 말은?

오늘 (미래)를 칭찬하면?

오늘 내가 한 일 중 가장 잘한 것은?
(나의 성공일기)

내일의 계획

나를 격려해주세요!

(　　)월 월간계획

Sunday	Monday	Tuesday	Wednesday	Thurs.
—	—	—	—	—
—	—	—	—	—
—	—	—	—	—
—	—	—	—	—
—	—	—	—	—

Friday	Saturday
—	—
—	—
—	—
—	—
—	—

To Do List:

1. ______
2. ______
3. ______
4. ______
5. ______
6. ______
7. ______
8. ______
9. ______
10. ______

Notes:

스터디 플래너

WEEK ______ MONTH ______ NAME ______

오늘할일 중요하고 긴급한 것부터 적어볼까요?

To do

1. ☐ ....
2. ☐ ....
3. ☐ ....
4. ☐ ....

☑수행한 경우 ☒수행하지 못하거나 할 필요가 없는 경우 ⇨미루는 경우

◎완벽한 수행 ○수행 △부족 ×제대로 수행하지 못함

과목	계획 및 내용	체크

평가 성취도 ☆☆☆☆☆ 만족도 ☆☆☆☆☆

힘든 하루를 보낸 나에게 한마디

수행평가 과제 준비물

지필고사 공부 계획

목표

1일차 월 일 요일	2일차 월 일 요일	3일차 월 일 요일	4일차 월 일 요일
□	□	□	□
□	□	□	□
□	□	□	□
□	□	□	□

과목	지필평가 시험범위 & 내용 글로 적기 힘들다면 가정통신문을 붙여도 좋아요.
국어	
도덕	
사회	
역사	
수학	
과학	
기술	
가정	
영어	
정보	
한문	
체육	
음악	
미술	
중국어	

시험 4주 전 준비 계획

" 나의 목표·나의 다짐

"

요일 구분							
4주전							
3주전							
2주전							
1주전							
시험 주간							

나의 목표 · 나의 다짐

요일 분							
주전							
주전							
주전							
주전							
험 간							

03

성적표
제대로 읽기

공부의 방향을 결정해주는 나침반과 같은 성적표

드넓은 바다를 항해하는 배. 배의 방향을 바꾸기 위해서는 조타 장치를 잘 조절해야 합니다. 이와 같이 여러분도 공부를 할 때 큰 방향을 설정하고 세부 사항을 조율해야 하는데 그 역할을 하는 것이 바로 성적표입니다.

성적표는 우리에게 무엇에 중점을 두어야 할지를 알려주며,
앞으로 나아갈 방향을 제시해준다.
– 아드리안 스미스(미국의 건축가) –

현행 중학교 성적표는 '성적통지표'로 제공됩니다. 평가 내용과 함께 매우 잘함, 잘함, 보통, 노력 요함의 4단계 척도로 표기되던 초등학교의 성적통지표와 달리 중학교에서는 A, B, C, D, E의 성취도와 원점수, 표준편차 등으로 수치화되어 있습니다.

지필평가 VS 수행평가

지필평가 VS 수행평가

지필평가는 정해진 문항을 제한 시간 내에 푸는 것으로 보통 시험을 보는 것을 의미하며, 1차 지필평가, 2차 지필평가로 나뉩니다. 선생님의 수업 운영 방식, 평가 방법, 학교의 평가 계획에 따라 1, 2차 모두 지필평가를 실시하는 학교도 있고, 학기 말에 1회만 실시하는 학교도 있습니다. 학기 초에 이 부분을 잘 확인해두세요.

수행평가는 학습 과정과 결과를 가지고 점수를 산출하는 평가 방법 중 하나입니다. 성적통지표에서 수행평가의 영역명이라고 되어 있는 부분을 보면 됩니다. 예를 들면 과학 교과는 실험, 프로젝트, 과학적 글쓰기, 탐구 보고서와 같은 영역이 있고, 국어 교과는 글쓰기, 말하기, 독서 토론, 영어 교과는 에세이 쓰기, 말하기, 포트폴리오, 문장 완성, 수학 교과는 문제해결능력, 탐구융합, 포트폴리오, 논술형, 사회 및 역사 교과는 수업일기, 주제탐구보고서, 서평쓰기 등과 같은 영역이 있습니다. 수행평가는 수업 시간 중에 진행되는 경우가 많기 때문에 수업 시간에 선생님의 설명에 집중하여 채점기준을 살펴보며 개인 또는 모둠 활동에 적극적으로 임하는 것이 중요합니다.

<table>
<tr><th colspan="3">지필평가</th><th>구분</th><th>수행평가</th></tr>
<tr><td colspan="3">정해진 문항을 제한 시간 내에 푸는 것으로 보통 시험을 보는 것</td><td>의미</td><td>수행 과정과 결과를 가지고 점수를 산출하는 평가 방법</td></tr>
<tr><td colspan="3">선택형, 서술형, 논술형</td><td>평가 방법</td><td>포트폴리오(누적), 관찰, 구술, 프로젝트, 면담 등</td></tr>
<tr><td colspan="3">한 학기에 1~2회</td><td>횟수</td><td>1~5회</td></tr>
<tr><td>구분</td><td>1학기</td><td>2학기</td><td rowspan="4">특징</td><td rowspan="4">○ 과목별로 실시횟수 및 반영 비율이 다름.
○ 수업 시간 내에 실시함.
○ 개인, 개인+모둠, 모둠의 다양한 형태로 진행
○ 산출물의 형태가 글, 포트폴리오, 작품, 영상, 그림, 말하기, 활동 등 다양함.</td></tr>
<tr><td>1차 지필고사</td><td>4월 말 ~ 5월 초</td><td>9월 말 ~ 10월 초</td></tr>
<tr><td>2차 지필고사</td><td>6월 말 ~ 7월 초</td><td>11월 말 ~ 12월 중</td></tr>
<tr><td colspan="3">학교마다 횟수, 시기는 다를 수 있음.</td></tr>
</table>

수행 평가, 이것만 지키면 걱정 없어요!

자유학기제와 과정 중심 평가가 확대되면서 중학교 내신에서 수행 평가 비중이 점점 늘어나고 있는데요. 아래 내용만 잘 지킨다면 수행 평가에서 좋은 점수를 받을 수 있답니다.

❶ 수업 태도와 발표력을 키우자

가장 중요한 것은 바로 수업 태도입니다. 수업 태도나 노트 필기, 수업 중 발표 등 학습 과정 자체가 평가 대상이기 때문에 평상시 수업에 성실하게 임해야 좋은 평가를 받을 수 있어요. 학교생활을 충실히 하는 게 가장 중요해요. 수업 시간에 선생님의 말을 귀담아듣고, 필기를 꼼꼼히 하고, 과제를 철저히 준비하는 게 기본이에요. 일반적으로 수업 시간에 발표를 잘 하는 학생에게 태도의 발표력 부문에 점수를 많이 부여해요. 평소에 적극적으로 수업에 참여하는 것이 필요해요.

❷ 결과보다 과정! 과정을 중시하는 평가!

과거에는 결과물만 제출하고 그 과제물로 평가를 하는 수행 평가였다면 최근에는 과정과 결과를 함께 보는 수행 평가를 많이 시행해요. 결과물보다 주어진 특정 과제를 말 그대로 수행해 나가는 그 과정에 맞추어 평가를 해요. 조별로 특정 주제에 관해 발표를 할 경우, 발표 준비 과정에서의 성실성, 적극성, 협동심까지 평가의 대상이에요.

❸ 제출 기한 안에 꼭 제출하자

과목별 선생님께서 알려주는 수행 평가 계획서를 참조하고, 시험 전에 과목별로 어떤 평가가 이루어지는지 파악하는 것이 중요해요. 중요한 것은 제출 기한을 지키는 것이에요. 아무리 좋은 결과물이라고 해도 마감 날짜를 지키지 않는다면 좋은 점수를 받기 어려워요. 여러 과목의 수행 평가를 준비하다 보면 제출 날짜가 비슷한 기간에 몰리기 때문에 과제별로 진행 기간에 대한 계획을 세우는 것이 좋아요.

❹ 배려, 협동심, 소통 능력 등 인성 역량의 중요성

모둠별로 토의토론, 실험실습, 프로젝트 활동에서 모둠 전체를 평가하는 경우도 상당히 많아요. 미래를 이끌어 갈 인재는 타인과의 의사소통 능력, 협력, 배려가 더욱 요구되기 때문에 협력과제가 점점 많아질거에요. 소위 무임승차하는 학생들도 조별로 같은 점수를 받는 경우도 없지 않았지만 요즘에는 동료평가나 자기 평가를 통해 스스로 반성하게 계획하는 수업이 많아져서 모든 모둠원이 함께 해야 평가 결과도 좋아요.

성적표 보기

성적통지표 보기

성적통지표에서 각 과목별로 받은 점수, 반영 비율, 합계, 성취도, 원점수, 과목평균, 표준편차를 확인할 수 있습니다.

성적통지표의 일부

성적통지표

2OOO학년도 O학기말 O학년 O반 OO번 이름 : OOO 담임교사 : OOO

과목 성적

과목	지필/수행	고사/영역명(반영비율)	만점	받은 점수	합계	성취도(수강자 수)	원점수/과목평균(표준편차)
국어	지필	1차 지필고사 (37.5%)	100.00	93.00	89.63	A(259)	90/79.9(12.5)
	지필	2차 지필고사 (37.5%)	100.00	82.00			
	수행	쓰기(13.0%)	13.00	12.00			
	수행	과제물(12.0%)	12.00	12.00			
사회	지필	1학기 중간지필(35.0%)	100.00	90.00	87.30	B(149)	87.3/72.5(12.5)
	지필	2학기 중간고사(35.0%)	100.00	91.00			
	수행	UCC 제작 및 표(15.0%)	15.00	14.00			
	수행	보고서(15.0%)	15.00	12.00			
(생략)	지필	1학기 중간고사(35.0%)	100.00	91.00	(생략)	(생략)	(생략)
	(생략)	(생략)	(생략)	(생략)			

출석 상황

수업일수	결석 질병	결석 무단	결석 기타	지각 질병	지각 무단	지각 기타	조퇴 질병	조퇴 무단	조퇴 기타	결과 질병	결과 무단	결과 기타	특기사항
96	0	0	0	0	0	0	0	0	0	0	0	0	

출처 우리 아이 성적표 읽기

영역명	환산 점수	합계 점수	원점수	성취도
설명	만점에 대한 받은 점수를 반영비율을 곱하여 계산한 점수	환산 점수 합계의 소수 셋째자리에서 반올림한 점수	합계 점수의 소수 첫째자리에서 반올림한 점수	원점수를 등급으로 나타낸 것
1차 지필고사	93/100 x 37.5 = 34.875점	89.625점 ≒ 89.63점	89.63점 ≒ 90점	A
2차 지필고사	82/100 x 37.5 = 30.75점			
쓰기	12/13 x 13 = 12점			
과제물	12/12 x 12 = 12점			
합계	89.625점			

성취도

성취평가제의 성취기준에 따라 받은 점수(원점수)를 등급으로 나타낸 것으로, A-B-C-D-E 5단계로 나눕니다. 성적통지표에 등수가 아닌 성취도로 표시한 이유는, 평가의 목적이 '누가 더 잘했는가?'의 점수 경쟁으로 서열을 정하기 위한 것이 아니라, '학생이 무엇을 어느 정도 성취하였는가?'가 중심이 되게 하기 위해서입니다.

성취율 (원점수)	90%이상	80% 이상 ~ 90% 미만	70% 이상 ~ 80% 미만	60% 이상 ~ 70% 미만	60% 미만
성취도	A	B	C	D	E

평균 점수는 수강한 학생들의 점수의 총합을 수강한 학생 수로 나눈 것입니다. 그런데 표준편차 12.5는 어떤 개념일까요? 표준편차는 평균을 중심으로 받은 점수가 분포되어 있는 정도를 계산하는 지표입니다. 평균 점수에서 표준편차를 더하고, 뺀 점수 사이에 총 수강한 학생 259명 중 60%가 분포한다는 것입니다.

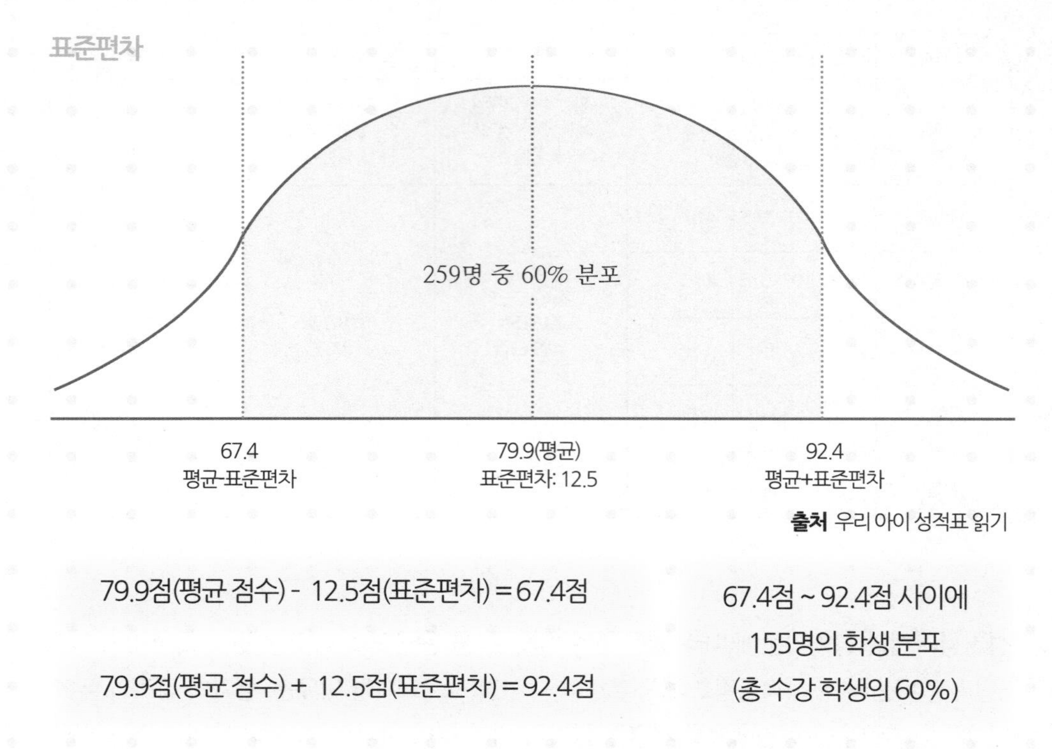

출처 우리 아이 성적표 읽기

79.9점(평균 점수) - 12.5점(표준편차) = 67.4점

79.9점(평균 점수) + 12.5점(표준편차) = 92.4점

67.4점 ~ 92.4점 사이에
155명의 학생 분포
(총 수강 학생의 60%)

원점수와 평균점수가 같을 때, 표준편차에 따른 등수는 어떻게 될까요? 표준편차가 큰 경우에 비하여 표준편차가 작은 경우가 상대적으로 자신이 높은 위치(등수)에 있다는 것을 알 수 있습니다.

표준편차가 작은 경우	구분	표준편차가 큰 경우
평균에 많은 학생들이 몰려 있음	평균 집중도	평균을 기준으로 학생들이 넓게 퍼져 있음
많은 학생이 학업에 대한 열의를 가진 집단	집단 성향	학생들 간의 학업역량 차이가 큰 집단
원점수 80점 과목평균 60점 표준편차 10점 학생수 300명 나의 등수는 6등이며, **상위 2%**입니다.	등수	원점수 80점 과목평균 60점 표준편차 20점 학생수 300명 나의 등수는 45등이며, **상위 16%**입니다.

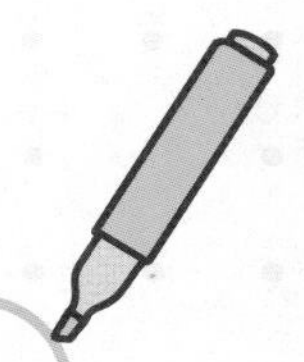

Plus+

온라인에서 성적표 확인하기 – 나이스 학부모서비스

나이스 학부모 서비스에서 교육 관련 행정 정보를 인터넷으로 쉽고 빠르게 확인해보세요. 학부모 서비스는 서비스 신청(자녀 등록) 후 학교에서 승인(담임교사)을 해주어야 자녀 정보 조회가 가능합니다. 학교를 방문하지 않아도 학업성취도(성적, 정·오답 표), 학교생활기록부 등 자녀의 학교생활자료들을 한눈에 파악하고, 담임 선생님과 자유롭게 의견을 주고받을 수 있습니다.

04 메타인지 활용 공부법

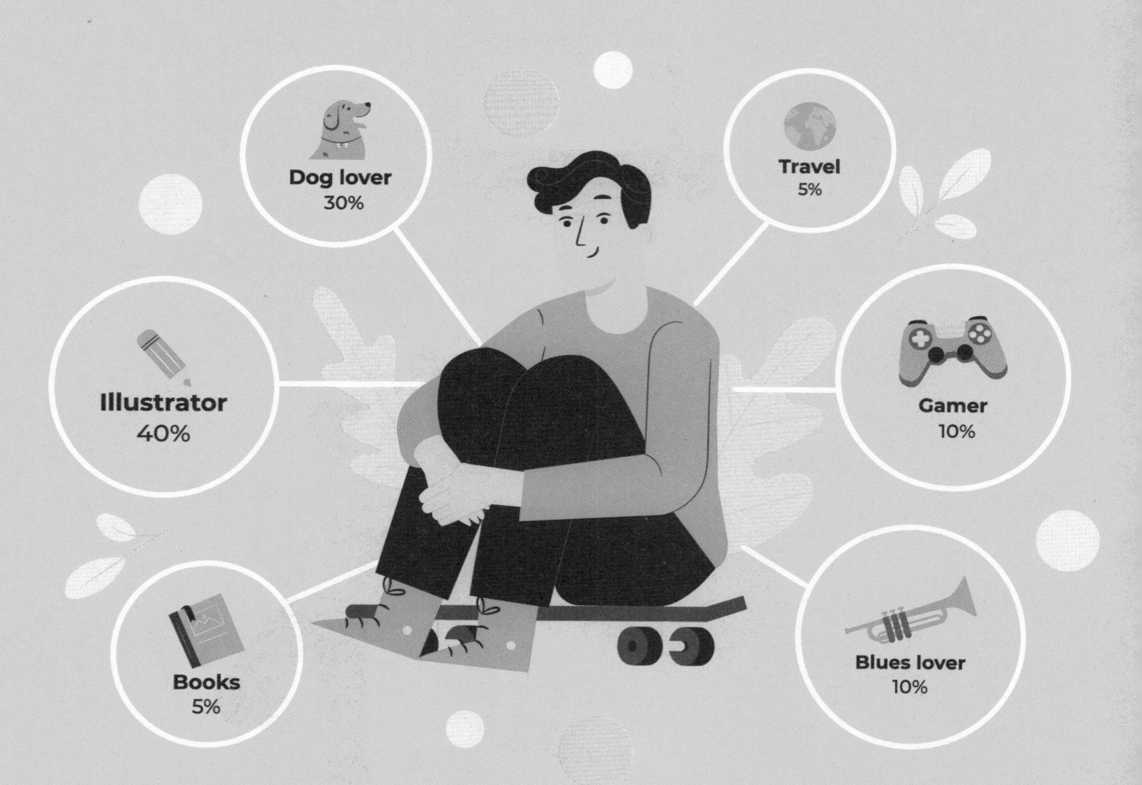

나를 객관적으로 바라볼 수 있는 힘, 메타인지

10분 동안 영어 단어 50개를 주고 암기하는 미션이 당신 앞에 놓여 있습니다. 당신은 10분 동안 몇 개의 단어를 외울 것이라고 생각하나요? A와 B학생 중 메타인지가 더 좋은 학생은 누구일까요?

구분	시험 보기 전	쓴 영어 단어의 개수
A학생	난 30개를 암기할 수 있을 것 같아.	25개 맞음
B학생	난 23개를 암기할 수 있을 것 같아.	23개 맞음

영어 단어의 개수를 더 많이 쓴 A학생이 B학생보다 성적이 좋지요. 그렇지만 B학생이 메타인지는 더 좋습니다. 메타인지라는 것은 자신이 얼마나 할 수 있을지, 일정한 시간 동안 얼마나 공부할 수 있을지, 내가 이해한 내용과 이해하지 못한 내용을 구분하는 것 등을 자신의 현재 상태와 능력을 객관적으로 예측하고 바라보는 능력을 뜻합니다.

메타인지의 예1
자신이 아는 것과 모르는 것 구분하기

오늘 과학 시간에 배운 화학 변화는 이해했는데, 물리 변화 중 용해 현상이 잘 이해가 안 되었어.

메타인지의 예2
자신의 생각과 행동 통제하기

오늘 체육 팀 프로젝트 연습할 때, 체육 선생님이 계신 조회대 근처에서 하자. 그래야지 선생님이 피드백을 잘해주실 것 같아.

메타인지의 예3
학습 환경 통제

나는 밤보다 새벽에 공부가 잘 돼. 일찍 자고 새벽에 알람을 맞추고 일어나야지.

메타인지를 활용하면 학습 효율이 높은 환경에서, 공부해야할 내용을 선택해 적합한 공부 방법으로 공부의 효율을 높일 수 있습니다. 공부하는 방법과 문제해결 방법에서 자신을 잘 알고 있는 학생은 그렇지 않은 학생에 비해 더 높은 학업성취 결과를 보입니다(Kuhn&Dean 2004). 메타인지를 잘 작동시키면 착각과 실수가 줄고 성적 향상에 도움이 되죠.

메타인지 기술 익히기

친숙함 – 실수와 착각

우리는 친숙함의 함정에 빠질 때 실수와 착각을 합니다. 아는데 틀렸다고 말할 때 제대로 알고 있는지 냉철하게 자신을 볼 수 있어야 합니다. 친숙함은 메타인지를 발달시키지 못합니다. 낯설게 보고, 어렵지만 애써서 기억을 꺼내려고 해야 메타인지가 발달됩니다. 이틀 전에 했던 공부를 오늘 복습하려면 그 때 내용을 다시 떠올려야 하겠지요. 또 어렵게 떠올린 내용을 오늘 공부한 것과 연결 지어 재구성해야 합니다. 친숙함을 넘어 불편하고 어려운 공부를 선택해서 장기기억의 양을 늘려갈 수 있는 공부가 기억에 오래 남습니다.

셀프테스트 – 메타인지를 높이는 전략

배운 것을 기억에서 꺼내는 노력이 더 오랫동안 지식을 기억하게 만듭니다.

백지쓰기

공부한 내용을 백지에 옮겨보는 것입니다. 먼저 검정 볼펜으로 생각나는 것을 적습니다. 더 이상 생각나지 않으면 공부한 책을 한 번 빠르게 보고 덮은 후 파란 볼펜으로 보충해서 적습니다. 더 적을 것이 없을 때 다시 공부한 책을 펴서 빠진 부분을 살펴보며 빨간 볼펜으로 채워 넣어 보세요. 이 때 처음 검정 볼펜으로 쓴 내용만이 자신이 확실히 알고 있는 내용입니다. 같은 방법으로 다음 날 다시 복습을 해보세요.

객관식 문제 공부법

객관식 문제를 풀 때 정답 몇 개를 맞았는가보다 문제마다 자신이 아는 것인지 모르는 것인지 확인하며 문제를 해결해보세요. 문제를 모두 풀고 나서 해답지로 채점하기 전에 메타인지 방법으로 자기점검을 해보세요. 이때 연필을 사용해, 확실히 아는 문제는 O, 잘 모르거나 헷갈리는 것, 찍은 것은 X를 합니다. X표를 한 것은 헷갈리거나 제대로 이해하지 못했거나 모르는 내용입니다.

지우개 공부법

학교 시험은 과목 선생님이 출제하시니 수업시간은 내신시험대비에 가장 중요한 시간입니다. 수업시간 중에 교과서에 선생님이 하시는 말씀을 연필로 적어주세요. 사람마다 각자 수업전략으로 사용하는 교과서나 노트에 선생님이 하시는 개념 설명, 강조하시는 부분, 이해를 돕는 예시, 상황에 따라서는 선생님 농담까지 받아 적는 친구도 있습니다. 이렇게 수업에 집중했다면, 저녁에 자신만의 공부시간에 복습을 합니다. 이때 연필로 적었던 부분을 다시 읽어보고 이해한 후 지우개로 지우고 그 자리에 다시 정리하며 적어봅니다. 이해가 안 되는 부분이 있다면 참고자료를 찾아서 보충설명까지 적어 넣어보세요. 이런 과정이 또다른 셀프테스트이며 복습이 되어 오랫동안 기억에 저장하는 방법이 됩니다.

공부에 도움이 되는 기억술

기억술은 서로 연관이 없는 내용을 억지로 연합시켜 만들어내는 기억전략입니다[1]. 기억술은 학습할 지식을 친숙한 정보에 연결시켜 기억하기 좋게 만드는 방법입니다.

머릿글자 암기법 : 조선의 왕들의 계보

태조, 정종, 태종, 세종, 문종, 단종, 세조, 예종, 성종, 연산군, 중종 (이하생략)
-----> 태정태세문단세 예성연중인명선 광인효현숙경영 정순헌철고순

장소기억법 : 익숙한 환경의 특정 장소에 이미지를 연결 시켜 기억하기

① 가장 익숙하고 잘 아는 자신의 방이나 거실, 집에서 학교까지 가는 길 등 눈을 감아도 떠오르는 가장 익숙한 장소를 한 곳 정합니다.
② 암기해야 할 것과 장소를 연결시켜 이미지화합니다.

페그워드법(Peg-word)

기둥이 되는 단어들을 장소 대신 선택하여 암기해야 할 내용을 걸어두듯 연결짓는 방법입니다. 도레미송이 대표적인 예입니다.
예) 도는 맛있는 도너스, 레는 새콤한 레몬 등
기둥이 되는 단어들은 내가 잘 알고 있는 말, 또는 나 자신과 연결하면 더 좋습니다. 이들을 먼저 기억해두어 항상 술술 떠올릴 수 있도록 해두세요.

---

1 Tetty 2006

연속으로 외우기 방법

암기해야 할 내용을 가지고 이야기를 만들어 외워봅니다.

주제	고조선 청동기 시대의 유물
핵심어	민무늬토기, 미송리식 토기, 거친무늬 거울, 반달돌칼, 비파형 동검, 청동방울, 고인돌
이야기	나는 고조선의 족장이므로 오른손에 비파형동검을 왼손에 청동방울 들고 목에는 거울을 메고 고인돌 위에 서있다. 쉬는 시간에 반달돌칼로 수확한 곡식을 민무늬토기에 담고 미송리식 토기에 물을 담아 마셨다.

구조화기법 : 암기해야 할 것을 표나 그래프로 만들어 보세요.

구석기	신석기	청동기	철기
70만년전(빙하기)	기원전 8000년(간빙기)	기원전 2000~1500년 전	5세기 경
• 평등사회, 무리사회 • 사냥, 채집, 어로 → 이동, 막집, 동굴 • 뼈도구, 뗀석기(긁개, 밀개, 찍개, 주먹도끼) • 슴베찌르개(후기 구석기) • 연천 전곡리, 충북 단양, 공주 석장리 • 흥수아이(두루봉 동굴), 검은모루동굴	• 평등, 씨족사회 • 농경시작, 목축의 시작 (신석기 혁명) → 정착생활, 밭농사, 움집 • 간석기(갈판, 갈돌), 가락바퀴, 뼈바늘 • 빗살무늬토기, 조개껍데기 가면 • 원시신앙 - 애니미즘(자연숭배) - 토테미즘(동물숭배) - 샤머니즘(주술) • 서울 암사동, 양양 고산리, 부산 동상동	• 계급의 출현(족장) • 고조선 (청동검, 청동거울, 껴묻거리) • 잉여생산, 사유재산 • 비파형 동검, 거친무늬거울 • 반달돌칼, 벼농사 • 민무늬토기, 미송리식토기 • 고인돌, 돌널무덤 - 북방식 : 강화도 탁자식 - 남방식 : 바둑판식 • 울주반구대 암각화(원시신앙) • 부여 송국리, 여주 흔암리, 울주 검단리	• 연맹왕국 • 세형동검, 잔무늬 거울 • 철제 농기구, 철제무기 • 민무늬 토기, 덧무늬 토기 • 독무덤, 널무덤(토광묘) • 중국과의 교류 • 붓(다호리), 명도전, 반량전, 오수전

공부가 되는 장기기억 저장법

공부는 하루 종일 했는데 막상 내 머릿속은 뒤죽박죽이 되는 경험. 이런 채로 며칠이 지나면 배운 것 같은데 막상 설명하려고 하면 안개 속을 헤매는 것 같습니다.

망각곡선과 복습주기

에빙하우스의 망각 곡선에 따르면 우리의 기억은 1주일 후면 배웠다는 사실만 남게 됩니다. 1~2달쯤 지나 시험을 본다면 이 내용을 배우긴 했었나하고 생각할 수 있습니다. 막상 시험공부를 해야겠다고 마음먹어도 공부할 양이 너무 많아 포기를 하고 싶어집니다. 하지만 그날그날 배운 것을 복습하고 주기적으로 반복학습 한다면 시험기간에 공부할 양이 많이 줄어들겠지요.

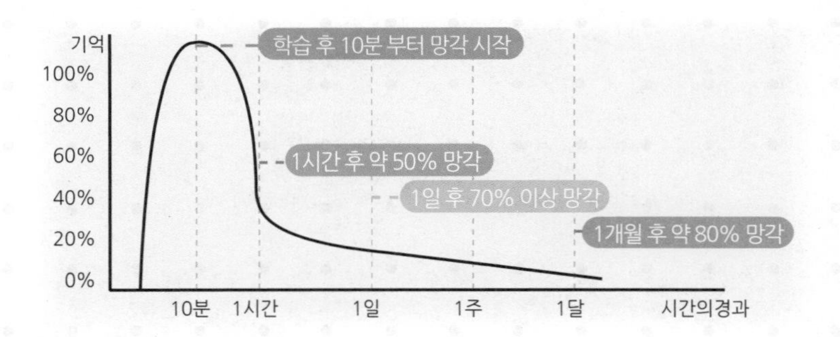

노트 정리 기술

노트 정리를 하는 과정은 두뇌 운동의 과정입니다. 노트를 정리하는 동안 흩어져있던 지식들이 연결되어 뇌의 흐름을 정리하는 것과 같습니다. 전교 1등인 친구의 노트 정리를 빌려본다고 해도 정작 자신이 정리한 노트만큼 도움이 되지 않을 거예요. 노트정리는 자신의 머릿속 흐름을 정리하면서 배운 것을 내 기억으로 만드는 과정이기 때문입니다. 모든 과목의 노트를 만들 필요는 없습니다. 과목마다 담당 선생님이

주시는 학습지를 최대한 활용하는 것이 좋고, 노트에 따로 정리가 필요한 과목은 노트 정리를 하는 것이 좋습니다. 교과서를 활용하시는 선생님의 과목은 교과서에 최대한 정리하고 위에서 말한 지우개 공부법으로 복습하는 것도 좋습니다.

노트의 종류

코넬노트	이등분 노트(반노트)	삼등분노트
핵심어 / 본문(수업내용)	개념or문제 / 풀이or보충	핵심어 / 내용 / 참고
오른쪽에 본문 칸으로 수업의 내용을 적는다. 본문내용 중에 핵심단어를 뽑아내 왼쪽에 적는다. 복습방법 : 수업내용을 가리고 핵심어를 보면서 본문의 내용을 떠올린다.	주로 수학노트, 오답노트로 활용하기도 한다. 왼쪽에 문제를 쓰고 오른쪽에 풀이를 쓴다.	과학, 사회 등 다양하게 필요에 따라 쓸 수 있다. 코넬노트와 비슷하게 정리하며 오른쪽에는 참고가 되는 그래프나 그림을 그리기도 한다.

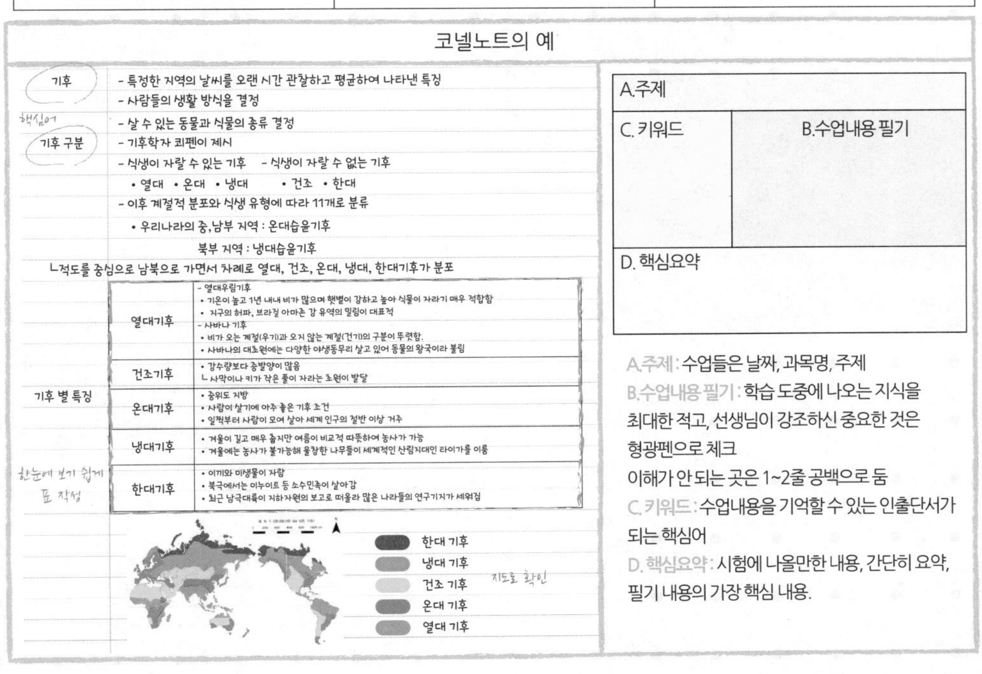

05 과목별 학습법

국어 공부, 어떻게 하면 좋을까?

공부의 뿌리, 책읽는 습관 만들기

Q. 독서, 왜 해야 하죠?

01. 독서를 하면 독해력이 좋아집니다.
물건을 새로 사면 사용 설명서가 같이 옵니다. 어떤 사람은 설명서를 읽고 물건을 사용하지만, 어떤 사람은 내용을 잘 파악하지 못하여 물건을 제대로 사용하지 못한답니다. 독서는 글의 주제와 중심내용을 파악하는 능력을 길러줍니다. 필자의 의도를 추론하며 읽거나 필자의 주장이 타당한지 판단하며 읽는 과정에서 추론적, 비판적 독해 능력을 자연스럽게 높일 수 있습니다.

02 모든 과목 공부의 바탕입니다.
영어 지문을 읽고, 수학 문제의 의도를 파악하고, 사회 시간에 신문 기사를 읽고, 과학 실험 보고서를 작성할 때 등 우리는 모든 과목을 공부할 때 학습 자료를 읽고, 의미와 의도를 파악합니다. 상위권으로 고등학교에 입학한 학생도 국어 실력이 뒷받침되지 않으면 성적을 유지하기 힘듭니다. 반면, 국어능력이 탄탄한 학생은 공부에 집중하면 성적 향상 가능성이 높습니다. 국어는 다른 학습하기 위한 기본적인 수단이 되는 도구 교과의 성격을 갖고 있습니다. 글을 읽고 이해하는 능력은 국어뿐만 아니라, 모든 과목의 기본입니다. 어떤 과목이든 글을 읽고 의도를 파악할 수 있어야 합니다.

03 배경 지식이 쌓이고 어휘력이 향상됩니다.
독서를 하다가 모르는 단어의 뜻을 추측하거나 사전을 찾아보는 과정에서 자연스럽게 어휘력도 향상됩니다.

중학교 3년은 방과 후나 방학 시간을 활용해 독서 습관을 만들기 가장 좋은 시기입니다. 고등학교 선배들이 공통적으로 하는 말이 있습니다. "책 읽을 시간이 없어요" 고등학생이 되어 내신 준비, 수능 준비, 비교과 활동 등에 전념하다 보면, 책을 읽을 시간을 내기 쉽지 않습니다. 하지만 꾸준한 독서는 훌륭한 인격과 교양뿐만 아니라 다른 과목에도 든든한 힘이 되어줄 것입니다.

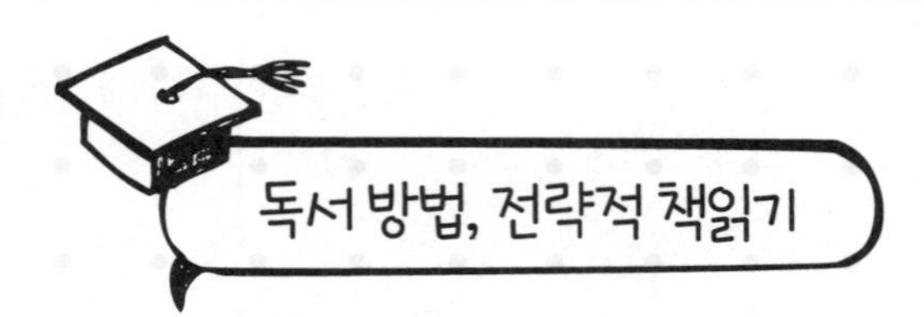

독서 방법, 전략적 책읽기

Q. 어떤 책을 읽어야 하죠?

01 책 읽기가 어렵고 지루하다면?
독서가 어렵다면 쉬운 책, 관심이 가는 책부터 읽어보며 독서의 범위를 넓혀 보세요. 자신의 진로나 관심 분야와 관련된 책을 선택 한다면 독서 능력 향상, 재미, 진로 정보 모두 챙길 수 있습니다. 서점에 가서 베스트셀러 코너를 구경해보고 흥미로워 보이는 책으로 시작해보는 것도 좋습니다. 긴 글을 도저히 읽기 어렵다면? 잡지나 신문처럼 분량이 적은 글부터 시작해보세요. 관심이 가는 기사들을 스크랩해서 나의 생각도 정리해보면 금상첨화!

02 국어 교과서에 등장하는 소설 작품 읽기
교과서에 있는 소설, 몰입해서 한참 읽을 만하면 등장하는 단어가 있죠. 바로 '중략', 또는 '이하 생략'……. 소설의 일부로는 전체적인 내용을 파악하기 어려울 때가 많습니다. 교과서에 등장하는 소설, 전문을 찾아서 읽어 보세요. 독서하는 즐거움을 느끼고, 공부도 하고! 1석 2조의 효과를 얻을 수 있습니다.

우리 학교 교과서뿐만 아니라 다른 출판사의 중학교, 고등학교 국어 교과서에 있는 작품도 찾아서 읽으면 더 좋습니다. 같은 작가의 다른 작품들을 연결해서 읽어 보세요. 예를 들어, 중3 교과서에 수록되어 있는 윤흥길의 '기억 속의 들꽃'이라는 소설의 전문을 읽고, 작가의 다른 소설('장마', '종탑 아래에서' 등)들을 찾아서 읽어 보면 더 좋습니다. 교과서 소설 작품들을 모아둔 책들을 추천할게요.

추천 도서명	출판사	설명
국어 교과서 작품 읽기	창비	ㅇ 중학교 학년별 세트, 고등학교 세트로 구성 ㅇ 교육과정과 교과서를 반영한 필수 소설, 시, 수필 수록
국어 교과서가 사랑한 중학교 소설 읽기	해냄에듀	ㅇ 국어 교과서에 실린 소설과 교과서에 실리지 않은 필독 소설이 수록된 책 ㅇ 문제 풀이와 해설이 수록되어 있음.
고등학교 소설 읽기 시리즈	해냄에듀	ㅇ 2015 개정 교육과정 고등학교 11종 국어 교과서에 실린 소설 주제별 분석 ㅇ 최신 소설 포함
중고생이 꼭 읽어야 할 단편 2종 세트	리베르	ㅇ 중고등학교 교과서와 교육과정 연계 필독 작품 수록 ㅇ 수능· 논술· 내신 공부 가능
교과서 소설 다보기 시리즈	C&A에듀	ㅇ 중·고등학교 국어·문학 교과서에 수록된 작품을 이용한 독서 토론, 논술 활동이 가능한 책 ㅇ 작품을 깊이 있게 이해하고 분석할 수 있음.

독서 편식하지 않기, 비문학 도서 골고루 읽기

점심 메뉴로 좋아하는 고기 반찬만 올라온다면? 처음에는 신나게 먹겠지만, 식사때마다 고기만 먹으면 건강에 문제가 생기는 것을 느낄 것입니다. 독서도 처음에는 입맛에 맞는 책으로 출발했다면 점차 수준을 높여가며, 다양한 분야의 책을 읽고, 균형 잡힌 독서를 하는 것이 좋습니다. 학교별로 제시하는 과목별 권장 도서 목록을 참고하여 과목, 분야별로 균형을 잡아보세요. 예를 들어, 지금까지 문과 계열의 책으로 독서를 했다면, 과학·기술 분야에 대한 책으로, 이과 계열의 책만 읽었다면 인문·사회·예술에 대한 책으로 독서의 균형을 맞추는 것이 좋습니다. 또한, 베스트셀러를 읽었다면 스테디셀러의 독서로 조금씩 전환하는 것이 좋습니다.

중학교 때는 문학과 더불어 다양한 분야의 비문학 도서를 읽고, 고등학교에 올라가서는 진로 분야 독서나 관련 과목 독서를 권합니다. 특히 수능에서는 경제, 철학, 과학, 기술의 고난이도 지문이 출제되므로, 어렵더라도 중학교 때부터 난이도를 조금씩 높여가며 읽는 연습이 필요합니다.

Q. 어떻게 읽어야 하죠?

01 한 번에 2~3권을 동시에 읽는 것도 방법!

유난히 수학 문제가 잘 안 풀리는 날이 있죠? 그럴 때는 과목을 바꿔서 영어 단어를 외우거나 국어 문법을 정리 하는 등 과목을 바꿔 공부하는것도 방법입니다. 마찬가지입니다. 읽던 책이 안 읽히는 날이 있습니다. A라는 책을 읽다가 집중이 되지 않을 때, 다른 분야의 B책을 읽어보며 머리를 식히고 생각을 전환하면 도움이 됩니다. 서로 다른 분야의 A, B, C 책을 동시에 읽으면 지치지 않고 독서 할 수 있습니다.

02 메모하며 읽고 요약하기!

독서 능력 향상의 지름길은 '요약하기'입니다. 어려운 책은 읽으면서 핵심 단어와 중심 문장, 문단의 소주제 등을 찾아가며 메모합니다. 메모는 자신의 말로 바꾸어 기록합니다. 메모를 바탕으로 글의 핵심 내용을 요약해봅시다.

아래는 특목고 권장도서 목록에 있는 〈정의란 무엇인가〉의 목차 중 3강(우리는 우리 자신을 소유하는가?-자유지상주의)을 읽고 메모, 요약한 예시입니다. (중학생에게는 〈10대를 위한 정의란 무엇인가〉를 추천합니다.)

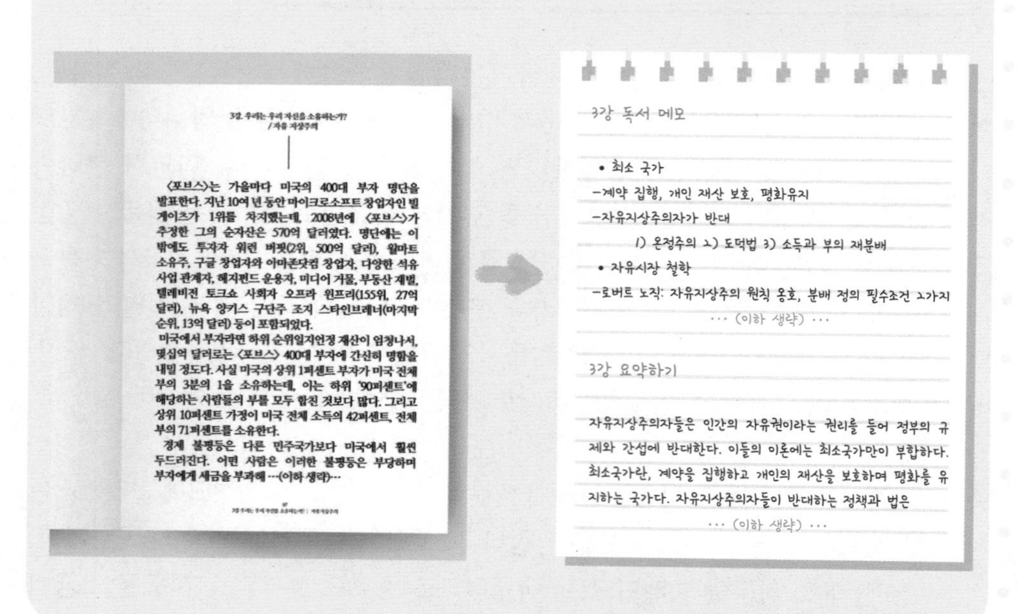

3강. 우리는 우리 자신을 소유하는가?
/자유 지상주의

〈포브스〉는 가을마다 미국의 400대 부자 명단을 발표한다. 지난 10여 년 동안 마이크로소프트 창업자인 빌 게이츠가 1위를 차지했는데, 2008년에 〈포브스〉가 추정한 그의 순자산은 570억 달러였다. 명단에는 이 밖에도 투자자 워런 버핏(2위, 500억 달러), 월마트 소유주, 구글 창업자와 아마존닷컴 창업자, 다양한 석유 사업 관계자, 헤지펀드 운용자, 미디어 거물, 부동산 재벌, 텔레비전 토크쇼 사회자 오프라 윈프리(155위, 27억 달러), 뉴욕 양키스 구단주 조지 스타인브레너(마지막 순위, 13억 달러) 등이 포함되었다.

미국에서 부자라면 하위 순위일지언정 재산이 엄청나서, 몇십억 달러로는 〈포브스〉 400대 부자에 간신히 명함을 내밀 정도다. 사실 미국의 상위 1퍼센트 부자가 미국 전체 부의 3분의 1을 소유하는데, 이는 하위 '90퍼센트'에 해당하는 사람들의 부를 모두 합친 것보다 많다. 그리고 상위 10퍼센트 가정이 미국 전체 소득의 42퍼센트, 전체 부의 71퍼센트를 소유한다.

경제 불평등은 다른 민주국가보다 미국에서 훨씬 두드러진다. 어떤 사람은 이러한 불평등은 부당하며 부자에게 세금을 부과해 …(이하 생략)…

3강 독서 메모

• 최소 국가
-계약 집행, 개인 재산 보호, 평화유지
-자유지상주의자가 반대
1) 온정주의 2) 도덕법 3) 소득과 부의 재분배
• 자유시장 철학
-로버트 노직: 자유지상주의 원칙 옹호, 분배 정의 필수조건 2가지
… (이하 생략) …

3강 요약하기

자유지상주의자들은 인간의 자유권이라는 권리를 들어 정부의 규제와 간섭에 반대한다. 이들의 이론에는 최소국가만이 부합하다. 최소국가란, 계약을 집행하고 개인의 재산을 보호하며 평화를 유지하는 국가다. 자유지상주의자들이 반대하는 정책과 법은
… (이하 생략) …

독서 후 활동은 필수!

책을 다 읽었다면, 독서기록장이나 독서 포트폴리오, 또는 독서교육종합지원시스템 사이트를 활용하여 독서 활동을 기록하세요. 먼저, 읽은 내용을 요약합니다. 문학 작품이라면 갈등 상황, 인물의 삶의 태도 등을, 비문학이라면 글의 핵심 정보나 주제 등이 포함되어야 합니다. 관련있는 자신의 경험이나 사회 문제 및 현상, 자신의 의견 등을 함께 기록합니다.

이 활동은 읽기 능력과 쓰기 능력을 향상시키고, 학교생활기록부를 풍성하게 하며, 고입 전형 시 자기소개서나 면접 등 많은 도움이 됩니다. 또한, 수행평가나 과제 탐구 확장 할 수 있습니다.

독서교육종합지원시스템 200% 활용하기

01 우리학교 도서관 자료 검색하기
02 감상문, 일기, 편지, 독서 퀴즈, 인터뷰 등 다양한 형식의 독후 활동하기
03 독후 활동 내용 공유하기

독서교육종합시스템을 이용한 독후 활동

출처 교육부 블로그

나만의 어휘 노트 제작하기

책을 읽다보면 뜻을 모르는 단어가 있습니다. 문맥을 통해 추측하거나 사전을 찾아볼 수 있습니다. 알게 된 단어는 넘어가지 말고 나만의 단어 사전을 만들어서 예문과 함께 기록해보세요. 공책에 정리 하거나 온라인 국립국어원 표준국어대사전에 접속해서 단어 검색 후 예문을 살펴보고, '단어장에 추가' 기능을 활용해 봅시다.

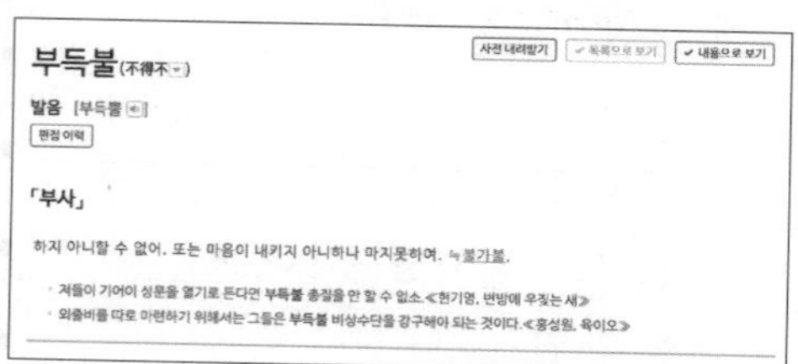

단순히 어렵거나 헷갈리는 단어를 외우는 것은 추천하지 않습니다. 맥락 속에서 어휘를 이해하고 학습해야 완전히 나의 것으로 만들 수 있습니다. 시험에서 내용의 핵심을 파악했더라도, 문제나 선택지에 나오는 단어의 뜻을 몰라 틀리는 경우가 많기 때문입니다.

함께 책읽고 토론하는 즐거움을 느껴보자! 독서·토론 동아리 활용하기

일석 오조의 효과, 독서·토론동아리

독서 능력↑ + 말하기 실력↑ + 사고력↑ + 자기소개서 글감 + 친구들과의 추억

친구들과 같은 책을 읽고 생각 나누기, 주제를 선정한 후 찬성과 반대로 나누어 토론하기, 관심 분야의 책을 읽고 발표하기 등의 활동을 할 수 있습니다. 책을 읽으며 토론하고 싶은 주제를 모아서 리스트를 만들고, 함께 생각을 나눠보세요.

자신의 생각을 정리해서 다른 사람 앞에서 말하는 활동은 말하기 능력이 향상 됩니다. 이러한 경험은 발표, 토론 관련된 수행평가뿐만 아니라 고입, 대입 면접에서도 도움이 됩니다. 독서토론 동아리의 경험은 자기소개서와 생활기록부를 풍부하게 만듭니다. 학교에 독서·토론 동아리가 있다면 가입하는 것을 적극 추천합니다.

국어 선생님이 알려주는 국어 공부 방법

수업 5분 전 예습 수업 성공의 비결!

수업 시작하기 5분 전, 배울 내용을 잠깐이라도 훑어보세요. 국어는 과목 특성상 이번 시간에 배울 본문 글을 미리 읽어 보는 것이 필요합니다. 지난 시간 배웠던 본문이라면 빠르게 다시 읽고 핵심 키워드만 써보는 것도 좋은 방법입니다.

수업 중 선생님의 설명 주의 깊게 듣기

잠깐! 국어 선생님의 일기 몰래보기

2020년 12월 1일

기말고사 2주 전! 시험 문제 출제가 끝났으니 수업 시간에 시험 내용을 정리하며 힌트를 많이 줘야겠다. 그런데 오늘 2교시에 동환이가 졸고 있었다. 밤늦게까지 공부한다더니 요즘 수업시간에 자주 조는 모습이 보인다. 내가 시험에 출제한 중요한 내용들은 한참 강조해서 설명하고, 출제하지 않은 내용은 간단히 언급만 하고 넘어갔는데 동환이 교과서가 깨끗했던 것을 보면 제대로 안 들은 것 같다. 우리 동환이가 이번 국어 시험을 잘 볼 수 있을지 걱정이 된다.

지필고사는 여러분 담당과목 선생님이 직접 출제하는 시험입니다. 수업 시간에 열심히 공부한 친구가 당연히 유리할 수밖에 없겠죠? 선생님 수업에 초집중하고 수업 중에 중요한 내용을 필기하는 습관을 가지세요. 국어 교과서는 본문이 길고 내용도 많습니다. 수업 시간에 집중하면 선생님께서 강조하시는 내용은 시험의 힌트라고 이해하게 되니 학습시간을 줄여 효율을 높여줍니다.

수업시간에 중요하게 다룬 부분은 별표하거나 체크해 두세요. 선생님께서 본문을 분석해주실 때나 판서해주는 핵심 키워드 등의 중요한 내용은 꼭 정리해두세요. 선생님의 말씀 중 교과서나 프린트에 없는 설명이나 예시는 꼭 필기해야 해요. 공간이 부족할 때는 포스트잇 활용하기! 잊지 마세요.

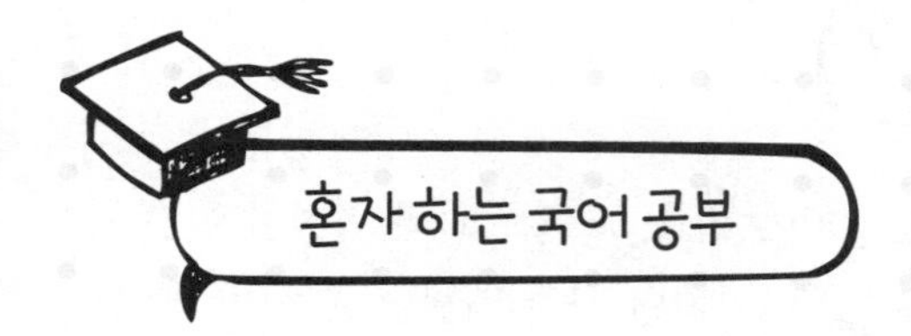

● **공부 순서**

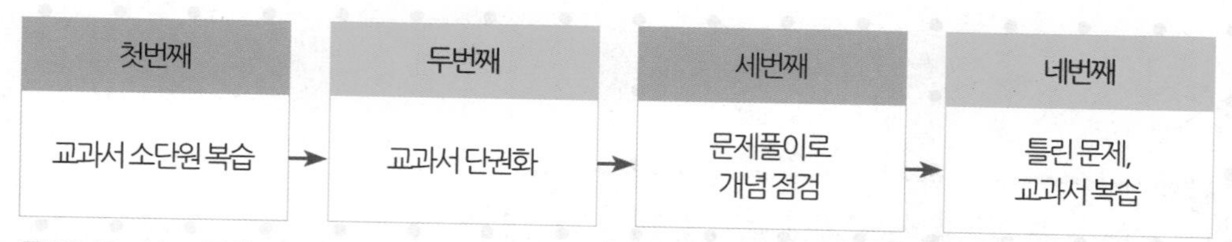

국어 교과는 글을 읽다가 중간에 멈추고 다른 과목으로 넘어가면 작품을 읽던 흐름이 끊어질 수 있기 때문에 소단원 단위로 분량을 잡아서 계획하는 것이 좋습니다. 소단원 1개를 매일 조금씩 공부하는 것이 좋지만, 매일이 어렵다면 적어도 이틀에 한번은 국어를 공부할 수 있도록 계획을 세우세요.

예) 1일차: 소단원 1의 교과서 복습 - 2일차: 소단원 1 단권화 - 3일차: 소단원 1 문제풀이 - 4일차: 소단원 1의 정리한 내용, 틀린 문제 복습 - 5일차: 소단원 2의 교과서 복습 ……

국어 교과서 복습 레시피

단원의 '학습 목표' 파악하기

공부할 단원을 정하였다면 학습 목표의 확인이 공부의 시작입니다. 학습 목표에는 그 단원에서 중요한 핵심 내용과 기능이 포함되어 있기 때문이죠. 교과서의 긴 본문에 집중하다보면, 소단원에서 왜 이것을 배우는지, 뭐가 중요한지를 잊어버리기 쉽습니다. 학습 목표와 관련된 시험 문제는 출제 가능성이 높으므로, 본문에서 어떤 내용을 중점적으로 정리해야 하는지를 알 수 있습니다.

교과서, 학습지 3~4번 반복 읽기

1~2번은 전반적으로 파악합니다. 학습 목표와 관련된 부분을 별표로 표시해두세요. 시험 출제 가능성이 가장 높은 부분이죠. 3~4번째 읽을 때는 상세한 내용(필기)에 집중하여 읽으며 선생님께서 강조했던 부분을 떠올리면서 공부해 보세요.

꼭 풀어봐야 하는 교과서 날개 문제

교과서 본문을 읽다보면 본문 옆에 작은 글씨의 날개 문제가 있습니다. 많은 학생들이 그냥 생략해버리기에 외면 받는 문제들이기도 하죠. 날개 문제는 본문에서 중요한 부분들을 짚어주는 질문이므로 본문 이해에 큰 도움을 줍니다. 여러분이 읽기 중에 길을 잃지 않도록 도와주는 문제들이죠. 귀찮아도 꼭 답을 적어보면서 공부하세요.

학습 활동은 시험 문제와 직결된다!

본문 뒤에 나오는 학습 활동(내용 학습, 목표 학습)은 실제 시험처럼 꼭 완성된 문장으로 답안을 작성해보세요. 내용 학습은 본문의 내용에 대한 이해를 확인하는 활동, 목표 학습은 학습 목표와 직접 연결되는 활동입니다. 학습 목표는 시험 문제로 이어지기 때문에 학습 활동 문항을 풀어보고 답안을 정리하는 과정은 시험공부에 필수입니다.

학습 목표	학습 활동(목표 학습)	실제 시험 문제
갈등의 진행과 해결 과정에 유의하며 작품을 감상할 수 있다. →	2. 수남이가 다른 등장인물들과 겪은 갈등에 대해 알아보자. (2) 다음의 행동을 통해 알 수 있는 수남이의 마음을 적어 보자. →	㉠의 행동에서 알 수 있는 수남이의 심리는?

단권화로 나만의 국어 자습서 만들기

교과서와 노트, 학습지, 자습서, 문제집에 학습 내용이 흩어져있으면 필요한 내용을 빨리 찾기도 어려워 집중이 잘 안 됩니다. 국어는 긴 본문을 학습해야 하는 특성 때문에 요약 노트에 모두 정리하기는 어려운 점이 있죠. 교과서, 노트, 학습지, 자습서, 문제집의 내용을 한 권으로 모아서 정리하는 것이 좋습니다. 교과서, 문제집, 자습서, 학습지 중 본문이 함께 있는 자료를 하나 선택해서 활용하세요. 예를 들어 교과서를 중심으로 정리하기로 하였다면, 여백을 활용해서 중요한 내용, 헷갈리기 쉬운 내용들을 필기해두세요. 자습서에 있는 추가 내용, 문제집에서 틀린 문항의 보기도 적어두세요. 문법 단원은 교과서 예문을 포함해서 어려운 예문들을 꼭 정리해두어야 합니다.

문제풀이로 이해한 내용 점검하기

교과서 복습과 단권화 작업으로 계획한 단원의 개념을 충분히 익힌 후에 1~2권 정도의 문제집으로 개념을 점검해보고, 실전처럼 연습하는 용도로 활용하세요. 문제집은 교과서 해당 출판사의 평가 문제집 또는 서점의 베스트셀러 문제집을 구입하면 좋습니다.

* 국어 문제 풀이 TIP

01 문제를 풀 때마다 지문을 다시 읽으면서 중요한 단어 동그라미하거나 설명에 밑줄 긋기

02 5개의 보기 중 4개는 오답의 근거를 적어보고 제대로 이해하지 못한 내용 점검하기

03 국어 선생님께 적극적으로 질문하기

[01~02] 다음 시를 읽고 물음에 답하시오.

> **청포도**
>
> 이육사
>
> 내 고장 칠월은
> 청포도가 익어 가는 시절
>
> 이 마을 전설이 주저리주저리 열리고
> 먼 데 하늘이 꿈꾸려 알알이 들어와 박혀
>
> 하늘 밑 푸른 바다가 가슴을 열고
> 흰 돛단배가 곱게 밀려서 오면
>
> 내가 바라는 손님은 고달픈 몸으로
> 청포(靑袍)를 입고 찾아온다고 했으니
>
> 내 그를 맞아 이 포도를 따먹으면
> 두 손은 함뿍 적셔도 좋으련
>
> 아이야 우리 식탁엔 은 쟁반에
> 하이얀 모시 수건을 마련해 두렴

1. 이 시에 사용된 주된 심상이 드러난 것은?

① 노란 개나리가 눈을 뜹니다.
② 사월이면 벚꽃의 향기
③ 개구리 개굴개굴 우렁찬 소리
④ 쌀을 깨끗하게 씻어 밥 짓는 냄새 나면
⑤ 이불과 같이 부드러운 고양이의 털에

2. 이 시의 표현상의 특징으로 적절한 것은?

① 자신의 과거를 회상하며 시상을 전개하고 있다.
② 의성어를 사용하여 칠월의 생동감을 드러내고 있다.
③ 화자와 '손님'의 대화를 통해 시상을 전개하고 있다.
④ 시의 처음과 끝에 같은 구절을 반복하여 운율을 형성하고 있다.
⑤ 상징적 소재를 사용해 평화롭고 풍요로운 삶에 대한 소망을 그리고 있다.

key point
※ 중요한 내용 다시 써보기!
1. '청포도'의 의미
2. '손님'의 의미(해석 관점 4가지에 따라): 광복/독립운동을 함께 할 애국지사/기다림의 대상/독자의 경험에 따라 다르게
3. 색채대비

국어 서술형 평가 대비하기

서술형 평가는 교과지식의 암기를 확인하는 것이 아니라, 정답에 도달하는 과정에 중점을 두고 평가를 하기 때문에 자신의 생각을 구성하여 서술해야 합니다.

01 교과서 날개 문제와 학습 활동 답안을 '완성된 문장'으로 정리해보세요.

02 시, 소설 같은 문학 작품은 시어, 중심 소재의 역할과 의미를 한 문장으로 정리해두세요.
예) 김유정 <동백꽃>에서 '감자'의 의미
→ '감자'는 '나'에 대한 점순이의 관심과 호의를 드러내는 소재이다.

03 비문학의 경우 문단별 주제와 글 전체의 주제를 몇 개의 문장으로 정리해두세요.

04 실제 시험에서는 문제의 핵심을 파악하고, 답안에 핵심 키워드를 반드시 포함하세요.

05 문제에 주어진 서술의 형식이 있다면 형식 조건을 지켜야 합니다.

06 맞춤법과 띄어쓰기 등의 문법적인 부분도 채점 기준에 포함되는 경우가 많습니다.

07 글이 잘 써지지 않는다면 주장을 먼저 쓰고, 근거를 나중에 쓰는 두괄식으로 글을 시작해보세요.

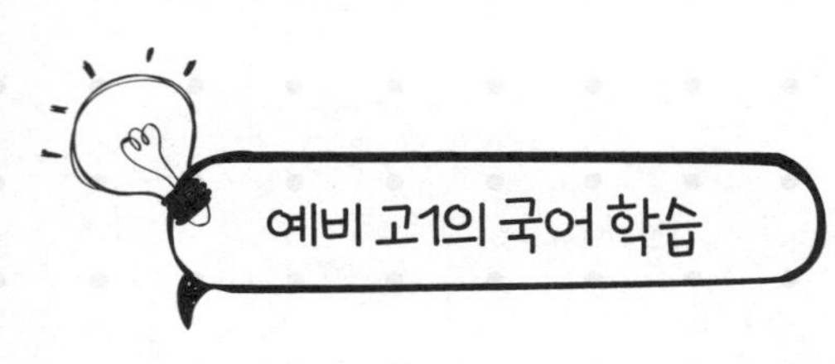

문학 - 교과서 수록 기본 작품 + 문학 개념 공부 병행하기

문학은 현대시, 현대소설, 현대 극/수필, 고전시가, 고전산문으로 나뉩니다. 예비 고1에게는 고전시가와 현대시를 먼저 공부하기를 권합니다. 고등학교 내신이나 모의고사에서는 〈보기〉 지문이나 객관식 ①~⑤번 선택지에서 수업 시간에 배우지 않은, 낯선 문학 작품들이 등장하는 경우가 많습니다. 특히 고전시가나 현대시가 많이 활용됩니다. 선택지나 〈보기〉에 제시된 작품을 해석하지 못하면 문제를 풀기가 어렵습니다.

고전시가는 출제되는 작품이 한정되어 있고, 대부분이 비슷한 주제를 담고 있습니다. 현대시는 비교적 범위가 방대하지만 예비 고1은 교과서에 수록되어 있는 작품이나 문학사적으로 의의가 있는 작품을 접하는 것으로 출발하는 것이 좋습니다.

작품을 아무리 많이 접하더라도 문학 개념과 해석 원리를 모르면 내신, 모의고사에서 문제에 접근하기 어렵습니다. 기본 작품과 함께 상황과 정서, 표현법, 갈래의 특성 등 문학 개념어의 의미와 관계를 이해하고 정리하는 것이 필요합니다.

추천 도서명		출판사
문학 작품	고등 해법문학 세트 (고전시가, 고전산문, 현대시, 현대소설, 수필/극)	천재교육
	모든 것 시리즈 (현대시, 고전시가, 현대산문, 고전산문)	꿈틀
문학 개념서	문학 개념어와 논리적 해석	비상교육
	윤혜정의 나비효과 입문편 (EBSi에서 해당 강의와 함께 학습 추천)	EBS
	자이스토리 수능 국어 개념어 총정리	수경출판사

문법 단권화 노트 만들기

3년 동안 사용할 문법 단권화 노트에 음운 변동, 한글 맞춤법, 문법 요소, 중세 문법 등의 이론을 모두 정리해두세요. 문법은 예문을 통해 원리를 이해하는 것이 중요하므로, 공책의 왼쪽에는 이론을 정리하고, 오른쪽에는 예문을 정리할 여백을 남겨두세요.

추천 문법 개념서(고등 문법 학습/중등 문법 복습)	출판사
떠먹는 국어 문법	쏠티북스
개념 있는 국어 문법	지학사
숨마 주니어 중학 국어 문법 연습1~2	이룸이앤비
EBS 중학 필독 국어 문법	EBS한국교육방송공사
EBS 중학 필독 국어 문법	쏠티북스

문법은 한 번에 핵심 내용을 정리해주는 EBSi 사이트(ebsi.co.kr) 등의 인터넷 강의나 학원의 도움을 받는 것도 좋습니다.

매일 비문학(독서 지문) 공부하기

수능 국어 영역의 고난이도 문제는 대부분 비문학에서 많이 출제됩니다. 경제, 과학, 철학 등 분야에서 어렵고 긴 지문이 출제되고 있습니다. 5~6분 내에 긴 지문을 읽고, 내용을 정확하게 파악하는 연습은 단기간에 완성되는 것이 아닙니다. 다양한 영역의 비문학 지문들을 매일 1~2지문씩 분석하고 공부하세요. 문제를 푸는 것보다는 중심 소재(핵심어)와 중심 문장, 문단별 핵심 주제를 찾고 문단 간의 관계를 파악하는 연습, 주제를 파악하는 연습 등을 통해 지문을 정확하게 읽고 분석하는 것이 우선입니다.

비문학 지문 독해 방법

핵심 내용 파악하기	반복되는 핵심 단어를 중심으로 중심 소재 찾기
	접속어와 지시어의 기능에 주목하며 읽기
	중심 문장과 뒷받침 문장 구분하기
	문단의 주제 파악해서 요약하기
문단 간의 관계 파악하기	중심 문단과 뒷받침 문단 구분하기
	문단 간의 관계(대등/종속) 파악해서 구조도 그려보기
글 전체의 주제 파악하기	주제 파악, 문단 내용, 문단 간 관계 고려해서 요약하기

비문학 독해 연습 추천 교재

추천 도서명	출판사
중학국어 비문학 독해 한권으로 끝내기	쏠티북스
숨마주니어 중학 국어 비문학 독해 연습1~3	이룸이앤비
매일 지문 3개씩 푸는 비문학 독서 기출(예비 매3비)	키출판사
중학 국어 일등급 독해력1~3	꿈틀
메가스터디 비문학 독해연습 1~3	메가스터디
꿈틀 첫 수능 비문학 기본완성	꿈을담는틀
밥 먹듯이 매일매일 비문학 독서	꿈을담는틀
오감도 수능 국어 비문학 독서	좋은책신사고

한문 공부 어떻게 하면 좋을까?

생각보다 쓸모있는 한문공부

학생들에게 현충일이나 광복절의 의미를 물어보면 '노는 날', '태극기 다는 날' 또는 대답을 못 하는 경우가 많습니다. 현충일은 '드러낼 현, 충성 충, 날 일'이라는 한자를 쓰며 국가를 위해서 헌신한 사람의 충성심을 알리고 그 의미를 되새기기 위해서 정한 날입니다. 광복절은 '빛 광, 돌아올 복, 때 절'이라는 한자를 쓰며 '잃어버렸던 빛이 되돌아온 날'이라는 뜻입니다. 잃어버렸던 빛. 곧 빼앗겼던 나라의 주권을 되찾은 날이라는 의미이지요.

한자를 모르니 일상생활에서 자주 사용되는 언어의 뜻을 정확하게 이해하지 못하고 보내는 경우가 많습니다. 어느 과학 선생님이 수업 시간에 학생들에게 가시광선의 특징에 대해서 아는 대로 말해보라고 했습니다. 그러자 어느 학생이 "가시광선은 가시처럼 뾰족하게 생겨서 사람의 몸을 따끔따끔하게 찔러서 아프게 합니다"라고 말을 했답니다. 웃음이 나오는 일화지요.

가시광선은 '~할 수 있을 가, 보다 시, 빛 광, 줄 선'이라는 한자를 사용하며 '눈으로 볼 수 있는 광선'이라는 뜻입니다. 과학 시간에 무슨 한자어냐고 반문할 수 있습니다. 우리말의 대부분이 한자말인데도 한글로만 적혀 있기 때문에 정확한 뜻이나 개념을 이해하지 못하고 넘어갈 수 있습니다.

한문교과는 중학교에서 배울 수도 있고, 배우지 않을 수도 있어요. 한자를 익혀두면 유익한 점이 많으니 아래 설명을 잘 읽어보고 고등학교때보다 공부시간이 많은 중학교때 한자공부를 미리 해 두시기를 바랍니다.

한자를 알아두면 좋은 점

다른 교과목의 성적이 오를 수 있어요.

우리나라 말에는 한자어가 압도적인 양을 차지하고 있습니다. 각 교과서에는 수많은 한자 어휘가 있고, 그 안에 정보가 담겨 있습니다. 한자로 풀어 그 뜻을 잘 이해한다면 성적의 반은 확보한 셈입니다. 몇 개의 교과목으로 예를 들어보겠습니다.

용어	한자어	의미
글은 두괄식(頭括式)이 좋을까?	머리(두) 묶을(괄) 방식(식)	주장을 앞에 쓰는 글쓰기의 형식
원운동에 필요한 힘을 구심력(求心力)이라고 한다.	향하다(구) 안쪽(심) 힘(력)	원운동 시 안쪽으로 작용하는 힘
피고(被告)는 판사에게 증거를 제시해야 한다.	당한(피) 고소(고)	고소를 당한 사람

한자성어 관련 문제를 쉽고 빠르게 풀 수 있어요.

일상생활에 한자성어가 많이 사용되고 있고, 중·고등학교 국어 영역에 한자성어 관련 문제도 자주 등장합니다. 한자성어 공부를 미리 해 두시길 바랍니다.

우리말을 잘하고 개념을 오래 기억할 수 있어요.

한자를 알아야 우리말 뜻을 제대로 알고 표현할 수 있습니다. 한자는 중국에서 왔지만, 한자어는 우리말입니다. 한자를 배우지 않아도 의사소통은 가능하지만, 우리말의 정확한 의미를 파악하거나 깊이 있는 글을 쓰기는 어렵습니다. 한자를 이용해서 어휘의 뜻을 정확히 알고 있으면, 우리말을 더 잘할 수 있으며 정확한 이해를 바탕으로 개념 또한 오래도록 기억할 수 있습니다.

중학교 기초한자 900자 암기하기

한자를 익힐 때에는 단어인 한자어로 만들어 외워보세요. 영어 단어를 학습할 때에도 단어로만 암기하는 것보다 단어가 포함된 문장으로 학습하는 것이 유익하듯이, 한자도 단어나 문장에서 한자를 공부하는 것이 더 효율적입니다. 틈틈이 암기해보세요.

可 (~할 수 있을 가) ⇨ 不可 (아닐 불, ~할 수 있을 가) 할 수 없음
⇨ 可望 (~할 수 있을 가, 희망 망) 이루어질 수 있는 희망

온라인 한자 사전 활용하기

모르는 한자어가 있으면 사전을 이용해 뜻을 정확히 이해하고 익히려는 습관을 들입니다. 한자어를 찾는 데 시간이 걸리더라도 어휘의 정확한 이해는 더 많은 학습 시간과 노력을 줄일 수 있답니다.

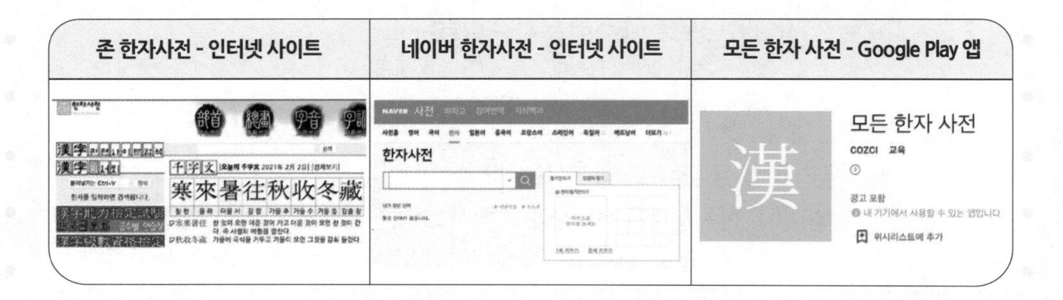

존 한자사전 - 인터넷 사이트	네이버 한자사전 - 인터넷 사이트	모든 한자 사전 - Google Play 앱

시험 기출 성어나 일상생활에서 자주 사용되는 성어 공부하기

'수능 기출 성어'를 찾아 수시로 공부하세요. 국어, 고등학교 모의고사, 대학수학능력시험 성적 향상에 큰 도움이 될 것입니다. 자투리 시간을 활용해서 학습한 성어를 매일, 조금씩 암기하세요. 게임이나 SNS를 하는 시간을 조금만 줄여도 공부 효과는 클 것입니다.

신문 기사를 보며 한자어와 시사용어에 익숙해지기

신문은 새로운 한자 어휘가 가득한 보물창고입니다. 관심 가는 기사를 제목부터 본문 내용까지 찬찬히 읽어 보세요. 어려운 단어에 표시를 해 두고, 사전을 찾아 한자어 풀이를 합니다. 다시 기사를 읽으며 문맥에서 단어의 쓰임을 점검하다 보면 차츰 어휘 수준이 올라갑니다. 아울러 시사에 대한 상식도 풍부해집니다.

한문 고전 읽기

유의종 외 <중학생이 보는 논어>
배병삼 <논어, 사람의 길을 열다>
명로진 <14살에 시작하는 처음 동양고전>
김이수 <고1 책상 위에 동양고전>
김태진 <열 일곱살에 읽는 논어>, <열 일곱살에 읽는 맹자>
황광욱 <청소년을 위한 맹자>
김세중 <죽기 전에 논어를 읽으며 장자를 꿈꾸고 맹자를 배워라>
최진석 <생각하는 힘, 노자인문학>
장자 <청소년을 위한 장자이야기>

자격증 시험 준비하기

한자 공부 동기유발을 위해 한자자격증 시험에 도전해보세요. 자기계발의 시작이자 한자 공부의 재미와 성공의 경험을 통하여 뿌듯함을 느껴보세요.

영어 공부 어떻게 하면 좋을까?

AUGUST

Su	Mo	Tu	We	Th	Fr	Sa
1	2	3	4	5	6	7
8	9	10	11	12	13	14
15	16	17	18	19	20	21
22	23	24	25	26	27	28

10
AUGUST

중학교에 들어간 하은이는 영어 때문에 고민이 많다. 초등학교 영어 시간은 무척 재미있고 신이 나서 기다려지던 시간이었는데, 중학교에 올라오니 이해하기 힘든 문법이 수시로 나와 마치 외계어를 듣는 거 같다.

영어 선생님은 "초등학교 때 이런 거 안 배웠니?" 하고 물어보신다. 영어 공부를 어떻게 해야 할지 막막하기만 하다.

Q. 초등학교 때 영어를 좋아했는데, 중학교에 올라와서 본격적인 문법 학습이 시작되고 외워야 할 어휘가 늘어나니 영어가 어려워요. 어떻게 하면 좋을까요?

초등학교 영어교육의 목표는 영어에 대한 흥미와 호기심을 가지고 일상생활에 필요한 영어를 배우는 것입니다. 그래서 수업을 주로 말하기 듣기 위주의 영어 노래, 챈트, 역할극 등 학생의 흥미를 유발하는 방법을 활용하여 표현 위주의 영어를 배웁니다.

중학교에서는 문법 중심의 영어가 시작됩니다. 수행평가나 학교 시험에서 어법 문제나 문장을 정확하게 써야 하는 서술형 문항이 출제되기 때문에 문법을 잘 이해하고 이를 응용할 수 있어야 합니다. 또한, 교과서에 수록된 텍스트의 수준이 높아지고 양도 늘어나지요. 초등학교 영어 단어를 기준으로 더 많은 필수 어휘를 공부해야 합니다.

초등 영어와 중학 영어는 배우는 형태와 난이도에 차이가 있어 처음에는 낯설고 힘들 수 있습니다. 어려울수록 더욱 자신에게 맞는 영어 공부법을 찾아야 합니다. 일반적인 학생의 수준에서 영어 공부법을 말한다면, 문법 공부 40%, 독해 공부 30%, 듣기 및 어휘 공부 30% 정도가 좋습니다. 영역별로 나뉜 것처럼 보이나 독해를 하면서 어휘도 같이 익힐 수 있습니다. 각 영역은 서로 연결되므로 연결점을 찾아 종합적으로 하는 것이 가장 효과적입니다. 중학 영어는 어려운 문법 용어가 나오면서 비중도 커져 학생 대부분이 어려워하는 것이 현실입니다. 그렇다고 초등학교 때 문법을 안 배우느냐? 그것은 아닙니다. 초등영어에서 기본 문법을 배우나 문법 용어로는 설명하지 않아서 학생들이 낯설게 느낄 뿐입니다.

중학교 문법 공부는 문장 성분, 품사 등 언어 재료와 문장 구성의 기본 개념을 이해하는 것에서부터 시작된다고 이해하면 됩니다. 하지만 문법에만 치우치면 쉽게 영어에 대한 흥미를 잃을지도 모릅니다. 교재나 문제집을 고를 때, 처음부터 문제 풀이보다 독해 중심으로 문법을 잡는 것이 좋습니다. 혹은 문법 개념을 명확하게 정리한 교재로 먼저 공부하고 연습 문제를 풀며 문법 이해도를 높이는 것도 좋습니다.

중학 영어의 특징

초등학교 때는 곧잘 영어를 했지만, 중학교에 올라가서 무엇을 할지 몰라 헤매는 학생이 제법 있습니다. 먼저 중학교 영어의 특징을 살펴보고, 어떻게 공부하면 좋을지 알아봅시다.

첫째, 공부의 양이 늘어납니다.

초등 영어에 비해 외울 단어의 양이 많아지고 난이도는 오릅니다. 초등 단어는 2015교육과정 기준 약 500개, 확장단어까지 800개 정도입니다. 중학교에 올라오면 약 1800개 정도로 늘어납니다. 한 학년에서 공부해야 하는 양이 많이 늘어나죠. 하지만 중학교 1학년은 대부분 자유학년제로 다른 학년에 비해 시간적인 여유가 있습니다. 학교 시험이 없어서 자칫 공부를 소홀히 하기 쉽지만, 이 시기에 기본 영어 학습을 잘 잡아놓는 것이 좋습니다.

둘째, 중학 영어 공부의 핵심은 기초 문법과 단어 암기입니다.

중학의 기초 문법은 고등 영어와 수능 영어의 기본이 됩니다. 문법을 이해하기 어렵고 잘 모른다면 체계적으로 공부를 해야 합니다. 무엇이든 나에게 익숙해지면 쉬워지는 법입니다. 영어 공부의 기본은 꾸준함이 생명입니다. 영어 교과서를 가지고 공부해 보세요. 교과서에 나온 기본 단어를 알고 본문을 잘 외우기만 해도 영어에서 자신감이 쑥 오르게 됩니다.

초등 수준의 기초 단어와 꼭 알아야 하는 중학 필수 단어를 꾸준히 암기해야 듣기평가도 잘할 수 있습니다. 앞서 영어 단어가 약 1,800개라고 했는데요. 여기에 각 본문에 있는 문장과 문법까지 합쳐지면 훨씬 늘어납니다. 영어 단어를 꾸준히 외워야 중학교 수준의 영작, 독해, 듣기, 말하기에 대비할 수 있습니다. 영어 단어를 외울 때의 포인트는 정확한 발음과 뜻, 스펠링을 함께 외워야 하는 것입니다.

영어 단어를 외우고 중요 낱말이나 구문을 나만의 노트에 메모해 두면 좋습니다. 영어에 관한 어느 책을 봐도 단어장이나 메모 노트를 만들라는 팁은 늘 등장합니다.

그만큼 효과가 있기 때문입니다. 단어를 한번 외우면 안 잊어버릴 것 같죠? 절대 그렇지 않답니다. 그래서 노트가 필요합니다. 손글씨로 정리해 쓰는 것도 좋고, 요즘은 단어장만 관리하는 앱도 있으니 본인이 사용하기에 좋은 것을 골라 단어를 쭉 정리해 보세요.

단어를 알고 문장을 이해하는 것도 중요하지만, 듣기에도 신경을 써야 합니다. 영어를 가르치는 저자가 요즘 실감하는 이상한 점은 학생들이 실제 듣기에 약하다는 것입니다. 어려서부터 접한 기계식으로 잘 녹음된 원어민 발음에만 익숙하다 보니 다양한 억양과 사람마다 조금씩 다른 톤을 대하는 실제 대화에서 이해력이나 듣기 능력이 현저히 떨어지는 것을 자주 목격하게 됩니다. 팟캐스트나 유튜브를 영어로 구독해 보세요. 공부보다는 본인이 재미있어하는 주제로 채널을 찾아 듣는 거예요. 처음에는 원어민 발음이 생소할 수 있습니다. 자꾸 들으면 곧 쉬워질 거예요. 또 이를 통해 새로운 낱말이나 자주 반복되는 어휘를 많이 자연스럽게 학습할 수 있을 것입니다.

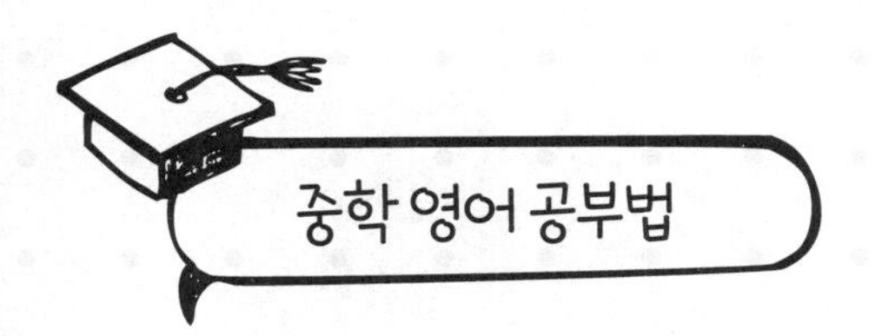

중학 영어 공부법

첫째, 예습을 합니다.

새로 배울 단원의 단어를 찾아서 미리 암기합니다. 앞으로 배울 내용의 본문도 한번 읽어 봅니다.

둘째, 복습을 합니다.

학교에서 오늘 배운 본문을 여러 번 읽고 씁니다. 이때 본문을 통째로 외우면 좋습니다. 시험문제는 대부분 학교에서 배운 교과서에서 출제되기 때문입니다.

셋째, 배운 부분에서 문법을 찾아서 다시 공부합니다.

영어가 어렵다고 느끼는 가장 큰 이유가 바로 문법 때문일 것입니다. 문법이 약한 친구들은 문법책을 방학을 이용해 미리 공부해 두면 좋습니다. 아무래도 학기 중에는 많은 과목을 공부해야 하고, 숙제나 수행평가 준비 등으로 시간이 부족하기 때문입니다. 만약 방학 동안 하지 못했다면, 수업시간에는 꼭 선생님의 설명을 잘 듣고 필기를 꼼꼼하게 하고 나중에 복습하면 됩니다. 수업에만 집중해도 문법을 정확히 이해할 수 있습니다.

넷째, 실전을 위해 기출 문제를 풀어봐야 합니다.

여러분 학교의 기출 문제지를 찾아 풀어보세요. 우리 학교에서 시험문제가 어떻게 출제되는지 예측이 가능합니다. 특히 어려운 문법 문제를 예상할 수 있으니 자주 사용해 보세요.

다섯째, 수업 시간에 집중하는 것이 가장 중요합니다.

수업에 집중해서 들으면 선생님이 강조하시는 포인트를 알 수 있습니다. 선생님은 분명히 중요한 것과 상대적으로 덜 중요한 것을 알려 주십니다. 이런 것을 잘 메모해 두면 시험에 큰 도움이 된답니다.

중학교 3학년 영어공부법

중학교 영어는 고등 영어의 기반을 다지는 과정으로 봐야 합니다. 내신 성적 올리기에 몰두하는 것은 바람직하지 않습니다. 중학교에서 수월하게 영어 A를 받았던 학생이 고등학교에 들어가서 영어 시험을 보고, 생각보다 훨씬 어려운 난이도에 당황하는 경우가 많습니다. 중학교 3학년 영어 교과서는 고등학교 영어 교과서의 지문과 구조적으로 연결되어 있다고 생각하며 이해하세요. 중학교 3학년 기말고사가 끝나면 고등학교 1학년의 수능 모의평가 문제를 풀어보면서 감각을 익혀보는 것도 필요합니다.

영어 과목은 특성상 단기간에 성적을 올리기 어려운 과목입니다. 고등학교 영어는 교과서에 나오는 예문뿐만 아니라 수능 스타일의 모의고사 문제도 내신에서 자주 출제됩니다. 중학교처럼 교과서와 프린트물 위주로 암기하며 공부하면 성적이 잘 나오지 않을 수 있어요. 또한, 지문도 교과서나 모의고사 본문 그대로가 아닌, 바뀐 문장이나 단어로 출제됩니다. 중학교 때 하던 방식으로 교과서를 통째로 외우는 공부는 효과가 떨어집니다.

혹시나 고등학교 영어를 위해 토플이나 텝스와 같은 공인어학인증 시험을 준비해서 본다면 도움이 될까요? 물론 이런 시험을 준비하면서 영어 실력을 올릴 수 있습니다. 고등학교 영어는내신과 수능에서 좋은 점수를 받아야 해서 공부 방향이 조금 다릅니다. 오히려 대학 입시를 치러야 하는 학생에게 멀리 돌아가는 일이 될 수 있습니다. 공인어학 인증 시험의 출제 유형이 수능보다 단순하거나 지나치게 어렵거나 하는 경우가 많기 때문입니다. 특히 토플은 전문용어가 지나치게 많이 나와서 고등학교 영어 대비로는 적합하지 않습니다. 이런 시험을 준비하려면 많은 학습량이 필요한 만큼 시간을 허비하는 일이 될 수 있습니다.

중학교 3학년에서 미리 고등학교 영어 대비를 하는 것이 좋습니다. 고등학교 영어 수행평가나 영어 주관식 문제는 대부분 영작으로 나옵니다. 중학교부터 정확한 기초 문법을 익히고 이를 중심으로 문장 쓰기와 영작 연습을 꾸준히 해보세요. 영어 내신은 수능 시험에 대비하는 면도 있어서 수능에 나왔던 문제들을 미리 살펴보고 어떤 유형으로 문제가 출제되는지 파악하면 준비가 더 쉽습니다. 앞서 말했다시피 고등학교에서는 학교 시험에도 수능/모의고사 형식의 문제가 많이 출제되기 때문입니다.

앞으로의 입시는 독서도 중요해지고 있습니다. 학생이 희망하는 계열이나 전공 관련 원서를 읽는 것은 영어 실력 향상뿐만 아니라, 대입 학생부종합전형의 계열적합성과 전공적합성에 좋은 평가를 받을 수 있는 일석이조의 효과가 되기도 합니다. 꼭 어학 분야의 전공이 아니더라도 영어 실력이 요구되는 전공에 따라 그 분야의 원서를 읽어 독서기록을 남기면 좋은 인상을 주지요.

영어 관련 동아리 활동에서 리더의 역할을 하는 등 적극적인 활동을 한 기록이 있다면 관련 학과 입시에 도움이 됩니다. 학생의 꿈을 펼칠 대학에 입학하기 위해

고등학교에서 수준 높은 원서를 읽을 수 있는 독해능력과 다양한 어휘력을 보이려면, 중학교 시절에 그 기본기를 다져야 합니다.

추천 원서

[The Giver], Lois Lowry 지음
SF 4부작 소설(기억전달자, 파랑 채집가, 메신저, 태양의 아들)중 첫 번째 이야기, 뉴베리상 수상작.

[When You Reach Me], Rebecca Stead 지음
불가사의한 수수께끼와 맞닥뜨린 평범한 소녀 미란다가 그 수수께끼를 풀어가며 인생과 우정을 배우고 성장해 나가는 과정을 유쾌하고 따뜻하게 그리고 있다. 2010 뉴베리 수상작.

[Harry Potter], J. K. Rowling 지음
1997년부터 2007년까지 연재된 영국의 작가 J.K. 롤링의 판타지 소설 시리즈다. 이모네 집 계단 밑 벽장에서 생활하던 11살 소년 해리 포터가 호그와트 마법학교에 가면서 겪게 되는 이야기이다.

[The Last Lecture], Randy Pausch 지음
마흔여섯에 췌장암으로 시한부 선고를 받았지만 매일 매일을 유쾌하고 열정적으로 살았던 그는 우리에게 삶이 얼마나 위대하고 소중한 것인지 깨닫게 해 주었다.

[Life of Pi], Yann Martel 지음
파이 이야기(Life of Pi)는 얀 마텔이 2001년에 발표한 소설이다. 2012년 원제와 같이 《라이프 오브 파이》라는 제목으로 영화화되었다. 2002년 맨부커상 수상작.

※ 추천도서는 미국 도서관 협회(American Library Association) Top Ten Best Books 목록과 뉴베리 수상작 등에서 중학생들이 즐겨 읽을 만한 도서 목록으로 발췌

출처 내일엘엠씨

중학교 영어 추천 교재

구분	교재
어휘	3초 보카VOCA 중학 경선식 영단어 다락원 절대어휘 1 중등 내신 기본 900 다락원 절대어휘 2 중등 내신 필수 900 뜯어먹는 중학 기본 영단어 1200 뜯어먹는 중학 영단어 1800 어휘끝 중학 마스터 어휘끝 중학 필수 우선순위 영단어 워드마스터 중등 고난도 워드마스터 중등 실력 워드마스터 중등기초 주니어 능률 보카 기본 주니어 능률 보카 숙어 주니어 능률 보카 실력 중학영단어 총정리 한 권으로 끝내기
독해	Reader's bank 내공 중학 영어 독해 능률 리딩인사이드 쎄듀 Reading Relay 주니어 리딩튜터1,2,3,4 천일문 기본 베이직 천일문 입문
문법	1316 문법 EBS MY GRAMMAR COACH EBS 기초 영문법 Grammar inside 그래머 와이즈 1, 2, 3 그래머 인사이드 1, 2, 3 내공 중학영문법 1, 2, 3 넥서스 This is grammar 초급 1, 2 능률 중학 영어 문제로 마스터하는 중학 영문법 자이스토리 영문법 총정리 1, 2, 3 중학영문법 3800제 1, 2, 3 중학영문법 3800제 스타터 천일문 그래머 1, 2, 3 그래머 브릿지 1, 2, 3
서술형	거침없이 writing 1, 2, 3 내공 중학영작문 1, 2, 3 문법이 쓰기다 제대로 영작문 1, 2, 3, 4, 5 중학영어 쓰작 1, 2, 3
듣기	EBS 중학 영어 듣기능력평가 완벽대비 내공 중학영어 듣기 능률 중학 영어 듣기 모의고사 능률 중학 영어 듣기 모의고사 마더텅 100% 실전 대비 MP3 중학 영어 듣기 쎄듀 빠르게 중학영어 듣기 모의고사

Learn English

도움 송지원 선생님

영어공부법을 알아보았는데요. 이제 나만의 영어 공부를 어떻게 할지 계획을 세워 볼까요? 다음 질문에 해당하는 것을 글로 적거나 그림으로 한눈에 파악이 가능하도록 비주얼씽킹으로 나타내어 봅시다.

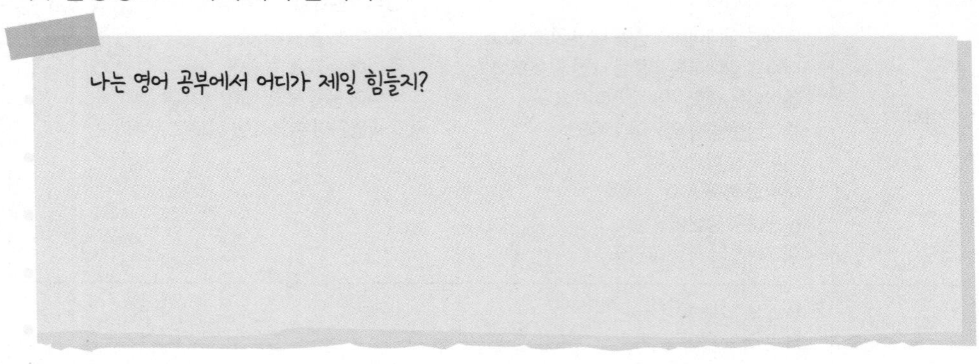

앞에 나온 방법 중 어떤 영어공부법을 나에게 적용해 볼까?

앞에서 나온 영어 공부 방법 중 내가 실천할 수 있는 들을 SMART 항목에 맞춰서 정리해봅시다.

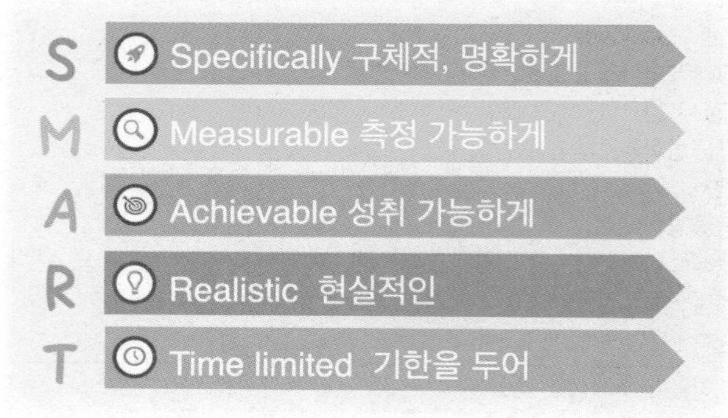

구분		내용
S	구체적인	
M	측정가능한	
A	성취가능한	
R	현실적인	
T	기한을 두어	

수학 공부 어떻게 하면 좋을까?

중학교 수학 이야기

우리 생활과 뗄 수 없는 중요한 학문. 수학! 기본 개념과 원리 위주로 쉽고 재미있게 초등학교에서 수학을 공부했는데, 중학교에 올라오면서 너무 어렵다구요? 중학교 수학은 초등학교와 다른 방식으로 학습을 시작하게 됩니다. 개념과 원리들 간의 관계를 파악해야 하고, 문제풀이 위주의 내용이 많아지기 시작합니다. 수학 개념 이해의 폭이 넓어지고 내용의 깊이가 필요하지만 학생들은 준비가 충분하지 못한 경우가 많습니다. 다행히 자유학기를 시작하며 성적에 대한 스트레스는 잠시 줄어들 수 있지만, 수업시간에 배우는 내용은 학생들에게 익숙하지 않습니다. 수학 학습은 어떤 전략으로 접근해야 할지 방법을 알아볼까요?

수학을 잘하면 이런 점이 좋아요

01 어떤 현상을 체계적이고 분석적으로 이해할 수 있어요.

02 대학 진학 시 선택할 수 있는 학과가 많아요. 자연과학, 공학, 의학뿐만 아니라 경제 · 경영학을 포함한 사회과학, 인문학, 예술 및 체육 분야를 학습하는 데 기초가 됩니다.

03 미래 사회에 활용되는 분야가 많아 선택할 수 있는 직업이 많아져요. 빅데이터, 지능형 로봇, 우주개발, 추천 알고리즘, 교통, 위치 등 수학이 기반이 됩니다.

추천 수학 문제집

나의 목표	개념부터 꼼꼼히	유형별 연습교재	응용, 내신준비	경시대회
기초 탄탄 아직 늦지 않았어	기초탄탄 라이트 수력충전 더블클릭	개념 플러스 유형	디딤돌 중학연산	
응용력 UP 조금만 노력하면 돼	개념원리 중학수학	RPM 쎈수학 유형아작	일품 중등수학 우공비Q	
수학 정복 상위권 유지하기		에이급 수학 최상위 수학 하이레벨 블랙라벨	최고수준 해법수학	올림피아드 라인업 대수/기하

수학 공부를 새롭게 시작하려는 학생들에게

자신감을 향상시키자

학생들은 수학을 두려워합니다. 자신감이 부족하죠. 교과서에 제시된 용어조차 낯설고 어렵게 느끼기 시작합니다. 자신감을 얻기 위해 가장 먼저 교과서를 이해하기 위한 독해 능력을 갖추어야 하고, 집중해서 몰입할 수 있는 흥미와 인내심이 필요합니다. 자유학기 활동에서 구조물 만들기, 4D 프레임, 사고력 수학 등 수학 관련 활동을 선택하여 수학의 즐거움을 느껴보세요. 대회가 있는 경우 수상도 가능하니 이 부분 잘 알아보세요.

기초가 부족한 학생은 쉬운 내용부터 스스로 해결해보면서 성취감을 경험해보세요! 익숙함이 안정된 학습 습관으로 이어지며, 수학에 대한 즐거움을 경험하는 것이 자신감을 향상시킬 수 있는 방법입니다. 이 단계의 학생은 선행보다는 예습과 복습에 초점을 맞추어 공부하세요.

수학 선생님과 친해지는 것이 좋다

선생님마다 수학 수업의 도입이나 수업의 방식, 속도, 설명하는 방법이 모두 다릅니다. 발표에도 적극적으로 참여하고, 모둠 활동에도 적극적인 태도를 보인다면 선생님께 좋은 인상을 심어줄 수 있습니다. 질문이나 발표를 했을 때, 학습에 더 집중할 수 있는 효과도 있습니다. 잘 모르는 문제가 있다면 선생님께 적극적으로 질문해보세요. 수업시간 중이나 쉬는 시간, 혹은 다음 수업시간에 해당 내용을 알려주실 수 있고, 그 과정에서 선생님과 친분을 쌓을 수도 있습니다. 수학 반장이나 모둠장을 지원해서 자기주도적인 학습 경험과 자신감을 얻어 보세요.

학습 계획을 세우자

계획이 없는 학습법은 목표 없이 걸어가는 것과 같습니다. 수학은 위계성이 높은 과목이기 때문에, 예습과 복습이 꼭 필요하다고 말할 수 있습니다. 월별 계획을 먼저 세우고, 다시 주간 계획을 세워보세요. 그리고 하루 계획을 시간별로 매일 점검하는 것이 필요합니다.

전략적 수학 학습법

01 하루에 1시간은 수학 공부할 **시간**을 확보해주세요. 예습 - 학교 수업 - 복습의 과정이 중요합니다.

02 교과서나 개념 정리가 잘 된 문제집으로 수학 공부의 흐름을 파악하여 월간 **계획**을 세워보세요.

03 기계적인 문제풀이는 피하셔야 합니다. 문제집은 보통 기본개념 설명 - 기본개념 문제 - 개념적용 문제 - 심화 문제로 구성되어 있습니다. 그 순서를 유형별로 ABCABCABC와 같이 여러번 **반복**해서 풀어보세요.

04 문제 풀이가 맞았다고 해서 제대로 아는 것은 아닙니다. 문제 풀이 후 답지를 보며 빠진 부분이나 제대로 이해하지 못한 부분을 오답 노트 또는 포스트잇에 **정리**해보세요.

05 수학은 스스로 점검하고 생각하는 시간이 절대적으로 필요합니다. 그러므로 수학 공부를 할 때 무리하게 인터넷 강의를 수강한다던가 학원 강의에 의존하면 독이 됩니다. 학교에서 배운 교과서, 학습지, 개념서를 바탕으로 **학습하는 즐거움을 경험**하는 것이 먼저입니다. 학습 중에 어려운 부분을 선택하여 수강하는 것을 권장합니다.

06 문제풀이할 때, 문제를 정확히 읽고 **수학기호의 뜻을 이해하고 사용**하는 연습이 필요해요. 눈으로만 읽으면 효과가 적기 때문에, 머리로 생각하고 손으로 적으며 표현할 수 있어야 합니다. 중요한 부분도 표시하며 **주어진 것과 구하는 것 사이에 연결**되어 있는 것을 여러 번 읽고 생각한 후에 정답을 찾고 다른 방법이 있는지 점검해주세요.

07 오답노트를 만드는 것도 좋지만 시간이 너무 많이 걸린다면, **틀린문제**는 꼭 별표를 치고 계획표를 작성해서 다시 풀어보아야 합니다. 관련된 개념을 교과서나 참고서에서 확인하고, 틀린 문제는 비슷한 유형의 문제를 찾아서 풀어볼 필요가 있습니다. 가장 중요한 포인트는 **반복**을 통한 기억력과 응용력 향상입니다.

개념이해 테스트

내용	체크
1. 개념학습을 위한 문제풀이를 하기보다 개념 부분만 공부한다.	
2. 공부할 때, 개념서의 앞단원만 반복한다.	
3. 학습한 수학개념을 다른 파트와 연결시키는 데 어려움이 있다.	
4. 문제를 풀 때, 어떤 개념이나 원리를 이용해야 할지 떠오르지 않는다.	
5. 문제를 보았을 때, 어떤 단원의 내용이 출제된 것인지 파악할 수 없다.	
6. 정답이 맞은 경우 문제를 다시 고민하지 않고, 틀린 문제는 해설만 확인하고 넘어간다.	
7. 학습한 내용을 친구들에게 설명할 수 없다.	
8. 개념학습을 하지만 성적이 향상되지 않는다.	
9. 선생님이 설명할 때 개념이 이해되지만, 직접 풀 때는 아이디어가 떠오르지 않는다.	
10. 해설을 보아도 문제풀이가 이해되지 않는다.	

수학은 위계성이 있는 과목이기 때문에, 수학을 배울 때에는 자신이 잘 알고 있는 내용과 모르고 있는 내용을 구분할 수 있어야 합니다. 특히, 필수개념과 학년, 단원별로 배우는 순서를 알고 있어야 합니다. 개념이해 테스트에서 체크된 항목의 개수는 수학 학습에 어려움을 겪는 정도와 비례합니다. 4개 이하라면 수학 학습에 대한 좋은 습관이 이미 갖춰진 학생이라 할 수 있습니다. 5~7개라면 자신이 생각할 때, 가장 먼저 고쳐야 할 습관이 무엇인지 생각할 필요가 있습니다. 한번에 하나씩 바꾸어보세요. 8개 이상이라면, 가장 기본적인 학습환경을 만들어야 합니다. 수학 학습에서 즐거운 경험이 필요하고, 성취감을 경험할 수 있는 쉬운 문제부터 도전하세요. 가장 중요한 것은 수학 학습 시간을 늘려가는 것입니다.

수학 공부에 어느 정도 익숙해진 학생들에게

수행평가에 충실하자

선생님마다 수행평가가 다를 수 있습니다. 정의적 영역(학습에 대한 즐거움)을 측정하거나, 다양한 활동에 대한 결과물이 필요한 경우가 많습니다. 프로젝트 기반학습, 모둠수업, 컴퓨터를 활용한 학습 등에 대비하는 것도 좋습니다. 중학교 수행평가 방법에 익숙해지고, 중학교에 입학 후 배워온 내용을 수시로 점검하며, 수학에 대한 메타인지 학습법을 아는 것이 가장 필요합니다. 학습하는 동안 자신의 성취도를 점검하고, 목표 달성에 필요한 과정을 조정하는 것이 바로 메타인지 학습법입니다.

프로젝트	통계포스터 만들기, 수학 과제탐구, 수학 포스터, 수학 문자디자인, 수학 UCC 제작, 멘토 - 멘티 수학학습 팀프로젝트, 수학 웹툰 만들기
토의 토론	수학 귀납적 추론 토론하기, 수학 문제해결 발표, 수학 도서 읽기
폴리스틱 입체도형 구조물 만들기	카프라 창의구조물 만들기, 4D 프레임 구조물 만들기, 스틱밤 도미노, 수학 도미노 만들기
글쓰기 및 학습 관리	수학 일기, 노트 정리, 오답 노트
스마트 도구 활용	지오지브라 그래프 그리기, 스프레드시트 활용하여 그래프 그리기

수업시간에 집중도를 높이자

선행학습을 하고는 모든 개념을 다 안다고 생각하여 자만하거나, 수업시간을 허비하는 학생들이 많습니다. 선생님마다 중요하게 생각하는 평가방식이 다를 수도 있고, 교과서에 포함되지 않은 내용을 설명하거나 생략하는 경우도 있습니다. 이런 부분을 메모하고, 추가적으로 필요한 내용이 있는 경우에 반드시 복습으로 이어져야 합니다. 수준에 맞는 문제집을 선택하여 활용하길 바랍니다.

반복학습으로 익숙해지자

반복학습을 하면 오래 기억되고 학습의 속도가 빨라집니다. 예전에 배웠던 내용을 다시 학습하면, 새로 배운 내용과 연결되어 기억력을 담당하는 뇌에서 연결망이 촘촘해지고 오랫동안 저장될 가능성이 높아집니다. 모르는 문제는 꼭 문제집에 표시하고 1주일 뒤에 풀어보고, 한 달 뒤에 다시 한 번 풀어보세요.

학습 방법을 점검하자

학습방법은 다양합니다. 한 번씩 시도하며 자신에게 적합한 방법을 찾아보세요. 예컨대 친구들과 함께 공부하는 것이 적합한 학생이 있고, 혼자 학습하는 것이 적합한 학생이 있습니다. 중얼거리며 학습하는 것, 문제풀이를 먼저 도전하는 것, 핵심개념을 먼저 익히고 적용하는 것 등 다양한 학습 방법을 시도해보며 자신에게 적합한 학습법을 찾는 것을 추천합니다.

상위권을 유지하고 싶은 학생들에게

1년간 공부한 페이스를 점검해보자

공부가 잘되는 때가 있고, 잘 안 되는 때가 있습니다. 학습의 속도도 학생들마다 다릅니다. 슬럼프가 올 때도 있으며 성적이 오르락내리락 하는 경우도 있습니다. 나의 성취도를 점검하고, 수학 학습에 필요한 방법과 전략들을 조정해보세요.

취약점을 보완하자

학년말 진도가 끝난 후에도 학습하는 날을 정해서 평소처럼 꾸준히 학습하면 놀라운 결과를 경험할 수 있습니다. 배운 내용의 복습을 위주로 하며, 고난이도의 문제에도 꼭 도전해보세요. 이는 앞으로 배울 내용에도 쉽게 연결되어 새로운 유형의 문제해결을 가능하게 해 줍니다.

유형을 암기하는 공부는 그만, 수학적 창의력을 기르자

상위권의 학생이라면 많은 유형의 문제를 풀기보다는 수학적 사고와 창의력을 바탕으로 문제에서 요구하는 바를 정확하게 파악해서 해석하는 연습을 하는 것이 좋습니다. 기본적인 수학적 사고에 익숙해졌다면, 본격적으로 다른 개념과 연결하여 복잡한 문제를 해결할 수 있는 응용력이 있어야 합니다. 주어진 것과 구하는 것 사이의 연결고리를 생각하고, 순간적인 통찰력으로 해결방법을 시도하거나 발견하는 경험이 필요합니다.

응용력 테스트

내용	체크
1. 풀었던 문제를 반복해서 여러 번 풀어보는 습관이 있다.	
2. 문제를 풀 때, 풀이 계획이 직관적으로 떠오르는 경험을 한다.	
3. 생각한 문제풀이 방법을 바로 시도하는 데 주저함이 없다.	
4. 문제풀이를 할 때, 다른 방법으로 풀 수 있는지 점검한다.	
5. 문제가 안 풀릴 때 해설을 보면서 해답에 대한 힌트를 얻으면 해답을 덮고 풀 수 있다.	
6. 문제를 보고 다양한 개념들이 나온 단원이 어떤 단원의 어떤 개념인지 알고, 그것을 연결할 수 있다.	
7. 문제에서 주어진 것과 구하는 것이 무엇인지 구분하고, 잘 파악한다.	
8. 틀린 문제에서 틀린 이유를 점검하고, 새로운 풀이 방법이 적용된 이유를 설명할 수 있다.	
9. 과학 시간에 배운 내용 중에서 수학과 연관된 내용을 잘 이해하고 수학적 의미를 생각할 수 있다.	
10. 문제를 풀 때, 주어진 힌트를 변형하여 수학적 기호로 표현하거나 공식과 연결할 수 있다.	

테스트에서 4개 이하에 해당된다면 더 많은 시간을 투자하여 알고 있는 수학개념과 주어진 문제에서 응용된 방법을 복습해주세요. 시간차를 두고 스스로 생각해서 풀이할 수 있는지 반복해서 확인하는 것이 필요합니다. 5~6개라면 보통 수준의 학생으로 응용력 향상을 위하여 개념간의 연결성을 확보하셔야 합니다. 7개 이상이라면 체크되지 않은 문항도 한 번씩 고민하며 응용력을 향상할 수 있도록 다른 방법으로 풀기, 소규모 그룹으로 풀이 과정을 서로 설명하기, 문제를 풀어보고 기호를 정확히 사용하거나 정확히 서술해보기 등의 방법으로 실력을 쌓아보세요!

불안테스트

내용	체크
1. 학습하는 중에 내가 풀었던 문제가 정답이라는 확신보다 틀릴 걱정을 먼저 한다.	
2. 부정적인 시험결과를 먼저 걱정하거나 막연한 미래에 대한 불길한 예감을 자주 경험한다.	
3. 시험 볼 때, 심장 박동 수 증가, 혈압 상승, 손발이 차가워짐, 통증, 현기증, 또는 땀이 나거나 목이 마르는 등 신체적인 이상 현상이 발생한다.	
4. 학습 중 혹은 시험 중에 안절부절 못하고 초조하거나 긴장한다. 혹은 특정한 상황을 회피하려는 행동을 보인다.	
5. 차근차근 학습하는 데 어려움을 경험하고, 충분히 고민하는 몰입이 어렵다.	
6. 새로운 개념이나 공식을 학습하는 것이 두렵다.	
7. 수학 문제를 풀 때, 몰입하는 시간보다 다른 생각을 하는 시간이 더 많다.	
8. 학습할 때, 시험결과에 대한 부모님의 태도나 질책이 걱정된다.	
9. 수학 문제를 풀 때, 문제를 푸는 과정에 집중하는 것보다 정답을 맞혔는지를 더 중요하게 생각한다.	
10. 수업 중에 주변 학생들은 이해했는데, 혼자만 이해하지 못한 것 같은 생각을 자주 한다.	

불안감은 수학에 대한 자신감을 상실할 때 더욱 극대화되는 경향이 있습니다. 정서적인 불안과 결과에 대한 불안감이 영향을 주는 경우도 많습니다. 체크된 개수가 많을수록 수학학습에 불안요소가 많은 학생입니다. 4개 이하로 체크되었다면 불안요소가 낮은 학생이라 할 수 있습니다. 불안요소가 많다면, 안정된 심리상태를 갖기 위한 방법을 주변의 선생님이나 부모님과 상담해보는 것이 좋습니다. 위에서 제시된 내용을 참고하여 수학에 대한 불안 요소가 많은지 점검해보세요.

수포자 탈출법

수학포기자도 극복할 수 있습니다. 수학 공부를 통해 자신감을 얻고, 수학을 이용하여 대학을 선택하고, 직업을 선택할 수 있는 희망의 과목이 되어야 합니다. 수포자 탈출법을 유형별로 알려드리겠습니다.

수포자 탈출법

01 유리멘탈형

불안 높음. 개념이해 낮음, 응용력(수학적 사고력) 낮음

- 수학에 대한 두려움으로 공부하지 않고 계속 불안감만 느끼는 학생
- 기초적인 내용 학습이 부족한 상태로 상위 학습 내용만을 공부하는 학생

솔루션

1. 이전에 배운 공식과 개념을 미리 점검해주세요.
2. 쉬운 문제들 위주로 먼저 공략하세요. 자신감 획득이 필요합니다.
3. 자신에 대한 판단이 어렵다면 1:1 코칭이 가능한 사교육을 이용해보세요.
4. 개념노트를 활용하세요. 몸을 움직여야 기억에 오래 남습니다.

02 노력형

불안 높음, 개념이해 높음, 응용력(수학적 사고력) 낮음

- 수학 개념은 이해하고 있으나 수학에 대한 불안감에 쉬운 문제만 해결하고자 하는 학생
- 조금 어려워 보이는 문항은 기피하고 고난도 문항의 문제 해결에서 어려움을 보여 수학 성적이 잘 오르지 않아 고민을 하는 학생

솔루션

1. 단계적 문제풀이를 하세요. 한 가지 개념을 적용하기 위해서 낮은 단계 문제를 풀었다면 같은 개념의 높은 단계 문제를 선택해서 바로 연습하는 것이 좋습니다.
2. 고난도 문항에 적절한 시간을 투자하세요. 특히 답지에 있는 풀이를 분석하며 의미를 되새겨보고, 자신의 풀이와 비교해보세요. 힌트를 파악했으면 직접 풀어보고 다시 풀이를 확인해보는 것을 추천합니다.
   문제를 푸는 요령에 대해서 생각해봅시다. 다양한 방법 중 자신만의 방법을 생각해보세요.

수포자 탈출법

03
집착형

불안 높음, 개념이해 높음, 응용력(수학적 사고력) 높음

- 수학 개념에 대한 충분한 이해가 있고 수학에 감각이 있는 학생
- 응용력이 필요한 문제는 두려움이 없으나 잦은 계산 실수에 대한 두려움이 있는 학생

솔루션

1. 차분하게 오답노트를 작성해보세요. 긴장감을 내려놓고 실수한 원인을 천천히 반복할 필요가 있습니다.
2. 시간을 정해놓고 꾸준히 기본 계산 연습을 하세요. 빠른 검산으로 불안감을 해소하는 것이 좋습니다.

04
부실공사형

불안 높음, 개념이해 낮음, 응용력(수학적 사고력) 높음

- 수학 개념을 충분히 이해하지 못한 상태에서 문제 풀이에 유독 집중하는 학생
- 특정 개념이 이해되지 않거나 문제가 풀리지 않으면 넘어가지 못하는 학생

솔루션

1. 선행학습을 하고 있다면 자신을 되돌아보세요. 복습과 심화학습을 할 필요가 있습니다.
2. 선택과 집중을 하세요. 어려운 개념에 대한 학습 시간 분배에 주의를 기울여야 합니다.
3. 목차 학습법, 개념 정리법을 활용해봅시다. 마인드맵을 활용해서 생각나는 개념과 공식 등을 적고난 후 책을 펴서 내용을 비교해보세요.

수포자 탈출법

05

우물 안 개구리형

불안 낮음, 개념이해 높음, 응용력(수학적 사고력) 낮음

- 수학 개념에 대한 이해는 있으나 아주 기본적인 문제 해결만 가능하면 된다는 학생
- 수학이 자신의 진로에 필요 없다고 생각하여 공부를 소홀히 하는 학생

솔루션

1. 우물 밖을 나와 보세요. 수학적인 요소와 그래프, 수식 등이 없는 분야가 없습니다.
2. 단계적으로 심화문제까지 정복해보세요. 쉬운 난이도의 문제부터 심화단계까지 성공 경험과 자신감이 쌓여가면서 학습의 즐거움이 생길 것입니다.

06

허세형

불안 낮음, 개념이해 낮음, 응용력(수학적 사고력) 높음

- 수학적 감각이 있어 사고력을 필요로 하는 문제 풀이에 능한 학생
- 자신의 머리를 믿고 공부를 소홀히 하여 학습 시기를 놓쳐버린 학생

솔루션

1. 구체적인 목표설정을 해보세요. 구체적인 목표는 구체적인 의욕이 생기는 원동력이 됩니다.
2. 틀린 문제는 반복해서 풀어보세요. 문제풀이를 시간 간격을 두고 반복하며 심화학습이 필요한 부분이 있는지, 모르는 개념이 있는지 점검하는 것이 필요합니다.
3. 비슷한 수준의 친구들과 스터디 그룹을 만들어 보세요. 서로 개념을 설명하며 자신이 알고 있는 내용을 설명하면서 이해가 잘되기도 하고, 나의 빈틈을 친구들이 알려줄 수도 있습니다.

수포자 탈출법

07
무기력형

불안 낮음, 개념이해 낮음, 응용력(수학적 사고력) 낮음

- 수학에 관한 관심이 전혀 없는 학생

솔루션

1. 교과서와 연산 학습을 먼저 하세요. 기본적인 연산은 앞으로도 계속 필요합니다. 기초를 꼭 알아야 합니다. 쉬운 내용부터 자신감을 가져볼 필요가 있습니다.
2. 나의 수학 멘토를 구해보세요. 의지만 있다면 주변의 친구나 학교 선생님, 1:1 과외를 통해서 궁금한 것을 물어보고 피드백을 받아보는 것이 좋습니다.
3. 수업 전에 무엇을 배울지 확인해보세요. 중간에 모르는 것이 나오거나 내용 흐름을 놓치면 넋을 놓고 시간을 버리기 쉽습니다. 일단 수학 용어에 익숙해지면 거부감이 적어집니다.

자세한 내용은 '수학 끝판왕' 책에 설명되어 있습니다. 중학생부터 수포자가 되면 고등학교 3년이 매우 힘듭니다. 수학 학습법을 배우고 싶은 학생은 꼭 읽어보세요.

사회/역사 공부 어떻게 하면 좋을까?

사회계열의 공부는 사람들이 모여 살아가는 세상을 배우는 과목입니다. 사람이 살아가는 세상을 이해하면서 동시에 다른 공부의 배경지식이 되기도 합니다.

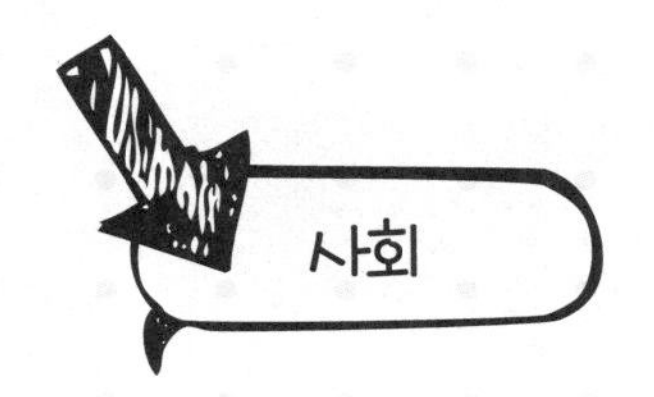

사회

중학교에서는 사회①, 사회② 교과서를 3년 동안 배웁니다. 크게 일반사회, 지리, 정치사회, 경제, 문화 등을 배우고 익히도록 구성되어 있습니다. 사회 공부는 조별 과제, 발표나 토론, 주제 탐구 등의 활동을 위한 주제가 풍부합니다. 특히 친구들과 한 팀이 되어 주어진 과제를 하다보면 자신의 역할을 다하며 협동학습을 하는 과정에서 책임감과 협력을 배우고 사회를 경험하게 됩니다.

사회는 교과서가 필수!

Q. 사회는 암기 과목인가요?

사회는 암기 전에 이해를 해야 합니다. 사회 교과서에는 내용 이해를 돕기 위한 도표, 표, 지도가 많이 나오는데, 도표와 지도의 해석이 없이는 이해가 어렵습니다. 해석을 위해 이유를 따져 묻는 공부가 필요합니다. '우리나라는 왜 강수량이 여름에 집중되어 있을까?' '미국과 우리나라는 왜 시간이 다를까?', '기후는 지역마다 왜 다르게 나타날까?' 등 이러한 현상들을 이해하기 위해 지도를 펼치고 자료를 찾아가며 질문에 답을 발견해가는 과정이 사회 공부의 즐거움입니다. 원인과 결과를 이해할 수 있으면 사회는 조금은 만만한 과목이 됩니다.

사회는 학습량이 방대합니다. 고등학교에서 배우는 것과 별 차이가 없을 정도로 넓은 영역을 학습하게 됩니다. 시험에 임박해서 공부하려고 하면 공부양이 많고 참고서의 요약정리를 외워도 시험 점수가 잘 나오지 않습니다.

배운 내용에 포함된 용어는 반드시 익혀두어야 합니다. '내진 설계', '저류 시설', '국민 자치', '편재성', '애그플레이션', '카르스트' 등 새로운 용어가 많습니다. 이러한 용어의 의미를 이해하는 과정이 필요합니다. 낯선 지역과 기후의 이름, 정치나 경제용어 등 뜻을 찾아보고 여러 번 소리 내어 읽어야 이해가 되는 것도 있습니다.

목차를 스토리로 엮어보세요. 사회는 대단원 - 중단원 - 소단원으로 묶어 공부하면 좋습니다. 내가 사는 지역을 시작으로 국가와 세계로 확장하며, 개인에서 공동체가 살아가는 데 필요한 정치와 경제, 사회문제를 아우르는 삶을 스토리로 만들어보세요.

<목차 스토리 엮어 공부하기>

지도는 세상을 축소한 것이고 자연환경, 인문환경을 다양한 방법으로 표현하네. 지도에는 지역, 국가, 세계를 한 눈에 볼 수 있고 기후가 다른 이유를 알겠군. 지도를 보니 세상이 보여, 표준시는 경선으로 기온의 차이는 위도에 따라 다르네. 다양한 지리 정보를 기술에 활용하기도 하는군. 이것이 내가 사는 세계구나.

Ⅰ. 내가 사는 세계

중단원	소단원	내용
1. 지도 읽기	① 다양한 세상, 다양한 지도	지도는 세상을 축소하여 나타낸 것, 다양한 방법으로 자연환경과 인문환경을 표현함. 지도는 지역의 특징을 한 눈에 알게 함. 지도를 활용하는 곳 : 책, 신문, 인터넷 등의 매체
	② 지도 읽기는 곧 세상 읽기	세계의 대륙과 해양, 지도 읽기 - 지도에 담긴 정보 읽고 (지도 제작 당시) 그 지역의 특성을 안다. 국가나 지역의 위치, 자연환경(산지, 평야, 하천 등), 인문환경(도시,산업,인구 등) 우리나라는 가장넓은 유라시아대륙 동쪽에 위치, 남동쪽에 태평양, 대륙과 해양을 연결하는 위치에 있어 교류가 활발함
2.위치와 인간 생활	① 공간규모와 위치표현	위치에 따라 자연환경과 인문환경에 영향을 준다. 공간 규모에 알맞은 위치표현을 위해 동네, 국가, 세계 표현에 필요한 지도 사용 특이한 시설 및 건축물 등을 활용하여 위치 표현(랜드마크)
	② 동서남북을 구분하는 기준	국가나 지역의 위치표현 : 위선(가로)과 경선(세로)이 매겨진 값인 위도와 경도로 표현 적도기준 북반구,남반구 / 본초 자오선을 기준으로 동쪽은 동반구, 서쪽은 서반구
	③ 경도와 시간 차이	표준시의 기준은 표준 경선 날짜 변경선은 본초 자오선과 12시간 차이가 나는 곳이다.
	④ 위도와 지역 차이	위도에 따라 일사량이 달라 기온의 차이가 남. (저위도 → 고위도 : 기온 낮아짐) 자전축이 기울어진 채 공전함 → 계절의 변화 (계절차이 농작물, 관광 등) 대척점 : 낮과 밤, 여름과 겨울이 서로 반대
3. 지리 정보와 지리 정보 기술	① 지리 정보와 공간적 의사 결정	지리정보는 위치 정보, 교통 정보, 기상 정보 등 일상생활에 도움을 주는 다양한 정보 지역의 지리정보를 이용해 거주지 일터 등 일상생활에서 의사 결정에 활용
	② 다양한 지리 정보 기술과 활용	생활 속 다양한 지리정보 기술 이용 / 버스정거장안내판, GPS, 인공위성 지도 등 지리 정보 체계활용 - 지역과 국가의 정책 수립에 다양한 지리 정보를 활용함. 환경오염예방및관리, 자연재해분석과 대비, 토지이용계획수립, 교통상황 점검및 대책마련등

Q. 사회 요약정리는 어떻게 해야 할까요?

핵심 내용을 나만의 언어로 정리해야 합니다. 모든 참고서에는 요약정리가 참 잘 되어 있습니다. 선생님이 주신 학습지도 정리가 잘 되어 있죠. 요약정리된 것만을 달달 외운다고 해서 이해가 된 것은 아닙니다. 막상 시험지를 받으면 알 듯 모를 듯 애매함에 부딪히게 됩니다.

수업시간에 학교 시험 출제자인 선생님의 설명을 집중해서 잘 들어야 합니다. 이 때 필기가 필요하거나 선생님이 강조하는 부분은 교과서 해당 내용에 연필로 적어보세요. 이렇게 적은 내용을 저녁에 복습을 합니다. 연필로 빠르게 적은 부분을 한 번 읽고 지우개로 지우고 다시 써보는 복습을 합니다. 이해를 해야 하는 개념이나 도표, 그래프 등은 나만의 언어로 노트에 정리를 합니다. 이 때 노트를 너무 예쁘게 적기 위해 시간을 많이 들이지 않도록 당부합니다. 내가 알아보고 이해하는 것이 중요합니다. 마지막으로 문제를 풀다가 틀렸거나 다시 봐야 하는 것이 있다면 오답노트 대신 사회노트 해당 부분에 표시를 해두면 주의를 기울일 수 있어 효과가 있습니다.

Q. 시험 대비를 하려니 분량이 너무 많아요.

사회는 시간을 나눠 자주 보는 것이 효과적입니다. 벼락치기 공부를 하기는 학습량이 많습니다. 사회는 암기과목이 아니라 원인과 결과를 이해하는 공부이므로 수업이 있는 날, 그날 복습으로 적은 분량의 학습내용을 이해하는 습관을 갖도록 해보세요. 평소에 조금씩 여러 번 복습을 하면서 이해된 것을 암기하다 보면 시험 기간에 공부할 양이 줄고 학습 효과도 있습니다.

-평소학습- 인강 수업에도 같은 방법을 적용해보세요.
간단 예습(수업 전 용어 찾기) → 수업 집중 → 교과서 정독 읽기 1~2회 → 참고서(문제집, 학습지) → 교과서 정독(이때 노트정리 필요) → 문제풀이 → 해설지내용 충분히 이해하기

-시험대비-
교과서 정독 + 수업내용 정리한 노트 → 학습지, 문제집 등 문제풀이
→ 해설지 활용해 꼼꼼히 공부 → 교과서와 나만의 정리노트 정독
⇒ 내용을 충분히 이해하고 여러 번 회독하며 암기하기
⇒ 백지 인출로 셀프테스트하며 마무리하기

사회는 객관식을 더 어렵게 느끼거나 실수로 문제를 놓치게 되는데, 개념을 완전히 이해하고 암기하는 것으로 극복해야 합니다. 중학교 학습에서 시행착오를 거쳐 사회 만점 공부습관을 만들어 놓으면 고등학교에서 사회탐구 과목이 쉬워지는 효자 과목이 됩니다.

생활 속에서 배경지식 쌓기

사회는 학생의 배경지식에 크게 좌우되는 과목입니다. 사회 공부는 우리의 삶과 생활을 다루는 시사와 매체 속에서 찾을 수 있습니다. 연일 핫 이슈인 COVID19 전염병의 발생 원인, 세계 여러 나라의 확산속도와 확진자 수, 환자가 발생한 지역에 의료진들이 위험을 감수하며 달려가기도 한다는 것 등을 우리는 뉴스를 통해서 알게 됩니다. 미래학자들은 우리의 생활과 직접적인 연관이 있는 현상이나 사건들을 분석하면 2~3년 또는 미래 20~30년 후를 예측하고 준비할 수 있다고 말합니다. 시사와 매체 속 정치, 경제, 문화를 우리의 생활과 연결 지어보는 습관은 사회 공부에 많은 도움이 됨과 동시에 관심을 흥미로 전환해 진로 선택 시에도 도움이 됩니다.

사회 공부에 도움 되는 정보

- **인터넷 강의** EBS 뉴런 사회①②

https://mid.ebs.co.kr/main/middle

- **교재 추천**
  한끝 중등사회(비상교육),
  체크체크 중등사회(천재교육),
  각 출판사 자습서

〈배경지식 쌓기 참고자료〉

도서제목	지은이	출판사
재미있는 세계 지리이야기	김영	가나출판사
마인드맵으로 술술 풀어가는 용어 사전	이두현 외	푸른길
살아있는 지리 교과서 1,2	전국 지리 교사연합회	휴머니스트
문화의 수수께끼	마빈 해리스	한길사
10대를 위한 경제 특강	조준현	움직이는 서재
10대를 위한 생각하는 헌법	서윤호 외	다른
10대와 통하는 탈핵 이야기	최열 외	철수와 영희
누가 내 머릿속에 브랜드를 넣었지?	박지혜	뜨인돌
민주주의 이야기	제임스 렉서	행성B온다
법치주의 이야기	폴 콜리어	행성B온다
세상은 어떻게 뉴스가 될까	홍성일	돌베개
공정무역, 세상을 바꾸는 아름다운 가게	박창순 외	시대의창
내가 먹는 것이 바로 나	허남혁	책세상
빈곤의 경제학	폴 콜리어	창비
왜 세계의 절반은 굶주리는가?	장 지글러	갈라파고스
10대와 만나는 정치와 민주주의	고성국	철수와 영희
고대 아테네 정치 제도사	최지영 역	신서원
도시, 소통과 교류의 장	강현수	삼성경제연구소
사회학의 이해	권태환 외	다산

기관명	인터넷주소
통계청	http://www.kostat.go.kr
국립 공원 관리 공단	http://www.knps.or.kr
국민 권익 위원회	https://www.acrc.go.kr/acrc/index.do
국민 신문고	https://www.epeople.go.kr/index.jsp
지속 가능 발전 포털	http://ncsd.go.kr/unsdgs
선거 관리 위원회	https://nec.go.kr/site/nec/main.do

역사적 사실을 시간대별로 이해하며 공부하는 과목입니다. 단순 암기 과목으로 생각해 단편적 지식으로 접근하려고 하면 역사 공부의 큰 맥락을 놓치게 됩니다. 역사 공부는 사회 공부와 더불어 과거와 현재를 이해하고 미래 사회를 살아갈 방향을 잡는 데 도움을 주는 과목입니다.

역사 배경지식

역사 공부는 좋아하는 사람에게는 쉬운데, 반대인 학생은 어렵게 여기는 과목이기도 합니다. 연대별 제도와 정치는 외우려고 마음먹어도 암기가 잘 안 되지요. 역사 드라마, 영화, 다큐멘터리를 많이 접해본 학생들이라면 어디선가 본 것이라 훨씬 편하게 느낍니다.

역사는 어떻게 공부하면 좋을까요?

역사만의 특징인 스토리와 연쇄성을 이해하면 좋아요. 기원전 BC는 Before Christ로 예수 탄생 이전을 말하고, 기원후인 AD는 라틴어 Anno Domine, 즉 예수 탄생 뒤라는 뜻입니다. 예수의 탄생을 기준으로 하니 서력기원(서기)으로 올해는 서기 2021년이 되네요. 기독교식의 연도표기법을 사용하고 있습니다. 또는 불교식의 불기, 이슬람식의 이슬람력이 있습니다. 우리 나라는 단군의 고조선건국을 원년으로 하는 단기가 있습니다. 단기로 보면 우리 역사는 4300년이 넘었네요. 이렇게 사소하지만, 알고 나면 상식이 되는 것에도 관심을 가지면 역사가 쉬워집니다.

시대구분

먼저 시대를 구분하고 그 시대의 사실을 정리한 다음 살을 붙이고 스토리를 만들어보세요. 시대를 구분할 때는 전환점이 되는 시기를 기준으로 합니다.

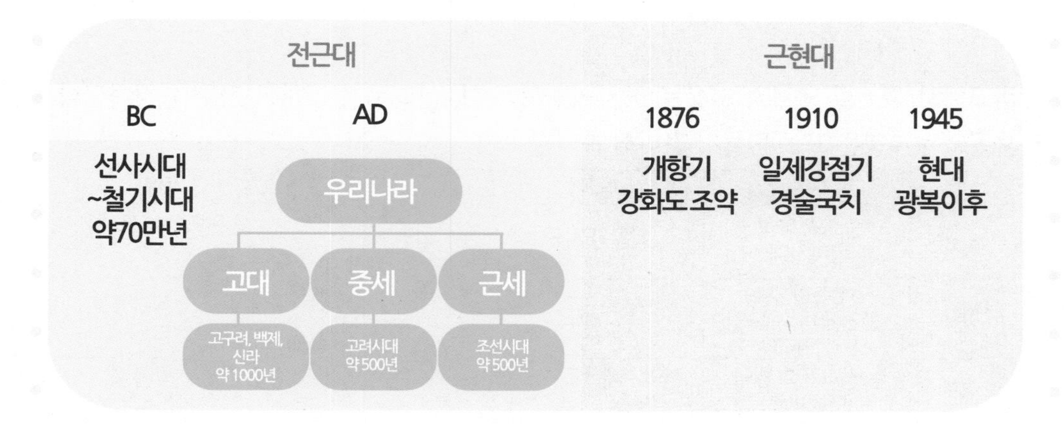

왕과 정치 중심

왕과 정치를 중심으로 구조화 시켜봅니다. 그 시대의 정치 조직과 외교, 경제영역의 세금과 토지제도, 신분제도와 사회제도로 정리해보세요. 가장 중요한 문화를 비교할 때는 유물과 유적을 사진 자료와 함께 이해해야 합니다.

예시-역사 구조화

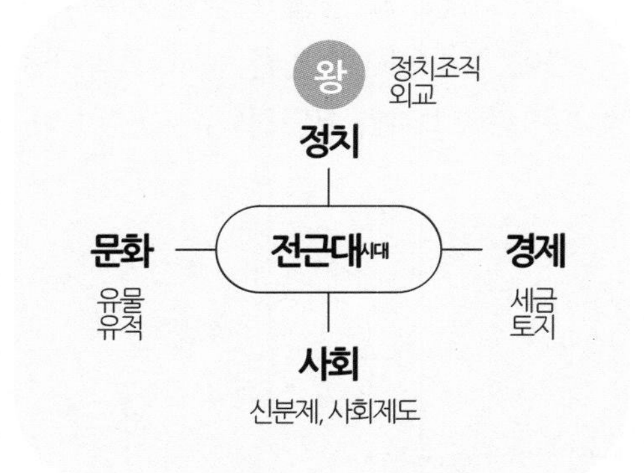

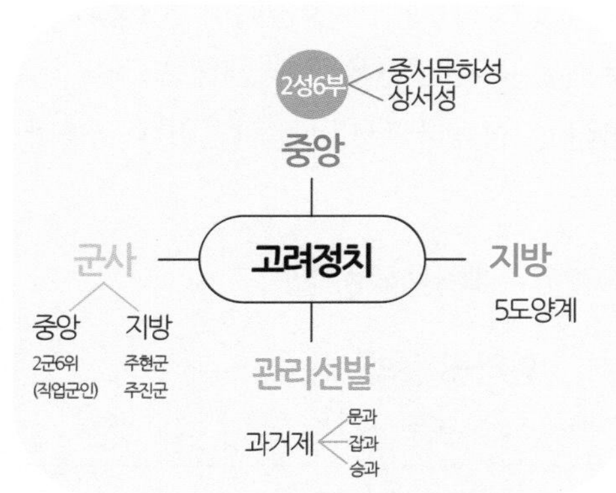

예시-통치체제 구조화

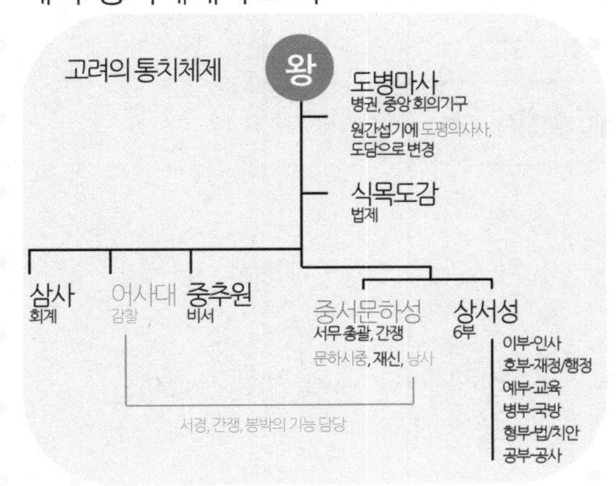

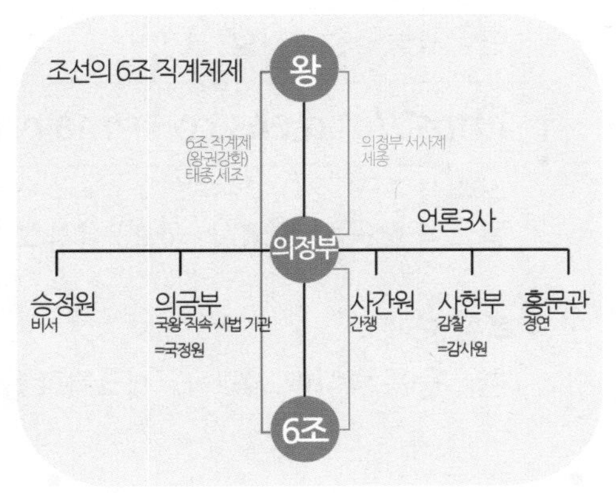

비교해서 이해할 역사적 사실은 정치, 경제, 사회, 문화로 정리하고 자주 등장하거나 혼동되는 부분은 표로 만들어 정리해 봅니다.

	부여	고구려	옥저	동예
위치	쑹화강 유역 평야지대	압록강 지류	함경도 지역	강원도 북부 동해안 지역
정치	5부족 연맹체 중앙(왕) + 사출도 → 왕권미약	5부족 연맹체 제가회의	고구려의 압력으로 정치세력을 형성하지 못함 → 왕x, 군장이 지배 (군장:읍군, 삼로)	
경제	농경과 목축 발달 (반농반목)	산악지대, 식량부족 →정복활동, 약탈경제	해산물(소금, 어물) 풍부→고구려에 공납	단궁(작은 활) 과하마(조랑말)
풍속	순장 제천행사:12월	서옥제(데릴사위) 제천행사:동맹-10월	민며느리제 가족 공동 무덤	족외혼 제천행사:무천-10월
법률	엄격한 법률 →1책 12법	엄격한 법률 →1책 12법		

교과서 여러 번 정독하기 추천!

역사 교과서에는 유물 사진, 유적지, 역사 지도 등 자료 정보가 풍부해 교과서를 중심으로 학습하면 좋습니다. 내용과 관련된 그림, 사진, 표 등을 설명한 세부적인 부분까지 자세히 읽고 이해해 보세요. 수업 시간에 집중해서 수업을 듣고 교과서를 여러 번 정독하면서 낯선 사진이나 내용과 친해지면 정리하기가 쉬워집니다.

사회 공부에 도움 되는 정보

- **인터넷 강의**

  EBS 뉴런 사회①②

  https://mid.ebs.co.kr/main/middle

  한국사능력검정시험

  https://mid.ebs.co.kr/main/middle

  최태성 1TV, 2TV 유튜브 /
  람보쌤 빡공시대(역사, 사회) 유튜브

- **추천 교재**

  한끝 중등 역사(비상교육), 체크체크 중등 역사(천재교육), 각 출판사 자습서

대항해 시대가 열리다

① 신항로 개척환경

십자군 전쟁 이후 유럽과 아시아의 무역이 활발해졌다. 그 결과 향신료, 비단 같은 아시아의 산물이 유럽에 더 많이 전해지면서 아시아에 대한 유럽인의 관심이 커졌다. 하지만 아시아의 물품은 주로 이탈리아의 도시 국가들과 이슬람 상인들을 통해 유럽으로 수입되어 비싼 값에 거래되었다. 이에 유럽인들은 더 많은 이익을 얻고자 아시아와의 직접 교역로를 찾아 나서게 되었다.

② 신항로 개척이 가능했던 기술적 환경

이 무렵 천문학, 지리학, 조선술이 발달하고, 나침반이 사용되어 먼 거리 항해가 가능해지면서 유럽인들은 본격적으로 신항로 개척에 뛰어들었다. 유럽들은 향신료와 금, 은, 귀금속을 얻어 돈을 벌고자 하는 욕망과 함께 크리스트교를 전파하고자하는 종교적 열정이 더해져서 새로운 항로 개척이 활성화되었다.

③ 신항로 개척의 동기

①주변 환경	②기술적 환경	③개척 동기
이탈리아 도시국가, 이슬람 상인이 비싼 값으로 거래	천문학, 지리학, 조선술 발달, 나침반으로 먼 거리 항해	향신료, 금, 은 귀금속(돈) 종교적 열정

포르투갈과 에스파냐가 앞장서다

신항로 개척에 먼저 나선 국가는 포르투갈과 에스파냐였다. 두 나라는 이슬람 국가로부터 잃어버린 땅을 회복하는 재정복 전쟁(레콘키스타)을 해서 통일 국가를 형성했다. 재정복 전쟁의 완성 후 두 나라는 크리스트교의 확산과 경제적 이익을 얻기 위해 항해 사업을 후원했다.

포르투갈의 바르톨로메우 디아스는 아프리카 남쪽 끝 "희망봉"에 도착했고(1488), 바스쿠 다 가마는 희망봉을 돌아서 인도 캘리컷에 도착해 인도로 향하는 항로를 개척한다.(1498)

에스파냐 왕의 지원을 받은 콜럼버스는 아메리카 대륙 서인도 제도에 도착했으며(1492), 마젤란의 함대는 대서양, 태평양을 거쳐 필리핀에 도달한다. 마젤란은 원주민에게 살해당하지만 남은 함대가 인도양과 희망봉을 거쳐서 다시 에스파냐로 돌아온다.(1522), 이렇게 신항로 개척으로 유럽과 아시아 간의 교류는 바닷길을 통해 대규모 확장된다. 이로인해 유럽 경제는 비약적으로 발달한다.

공통점	이유	나라	인물	업적
재정복으로 국가완성	크리스트교 확산, 경제적 이익	포르투갈	바르톨로메우 디아스	희망봉 도착(1488)
			바스쿠 다 가마	인도항로 개척(1498)
		에스파냐	콜럼버스	아메리카 도착(1492)
			마젤란	세계일주(1522)

역사 자료 활용

역사 강의를 10~15분 짧게 듣고, 역사 교과서를 보면 강의에서 들었던 내용이 배경지식이 되어 교과서를 읽을 때 이해하기 쉽습니다. 역사 드라마, 영화, 다큐멘터리, 시사, 예능 등을 연결해도 좋습니다. 옛날 사람들의 시대 상황, 살았던 환경, 의복, 문화, 삶을 관찰하면 이해에 도움이 됩니다.

역사 배경지식에 도움이 되는 자료

도서제목	지은이	출판사
과학문화유산 답사기 1~4	이종호	북카라반
10대와 통하는 요리 인류사	권은중	철수와 영희
청소년을 위한 한국 근현대사	김인기	두리미디어
다시보는 동아시아사	미타니 히로시 외	까치
단어로 읽는 5분 세계사 플러스	장한업	글담
살아있는 한국 근현대사 교과서	김육훈	휴머니스트
국기에 그려진 세계사	김유석	틈새책방
제국은 어떻게 나타나고 사라지는가?	양은영	와이스쿨
조약으로 본 한국 근대사	최덕수 외	열린책들
철의 시대	강창훈	창비
고대 문명 교류사	정수일	사계절
동양과 서양의 위대한 만남	데이비드 문젤로	휴머니스트
살아있는 세계사 교과서	전국역사교사모임	휴머니스트
서양사 개념어 사전	김응종	살림
끄덕끄덕 세계사, 1~3	서경덕	아키넷주니어

기관명	인터넷주소
국가문화유산포털사이트	http://www.heritage.go.kr/
국립경주박물관	https://gyeongju.museum.go.kr/
국립공주박물관	https://gongju.museum.go.kr/gongju/
국립중앙박물관	https://www.museum.go.kr/site/main/home
대한민국역사박물관	http://www.much.go.kr/
문화재청	https://www.cha.go.kr/main.html
우리역사넷	http://contents.history.go.kr/front
한국사데이터베이스	http://db.history.go.kr/
한국역사정보통합시스템	http://www.koreanhistory.or.kr/
e뮤지엄	http://www.emuseum.go.kr/main
e영상역사관	http://www.ehistory.go.kr/

과학 공부 어떻게 하면 좋을까?

과학은 하와이(Howhy)

과학이 하와이라니? 좀 뜬금없죠? Howhy는 '어떻게'의 How와 '왜'의 Why를 합친 용어입니다. 추운 겨울 자동차를 타고 가는데, 유리창에 성에가 껴서 앞이 보이지 않을 때, '유리창에 왜 성에가 생겼지?', '어떻게 하면 성에를 없앨 수 있지?'라고 생각할 것입니다. 이와 같이 어떻게, 왜라는 생각은 과학의 시작이자 공부의 방향입니다.

과학이란 자연과 자연을 둘러싼 모든 환경을
이해하고 예상하며, 실생활에 적용하고
문제를 해결하기 위한 이론이나 법칙을 구성하기 위해
탐구하고 연구하는 학문

자연, 우주에는 아직 밝혀지지 않은 것이 많고, 우리의 삶은 점점 더 불확실하고 복잡해지며 예측하기 힘들어지고 있습니다. 문제해결을 위해 사고력과 탐구력은 필수이며, 이를 위해 과학 공부를 열심히 해야 합니다.

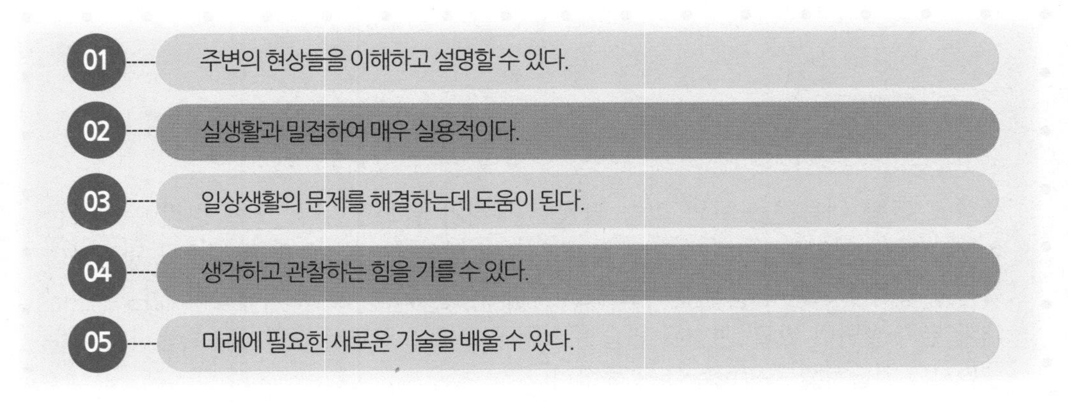

중학교 과학 영역 분류(2015 개정교육과정)

학년	물리	화학	생명과학	지구과학	과학 일반
1	02 여러 가지 힘 06 빛과 파동	04 기체의 성질 05 물질의 상태 변화	03 생물의 다양성	01 지권의 변화	07 과학과 나의 미래
2	02 전기와 자기 08 열과 우리 생활	01 물질의 구성 06 물질의 특성	04 식물과 에너지 05 동물과 에너지	03 태양계 07 수권과 해수의 순환	09 재해·재난과 안전
3	03 운동과 에너지 06 에너지 전환과 보존	01 화학 반응의 규칙성과 에너지 변화	04 자극과 반응 05 생식과 유전	02 기권과 날씨 07 별과 우주	08 과학기술과 인류 문명

물리는 힘, 빛, 파동, 운동, 에너지와 같은 개념을 배우고, 자연을 설명하는 이론과 법칙을 다룹니다. 사과나무에서 사과가 아래로 떨어지는 이유는 지구 중심에서 물체를 끌어당기는 중력때문이지요. 물리는 원리를 이해하고, 법칙이나 공식을 적용하는 것이 중요합니다. 화학은 고체, 액체, 기체, 원소 기호, 화학식, 화학 변화 등의 내용으로 구성되어 있으며, 자연을 구성하는 물질의 구조, 특징, 성질 등을 이해하는 과목입니다. 화학은 이해와 암기가 동시에 강조됩니다. 생명과학은 세포, 염색체와 같이 눈에 보이지 않는 크기에서 동물과 식물, 더 나아가 생태계까지 생명에 관계된 현상이나 기능 등을 배웁니다. 생명과학은 용어의 이해와 암기, 실험 과정의 이해가 중요합니다. 지구과학은 지구와 지구 바깥쪽인 외권(우주)에서 일어나는 현상들을 탐구하는 학문으로, 광물, 암석, 기압, 바람, 구름, 행성, 태양, 달, 별, 우주 등과 같은 내용이 포함되어 있습니다. 지구과학은 현상이 일어나는 과정에 대한 이해와 용어의 암기가 중요합니다.

과학 혼공 비법 – 혼자서도 과학 공부 잘 할 수 있어요!

준비물 챙기기

중학교 과학 내용은 노트와 학습 활동지 정리가 필요합니다. 노트 정리에 익숙한 학생은 노트 정리를, 그렇지 않은 학생은 줄이 있는 큰 포스트잇에 내용을 정리하여 학습 활동지나 교과서 위에 붙여보세요. 자습서에는 교과서에서 이해되지 않는 부분에 대한 부가 설명이 있고, 관련된 연습 문항이 있으므로 교과서 출판사를 확인하여 같은 출판사의 자습서를 구입하는 것도 좋습니다.

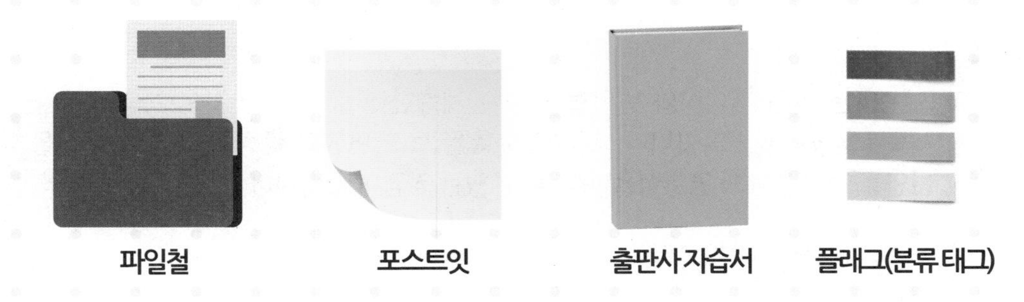

과학 개념 정리하기

과학 공부를 어려워하는 학생들의 대부분이 여러 가지 개념이나 원리들이 뒤죽박죽 섞여 문제를 풀거나 실험을 할 때 알고 있는 지식들을 제대로 활용하지 못하기 때문이죠. 그렇기 때문에 과학 공부를 할 때에는 기본 개념의 이해와 정리부터 시작해야 합니다. 기본 개념의 정리 과정은 다음과 같습니다.

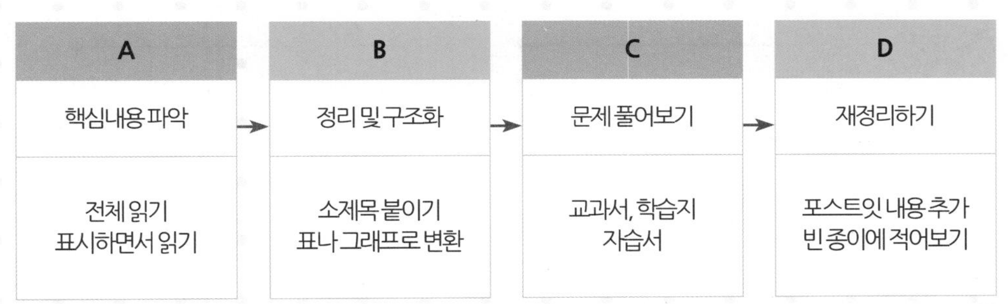

A	B	C	D
핵심내용 파악 →	정리 및 구조화 →	문제 풀어보기 →	재정리하기
전체 읽기 표시하면서 읽기	소제목 붙이기 표나 그래프로 변환	교과서, 학습지 자습서	포스트잇 내용 추가 빈 종이에 적어보기

Bad	Good
내용을 체계와 구조 없이 나열하여 정리한 예	소제목을 붙여 구조화하여 잘 정리한 예
대기 ○ 대기에 의한 압력 ○ 76cm 수은 기둥 = 1기압 = 1013.25hPa(헥토파스칼) ○ 대기가 갖는 무게 때문에 기압이 생김. ○ 땅에 가까울수록 대기압 큼. ○ 위로 올라갈수록 대기압 작음. ○ 날씨에 따라 조금씩 변함.	주제 – 기압 의미 – 대기에 의한 압력 (토리첼리 실험으로 알아냄) 크기 손글씨체처럼 디자인해주세요 ① 1기압 = 약 76cm 수은기둥 = 1013.25hPa(헥토파스칼) ② 땅에 가까울수록 → 기압 ↑ ∵ 중력에 의해 공기의 양이 더 많기 때문에 ③ 위로 올라갈수록 → 기압 ↓ ∵ 중력의 크기가 줄어들어 공기의 양 적어짐. 기타 – 날씨에 따라 조금씩 변함.

그래프 그리기

그래프는 많은 양의 데이터와 변인들 간의 관계를 선으로 표시한 것으로, 가로축을 x축, 세로축을 y축이라고 합니다. 그래프의 축을 보고 변인의 종류를, 그래프의 선을 보고 변인들 간의 관계와 경향성을 파악할 수 있는 장점이 있습니다.

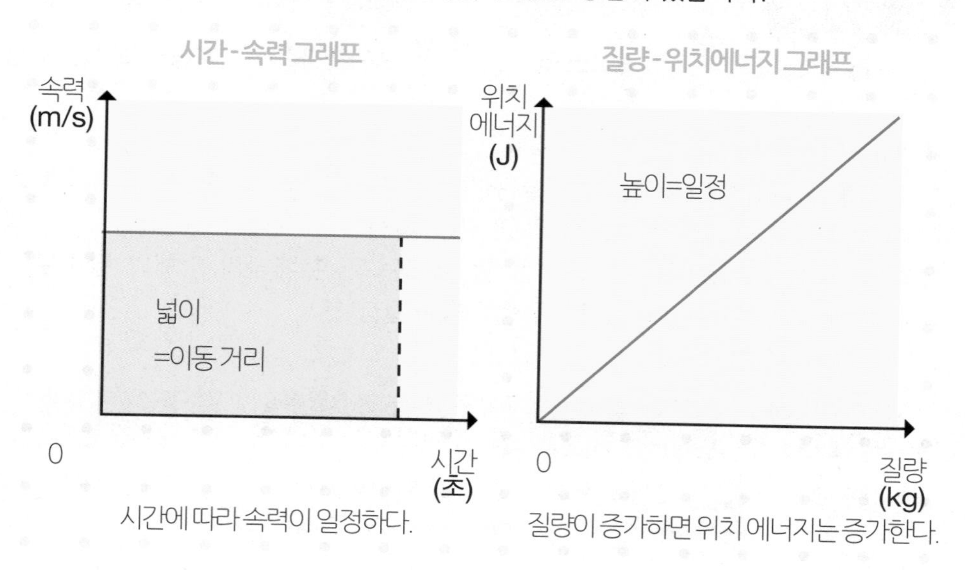

시간에 따라 속력이 일정하다.

질량이 증가하면 위치 에너지는 증가한다.

데이터를 이용하여 그래프 그리는 방법

01 데이터를 보고 가로축(x축)에는 원인이나 조작 변인을 씁니다.

02 데이터를 보고 세로축(y축)에는 결과나 종속 변인을 씁니다.

03 변인 옆에 괄호로 단위를 씁니다. 예) 부피(mL), 질량(g), 위치 에너지(J)

04 데이터를 보고 축의 눈금을 적절하게 설정합니다.

05 해당 값에 점을 찍고, 점을 연결하여 선을 그립니다.

표 데이터를 그래프로 변환해보기

온도가 일정할 때, 압력 변화에 따른 부피의 변화를 나타낸 것입니다. 압력이 커지면 부피가 줄어드는 것을 볼 수 있습니다. 표의 내용을 이용하여 그래프를 그려봅시다.

압력(기압)	1	2	4	10
부피(mL)	40	20	10	4

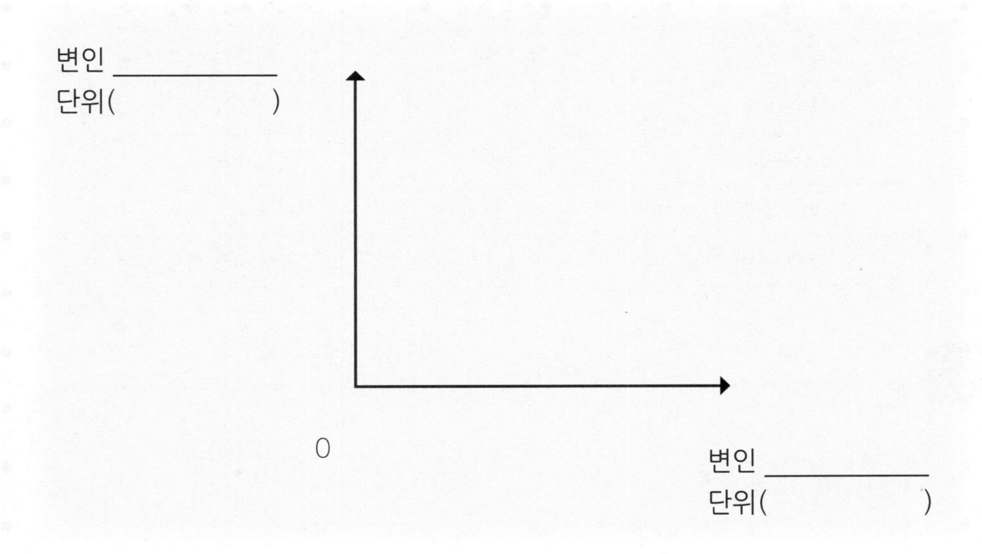

비례 관계	구분	반비례 관계
두 개의 변인이 서로 일정한 비율로 증가하거나 감소하는 관계	내용	두 개의 변인 중 하나의 변인이 증가하면 다른 하나의 변인이 감소하는 것
a 변인이 증가할 때, b 변인도 증가한다. a 변인이 감소할 때, b 변인도 감소한다.	설명	두 개의 변인 중 하나의 변인이 증가하면 다른 하나의 변인이 감소하는 것
b, 0, a $a \propto b$	그래프	d, 0, c $c \frac{1}{d}$

표로 정리하기

표는 어떤 내용을 일정한 형식과 순서에 따라 보기 쉽게 나타낸 것으로, 화학 변화와 물리 변화, 한랭 전선과 온난 전선과 같이 일정한 기준에 따라 비교하여 정리할 수 있습니다. 학습 내용을 표로 정리하면 내용이 일목요연하게 한 눈에 보여 학습의 효율이 높아집니다. 학습 내용을 표로 변환하여 정리할 때 표의 위쪽에는 주제를, 왼쪽에는 내용의 항목(기준)을, 표의 중앙부는 내용을 적습니다.

구분	체세포 분열	생식 세포 분열
분열 장소(동물)	몸 전체	정소, 난소
분열 횟수	1회	2회
딸세포수	2개	4개
염색체수(사람)	46개 ⟶ 46개	46개 ⟶ 23개
분열 결과	생장	생식 세포 형성

Plus+

표 만들기

다음의 지구형 행성과 목성형 행성의 특징입니다. 내용을 읽고 표로 정리해봅시다.

태양계 행성은 물리적 특성에 따라 지구형 행성과 목성형 행성으로 분류한다. 지구형 행성은 질량과 반지름이 작지만, 평균 밀도가 크고, 표면이 단단한 암석으로 되어 있다. 지구형 행성은 고리가 없으며 위성이 없거나 그 개수가 적다. 지구형 행성에는 수성, 금성, 지구, 화성이 있다. 목성형 행성은 지구형 행성에 비해 질량과 반지름이 크지만, 평균 밀도가 작다. 암석으로 이루어진 단단한 표면이 없다. 목성형 행성은 모두 고리를 가지고 있으며, 많은 수의 위성을 거느리고 있다. 목성형 행성에는 목성, 토성, 천왕성, 해왕성이 있다.

표 제목		
구분	지구형 행성	목성형 행성
질량	작다	크다

과학 공부 완벽하게 마무리하기

과학 공부의 마무리는 머릿속에 있는 공부한 내용을 밖으로 꺼내는 과정과 문제풀이입니다. 다음의 방법을 활용하여 과학 공부를 완벽하게 마무리해 봅시다.

01 여러 유형의 문제풀기

한 유형의 문제를 푸는 것보다 개념, 원리, 실험, 적용 등 여러 유형의 문제를 푸는 것이 학습에 효과적입니다.

02 시간을 두고 반복적으로 연습하기

몰아서 공부하는 것보다 규칙적으로 하루에 30분 정도씩 과학 공부에 시간을 투자하는 것이 학습 내용을 오래 기억하는데 좋습니다.

03 빈 종이에 아는 내용을 쓰거나 말하기

반복하여 여러 번 읽는 것보다 빈 종이에 아는 내용을 쓰거나 다른 사람에게 배운 내용을 말하는 과정이 더 효과적인 학습 방법이라는 연구 결과가 있습니다.

04 How + Why 질문하기

'어떻게 그렇지?', '왜 이것이 답이지?'와 같이 지금 배우는 내용과 예전에 배운 내용의 관련성을 생각하며 체계적인 사고의 과정을 만들어 나가는 것이 좋습니다.

05 인터넷 강의로 과학 공부 완벽하게 하기

모든 강의를 인터넷 강의를 수강하는 것은 추천하지 않습니다. 효율적인 시간 관리를 위하여 자기 주도적으로 공부를 한 후, 이해가 잘 가지 않는 내용의 단원을 선택해서 강좌를 수강해보세요.

06 과학 도서로 기본 개념 확실하게 잡기

과학 공부를 하다가 개념이 완벽하게 이해되지 않았거나 다른 용어와 비교하여 내용을 확실하게 이해하고 싶을 때 아래 도서들을 구입하여 공부하는데 활용해보세요.

과학 공식 마스터하기

과학하면 떠오르는 것이 공식입니다. 공식은 실험을 통하여 변인들의 관계를 간단하게 나타낸 것입니다. 공식은 단순하게 암기를 하는 것이 아니라, 공식 속에 숨겨진 의미를 이해한 후 암기해야 공식을 이용하여 문제를 풀 때 틀리지 않습니다. 다음 4단계로 과학 공식을 공부해봅시다.

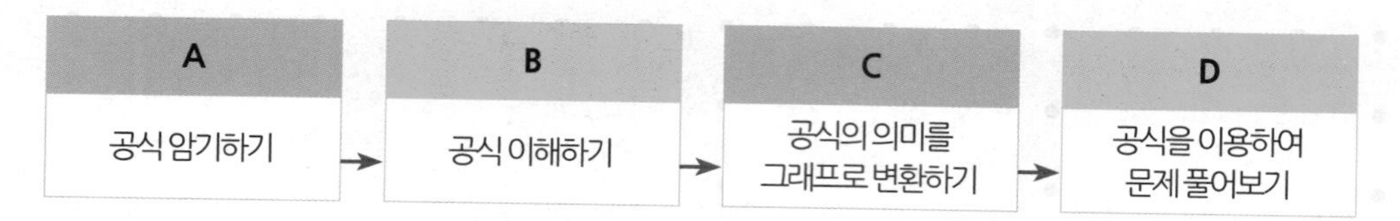

중학교 과학 교과서에 나온 공식과 공식의 의미를 정리한 것입니다. 공식을 무작정 암기하는 것이 아니고 변인 간의 관계를 파악하면서 공식을 이해하는 것이 중요합니다.

$$속력(m/s) = \frac{이동거리\ (m)}{걸린시간\ (s)}$$

같은 거리를 이동할 때, 걸린 시간이 짧을수록 속력이 빠르다.
같은 시간 동안, 이동 거리가 길수록 속력이 빠르다.

Plus⁺

방구석 과학 실험

교과서에 있는 내용의 실험을 모두 다 해볼 순 없습니다. 온라인으로 영상을 보며 직접 해보지 못한 실험의 과정과 결과를 확인하고, 가상 시뮬레이션을 조작하며 어려운 과학 원리를 이해할 수 있습니다. 간접 체험을 하며 집에서 공부하는 방법이지요.

과학 시뮬레이션 자바 실험실 https://javalab.org/
YTN 사이언스 유튜브 https://www.youtube.com/user/ytnscience
EBS 자유 탐구 실험 https://mid.ebs.co.kr/course/view?courseId=10001373&left=grade
예비 고1 통합과학 실험 https://mid.ebs.co.kr/course/view?courseId=10208587&left=grade

Plus+

자바 실험실은 눈에 보이지 않는 입자가 움직이거나 어떤 대상이 이동하여 과학적 현상이 발생하는 과정과 원리를 시각적으로 확인해볼 수 있도록 한 사이트입니다. EBS 과학할고양은 실험의 기본기를 다지는데 도움이 되고, YTN 사이언스는 최신 과학기술, 심도 깊은 과학 연구에 관한 영상을 볼 수 있습니다. 심화 과제 연구나 자유 탐구 활동은 EBS 중학 과학 탐구를 이용하면 좋습니다. 필요한 부분을 선택하여 잘 활용해보세요.

인터넷 강의로 과학공부 완벽하게 하기

EBS 중학 뉴런

http://mid.ebs.co.kr/course/view?courseId=10203440&left=grade

e학습터

https://cls.edunet.net/

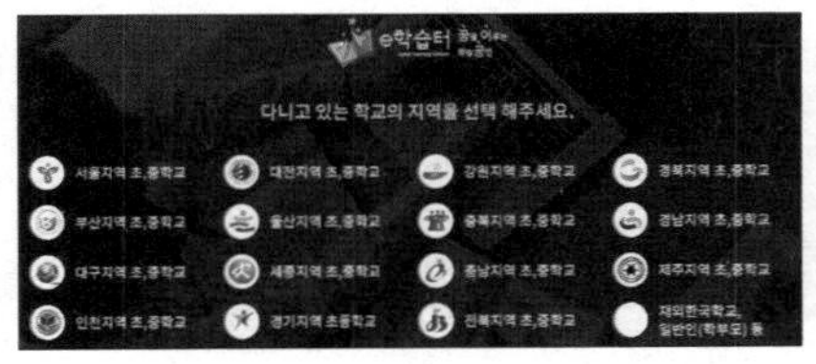

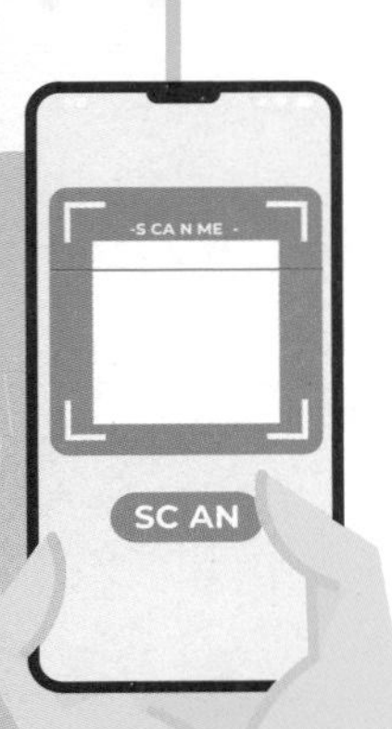

EBS 하이탑

https://bityl.co/4Y2d

과학 실험 수행평가 만점받기

'과학 = 실험'이라고 할 만큼 실험은 매우 중요합니다. 실험을 통해 나온 데이터가 새로운 법칙과 이론을 만들어 자연 현상을 이해하고, 문제를 해결할 수 있기 때문입니다. 그런데 학생들이 실험만 생각하면 어렵다고 느낄거에요. 실험 보고서의 단계를 완벽하게 이해하면 어렵기만 했던 보고서 쓰기가 쉬워질 것입니다. 실험은 어떤 현상을 보고 '왜 그럴까?', '무엇이지?'와 같은 의문에서 시작합니다. 이러한 의문은 경험과 관찰에서 시작됩니다. 관찰 사실을 바탕으로 과학적인 실험 설계를 위해서는 변인들의 종류를 잘 알고, 그것을 조절하고 통제해야 합니다. 관찰을 통한 실험 과정은 다음과 같습니다. 실험 상황에 따라 가설 설정 단계는 생략될 수 있습니다.

관찰 → (가설 설정) → 실험 → 자료 변환 및 해석 → 결론 도출

구분	내용
관찰	오감을 이용하여 객관적으로 관찰하여 현상에 대한 정보 획득하기
변인	ㅇ 통제 변인 - 일정하게 유지시켜주는 요인 ㅇ 조작 변인 - 값이나 양, 시간 등 조절(조작)하는 요인 ㅇ 종속 변인 - 조작 변인을 조절할 때, 나타나는 결과
가설	ㅇ 실험에 대한 임시적인 설명으로 변인을 이용한 잠정적인 해답 ㅇ (통제 변인)은 일정하게 유지할 때, (조작 변인)이면, (종속 변인)일 것이다. 예) 압력이 일정할 때, 온도가 증가하면 공기의 부피는 증가할 것이다.
측정	ㅇ 메스실린더, 저울, 자 등 도구를 사용하여 양적 자료를 수집하는 활동 ㅇ 관찰 내용의 정량화 ㅇ 3회 이상 측정하여 평균값 이용하여 실험 오차 줄이기
자료 변환	데이터를 표 또는 그래프의 형태로 변환하는 과정
자료 해석	데이터, 표, 그래프에 담겨진 의미를 이해하고, 자신의 말로 표현하는 과정
결론 도출	설정한 가설이 옳은지, 옳지 않은지 판단하는 과정 실험의 과정과 결과를 설명할 수 있는 명제(문장)를 도출하는 과정

실험보고서 예시

<table>
<tr><th>구분</th><th>내용</th></tr>
<tr><td>관찰</td><td>무인도에서 일주일 살기 프로그램을 보는데 주인공이 잠수를 하는데 입에서 나온 기포가 예뻐서 보다가 문득 '위쪽으로 갈수록 왜 기포가 커질까?'라는 의문을 가지게 되었다.</td></tr>
<tr><td>실험 설계</td><td>압력계가 달린 주사기를 이용하여 주사기의 피스톤을 누렀을 때 주사기 내부 공기의 부피 변화를 살펴볼 것이다.</td></tr>
<tr><td>준비물</td><td>주사기 압력계</td></tr>
<tr><td>가설설정</td><td>온도가 일정할 때, 압력이 커지면 주사기 속 공기의 부피가 줄어들 것이다.</td></tr>
<tr><td>실험 설계</td><td>1. 일정한 온도에서 주사기 속 기체의 부피가 40 mL가 되도록 피스톤을 조절한 후, 주사기를 압력계에 연결한다.
2. 압력계의 눈금을 2, 4, 10이 되도록 피스톤을 누르면서 주사기 속 기체의 부피를 측정해 보자.
<table>
<tr><th>조작 변인</th><th>종속 변인</th><th>통제 변인</th></tr>
<tr><td>압력</td><td>기체의 부피</td><td>온도</td></tr>
</table></td></tr>
<tr><td>실험 결과</td><td>실험 결과를 표에 적어보자. 단, 부피의 값은 3번 측정하여 평균값을 적는다.
<table>
<tr><td>압력(기압)</td><td>1</td><td>2</td><td>4</td><td>10</td></tr>
<tr><td>부피(mL)</td><td>40</td><td>20</td><td>9.8</td><td>4</td></tr>
</table></td></tr>
<tr><td>자료 변환 및 해석</td><td>A
<table>
<tr><td>그래프 제목</td><td>압력에 따른 부피 변화</td></tr>
<tr><td>자료 해석</td><td>피스톤을 누르면 압력이 커져 기체의 부피는 줄어든다.</td></tr>
</table></td></tr>
<tr><td>결론 도출</td><td>온도가 일정할 때, 압력이 증가하면 기체의 부피가 감소한다(반비례 관계).</td></tr>
<tr><td>확장</td><td>(예측) 만약 압력이 20이 되었다면, 공기의 부피는 20mL 가 되었을 것이다.
(알아낸 점) 압력과 부피를 곱한 값은 40으로 일정하다.
(오차 원인) 기압이 4일 때, 공기의 부피는 9.8mL이었다. 이것은 피스톤과 주사기 내부 벽면의 마찰 때문에 덜 밀린 것으로 보인다. 이론적인 공기의 부피는 10mL 일 것이다.</td></tr>
</table>

06 교과세특 기록하기

과목별 세부능력 및 특기사항

수업시간, 교육활동 중에 교사가 관찰하거나 기록한 내용 등을 바탕으로 학생의 성장과 역량이 드러나게 기록합니다. 교사는 구체적인 사례를 중심으로 관찰한 내용을 기록할 수 있습니다. 학생이 자기평가를 하거나 수행평가로 제출한 자료, 보고서, 동료평가 등 과정중심 평가의 기록을 참고하여 기록합니다.

평가는 지식, 기능, 태도에 관련된 핵심역량과 교육과정의 성취기준을 바탕으로 학생의 잠재적인 역량이나 발전가능성 등을 고려합니다. 학생이 갖고 있는 강점과 노력, 성장이 보여지면서 흥미, 관심분야, 적성과 진로가 드러날 수 있게 기재합니다.

무엇을 중심으로 기재하나요?

- 학습 과정에서 학생의 유의미한 변화와 성장, 자기 성찰 등
- 교육과정 성취기준과 평가 기준을 기반으로 학업내용과 성취수준 등
- 학생 개인별 또는 모둠별 활동 중 보여준 태도, 학습참여도 역량 등
- 학생의 교과 흥미나 관심분야, 적성이나 진로에 관련된 활동 등
- 학생이 보여준 강점, 약점을 극복하기 위한 노력 등
- 학생에게서 관찰할 수 있는 의미 있는 요소 등

국어

평소에 관심 있는 분야의 책을 정독하며 필요한 정보를 추출하고 정리하여 생각을 표현할 수 있는 능력이 있음. 자신에게 영향을 준책으로 일론 머스크, 미래의 설계자(에슐리 반스)'를 독서 계획에 맞춰 읽고 미래지향적인 융합형인재가 되겠다고 다짐함. 자신의 미래계획과 방향을 논리적이고 자신감 있게 발표하여 큰 호응을 얻음. 창조하는 힘을 갖기 위한 통찰력과 과학적 사고력, 따뜻한 인성의 중요성을 강조하며 시선처리와 몸짓 등 비언어적 표현을 효과적으로 사용할 수 있는 학생임. 자신의 관심사와 친구들의 공감을 연결하며 키워드를 정리하여 효과적인 전달력을 연출하는 능력이 뛰어남. 평소 환경 분야에 관심이 많아 '설득하는 글쓰기 활동'을 통해 수소에너지에 대한 다양한 자료를 수집, 분석하여 탄소 배출을 줄이는 데 효과적인 수소 에너지의 필요성과 경제성을 설득력 있게 주장함. 독자의 흥미유발을 위해 다양한 자료를 활용하는 노력이 돋보임.

학생이 수행한 학습과정에서 보여준 구체적인 활동 내용과 학생의 특성, 역량과 미래지향적이고 자기주도적인 태도 등이 기재되어 있습니다. 자신감 있고 배려심 등의 인성요소와 관심분야에 연결할 수 있는 태도와 구체적인 활동, 노력 등이 기재될 수 있습니다.

영어

영어 말하기에 관심이 많고 열정적, 자발적으로 다양한 활동에 적극적으로 참여하는 자기주도적인 태도를 가진 학생임. 서로 다른 정보를 가진 글을 읽고 짝과 함께 의견을 정리하여 어휘를 정리하는 활동에서 서로 다른 견해를 조율하며 협상할 수 있는 의사소통과 협력적인 자세로 문제를 해결함. 핵심어를 활용하여 재미있는 이야기로 스토리텔링하며 이중적인 의미를 갖는 단어의 뜻을 활용하여 스토리를 만드는 창의적인 아이디어를 제공함. 가족을 소개하는 영어말하기 발표에서 장난기 많은 동생의 일화와 자상한 아버지와의 에피소드를 재미있게 재구성하는 과정에서 친숙한 영어 표현을 사용함. 스토리를 구성하고 생동감 있는 표정과 동작으로 많은 학생들에게 즐거움을 주는 등 자신감 있고 간결한 어휘를 사용하여 메시지를 전달하는 의사소통 능력이 뛰어남.

성취기준을 재구조화하여 학습한 내용을 정리하며 구체적인 사례를 중심으로 학습 활동을 기재할 수 있습니다. 특히 학습과정에서 수행했던 강점의 예를 구체적으로 제시하여 학생이 가진 역량이 사례를 통해서 드러날 수 있게 기재될 수 있습니다.

수학

정수의 연산에서 양의 정수, 음의 정수, 0으로 정수를 분류하며 각각의 연산법칙을 바둑돌 모형을 이용하여 다양한 방법으로 제시하였으며, 연산기호의 사용을 흰돌과 검은돌의 연산에 대한 규칙을 정하고 진술할 수 있음. 기호로 구성된 연산을 실제 활동으로 연결하여 발표하며 청중을 향한 적절한 질문과 대답으로 자연스럽게 몰입을 유도하는 능력이 있음. 모둠별 생각나누기 활동에서 자신의 역할 수행에 적극적이며 친구들에게 부담이 되지 않게 자신에게 역할을 부여해달라고 친구들에게 요청하며 적극적인 참여분위기를 유도하는 리더십을 실천함. 수학 멘토링 프로그램에 참여하여 점심시간과 방과 후 15분씩 주2회 참여하는 등 멘토 역할에 적극적으로 참여함. 특히 수업 중에 활동지를 완성하는 데 어려움이 있더라도 포기하지 않고 교사에게 연장시간을 요청하며 주어진 활동을 완성하는 끈기와 성장의지가 강한 학생임.

학습동기와 학습활동에서 보여준 태도와 장점을 보여준 내용을 위주로 기재 가능합니다. 적극적인 학습 의지와 약점을 극복하려는 노력, 역할수행과 리더십을 실천한 내용을 구체적으로 확인하는 사례도 좋습니다. 수학적 사고에 대한 깊이나 이해도를 확인할 수 있는 활동에 적극적으로 참여하고 성장의지나 노력을 보일 수업참여가 필요합니다.

사회

'지역사회에서 봉사를 실천하여 세상을 바꾸자!'를 주제로 협력학습하며 '작은 나눔에서 얻는 큰 행복'이라는 소주제로 지역사회의 봉사계획을 수립하고, 실제적으로 1년간 주말마다 실천하며 그 사례를 학교 홈페이지에 소개하는 등 지속적인 실천과 노력으로 많은 칭찬을 받음. 모둠원끼리 문제를 해결하는 활동에서 의견이 대립되어도 서로 경청하는 습관으로 상호 존중하는 자세를 실천하였으며 생각의 차이에서 새로운 정보를 조사하고 자신의 생각을 확장할 수 있는 긍정적인 효과를 경험하며 적극적인 토의 활동으로 연결됨. 토의 활동에 참여하며 질문하는 데 망설이지 않고 어려운 부분은 교사와 친구들에게 반복하여 질문할 수 있는 용기를 갖고 노력하여 사회 학습에 대한 자신감을 갖고 적극적으로 참여하려는 노력이 남다름.

학습 목표에 관련된 학생의 수행과 활동 내용을 기재할 수 있습니다. 특히 모둠 활동에서 토론 활동에 적극적으로 참여한 부분도 가능합니다. 학생이 중심이 되어 배움에 참여할 수 있는 개인적인 노력과 성장의 가능성을 확인할 수 있는 부분도 기재됩니다.

과학

수업시간마다 집중한 결과 학업성취도가 높으며, 과학의 이론을 탐구하고 실험하는 활동에 적극적으로 참여함. 특히 실험 활동에서 집중하여 주어진 변인 요소를 확인하며 진지한 자세로 실험하는 자세가 다른 학생들의 모범이 됨. 안전한 실험 환경을 확인하고, 신중하며 객관적이고 타당한 실험절차를 설계하여 신뢰도 높은 결과를 도출함. 실험을 진행한 과정과 결과를 보고서로 남기고 친구들과 함께 의견을 나누며 협력하는 자세를 갖춤. 중력가속도를 이용하여 학교 건물 높이 재기 실험에서 통제변인을 꼼꼼히 찾아 공이 떨어질 때의 외력을 최소화 하였고 이를 통해 측정의 신뢰도를 높여 오차범위 10% 이내의 결과를 도출함. 수평으로 던져진 공과 수직으로 낙하한 공의 시간이 이론적으로 같아야 함에도 불구하고 수평 방향의 시간이 더 걸린 이유에 대해 모둠원과의 자유로운 의사소통과정을 통해 속도와 공기의 저항으로 연결 짓는 등 과학의 탐구역량을 보여줌.

수업시간에 참여한 자세와 참여 노력 등을 확인할 수 있습니다. 성취기준에 기반한 활동 내역과 탐구 역량에 관련된 학생의 준비도와 태도, 실제적인 수행 내용과 결과 분석까지 구체적으로 기록하여 학생의 역량이 드러납니다.

쉬는시간 알아두면 쓸모있는 공부 정보

나홀로 공부하기

'학습'은 강의를 듣고 배우는 학(學)과 익히는 습(習)을 합쳐서 부르는 말입니다. 학교 수업을 마친 뒤에 혼자서 다시 복습하는 공부는 배운 것을 익히는 '습'이 됩니다.

자기 주도 학습의 무기는 교과서와 공책

학교 수업 시간에 주 교재로 쓰는 교과서와 수업 시간에 중요한 내용을 적어둔 공책 (또는 선생님이 주신 보충 자료)을 준비하세요.

▶ **교과서를 찬찬히 읽고 수업 내용을 떠올려보기**
▶ **빈 종이(혹은 공책의 빈 장)를 펴두고 교과서 내용 정리해보기**
▶ **교과서를 읽고 공책이나 보충 자료의 설명을 교과서에 추가해 나만의 참고서 만들기**
▶ **교과서 내용이 답이 될 수 있는 질문 만들어보기**

이 외에도 많은 자기 주도 학습 방법들이 있겠지만, 일단 출발은 "교과서와 공책"!

자기 주도 학습의 도우미는 문제집

교과서와 공책으로 공부가 잘 되었는지 궁금하다면 문제집으로 확인해보아요.
그렇다면 나에게 꼭 맞는 문제집은 어떻게 골라야 할까요?

▶ **찾고 있는 문제집이 정해져 있지 않다면 EBS 문제집부터!**

▶ 문제집을 어떻게 활용할지 정하고 찾아봐요!

기본을 다지려면 간단한 개념 설명과 기초 응용 심화 순으로 문제가 배열된 문제집으로, 익힌 개념을 확인하려면 설명보다는 다양한 난이도의 문제가 많은 문제집으로, 심화학습을 원한다면 응용 심화 난이도의 문제가 잘 엄선된 문제집으로 골라보아요.

자기 주도 학습의 체크리스트

▶나의 공부 성향을 알고 있는가?
▶시간 활용을 위해 플래너를 사용하고 있는가?
▶수업 내용의 예습/복습을 적절하게 하고 있는가?
▶오답노트를 활용하고 있는가?
▶시험을 대비해 학습 계획을 세우고 있는가?

중등 시기의 학교 공부가 대입을 좌우한다

중학교에서 내신관리를 하며 쌓아온 공부 습관은 고교 내신관리에도 영향을 줍니다. 고등학교에서의 내신과 학생부관리는 대입의 당락을 좌우할 정도로 중요합니다. 중학교 때 내신관리를 소홀히 한 학생이 고등학교에 올라가서 성실하게 내신관리를 할 수 있다고 말하기는 어려워요. 공부는 습관이 중요하기 때문이에요.

중학교부터 자기주도적으로 학습관리를 한 학생은 자신만의 내신관리 요령이 있어요. 즉 중간고사와 기말고사를 언제부터 어떻게 준비하면 되는지, 무엇부터 먼저 준비해야 쉬운지 등을 이미 알지요. 이런 학생은 동아리 활동 등 비교과 활동과 수능 공부에 좀 더 신경을 쓸 수 있겠지요.

집에서도 궁금증 해결 인터넷 강의

요즘 인터넷 강의는 크게 무료 혹은 저가 인강과 제법 비싼 유료 인강으로 나누어져요. 비싸다고 다 좋은 것은 아니니 각각의 특징을 잘 알아보고 자신에게 맞는 강의를 선택해야 해요.
잠깐! 인강은 도움 자료일 뿐 너무 의존하면 여러분이 배운 내용을 익힐 시간이 부족해진답니다!

나에게 꼭 맞는 인강 선택 비법!

❶ 인강을 듣는 목적 생각하기
내신 시험 대비, 가벼운 선행 학습, 많은 설명을 포함한 보충 학습 등

❷ 강의 양 확인하기
내신 시험 대비라면서 60강짜리 강의를 선택하진 않겠죠?

❸ 강사의 수업 스타일 확인하기
목소리 높이, 톤, 빠르기 등 오래 들어도 괜찮은지 확인

❹ 비용과 나머지 선택 사항 확인하기
아무리 좋은 강좌도 지나치게 비싸다면 다시 고민해야겠죠?

효과 만점 교육방송, EBS 인강

제일 큰 장점은 무료(중학 프리미엄 제외)라는 것! 무료는 아니지만 중학 프리미엄도 내신 대비용 프로그램이 잘 갖추어져 있어서 추천할 만해요. 어떻게 공부해야 할지도 가르쳐준답니다.

효과적으로 EBS 인강 듣기

EBS 강의를 효과적으로 활용하려면 먼저 과목별, 단원별로 나의 학습 수준이 어느 정도인지 파악하는 것이 필요해요.

● 인강을 듣기 전

- 내 수준에 맞는 강의를 듣자. EBS 강의 내용과 강의계획서를 살펴본 후 강의를 선택하면 효과적이에요. 맛보기 강의를 들어본 후 자신의 학습 스타일에 맞는 강의를 선택하면 자기 주도적인 학습에 도움이 되겠죠.
- 예습이 중요하다. EBS 강의는 예습을 하고 들으면 효과적이에요. 교재 내용을 미리 읽어보고, 문제도 풀어보세요.

● 인강을 들을 때

- 노트에 필기하며 듣자. 인강을 들을 때 조심해야 되는 것은 언제든지 다시보기를 할 수 있다는 생각에 집중해서 강의를 안 보는 것이에요. 집중해서 강의를 보며 개념들을 노트에 필기한다면 복습할 때도 효과적이에요.
- 모르는 부분은 반복재생해서 이해하자. 문제풀이 영상으로 넘어가기 전까지 반복재생을 통해 개념을 완벽히 이해해보세요.

● **인강을 듣고 나서**

- 복습으로 활용할 때는 전체적으로 학습 내용을 다시 한 번 훑어본다는 기분으로 들어보세요.
- Q&A 게시판에 모르는 것은 물어보세요. 친절하게 답변을 달아 주실 거예요.

Q 인강을 들을 때는 이해가 되는데, 막상 혼자서 문제를 풀면 자꾸만 틀려요.
A 개념을 이해했으면 본인이 스스로 반드시 풀어봐야 해요. 인강을 1시간 들었으면 1.5~ 2시간의 복습이 꼭 뒤따라야 효과를 볼 수 있어요.

Q 인강을 어떻게 듣는 것이 효과적인가요?
A 방송 프로그램을 보듯 편안한 자세로 몰아 듣는 것은 위험한 태도예요. 인강을 들을 때는 내용을 다 필기한다는 자세로 집중할 필요가 있어요. 다 못 적었으면 다시 반복해 듣고 이해해야 해요.

Q 인강의 단점은 듣다가 나태해진다는 점인데, 해결 방법이 없을까요?
A 인강을 잘 활용하는 친구들은 PC나 태블렛으로 봐요. 거실에 나와 있는 PC나 인터넷이 안 되는 PMP를 통해 스스로 유혹을 차단하는 것이죠. 요즘에는 친구들끼리 그룹을 짜서 서로 웹캠으로 감시하기도 해요.

Plus+

알아두면 쓸모있는 인강 사이트

"영어, 영역별로 부족한 것 골라보며 보충하자!"

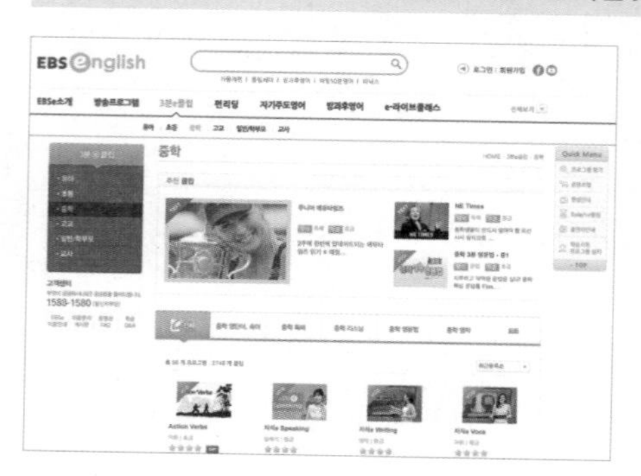

EBS english | ebse.co.kr

'EBS TV 더 중학영어 시리즈', '3분 영문법' 등은 수준별 자기 주도 학습이 가능하도록 듣기, 말하기, 읽기, 쓰기, 문법, 어휘 동영상 등 다양한 콘텐츠를 제공.

"수포자 탈출! 이제는 수학을 즐기자!"

EBS MATH | ebsmath.co.kr

초등 5학년부터 중학교 3학년까지 교과서 없이 동영상, 게임, 웹툰, 학습카드로 수학을 재미있게 배우는 무료 수학 학습 사이트.

EBS수목달 중학수학 '수학목표달성'

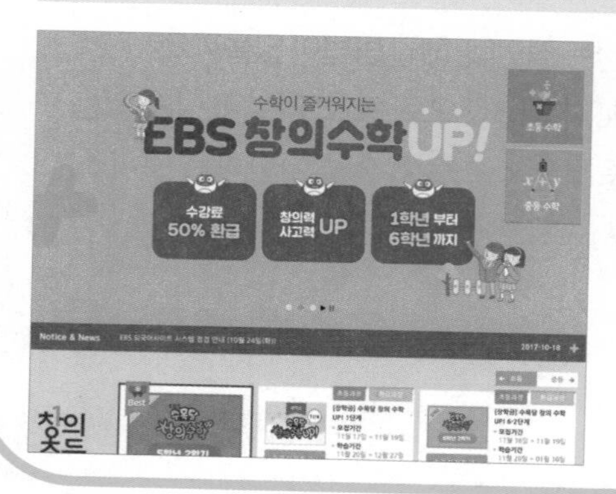

EBS수목달 | soomokdal.ebslang.co.kr

동영상 강의가 가진 한계점을 극복하고 자기 주도 학습에 최적화된 온라인 맞춤형 수학 학습 서비스. 성실하게 학습하여 목표를 달성하면 수강료를 50% 돌려주는 환급 제도를 운영.

17개 시도 교육청별로 사이버학습 서비스를 운영하고 있는데요. 지역별로 활용도가 활발한 곳도 있지만 활용이 낮은 곳도 있어요. 대표적인 지자체, 시도교육청 인강 사이트들을 소개할게요.

강남구청 인터넷 방송

강남구청 인터넷 방송 | edu.ingang.go.kr
강남구가 2004년부터 설립 운영하는 강남의 인강으로 전국의 중1부터 고3까지 365일 동안 5만원으로 무제한 수강 가능.

기초 학력 향상 지원 사이트, 꾸꾸

꾸꾸 | basics.re.kr
'꾸꾸(KU-CU)'는 학습 부진 학생 지도, 지원을 체계적으로 시행할 수 있도록 진단 도구, 보정 학습 자료, 관리 및 지원 프로그램을 제공하는 기초 학력 지원 사이트.

4교시 스펙업 프로젝트

"자소서에 남들 다 하는 공부 방법 쓰지 말아라."

"학생부종합 전형 시대, 일반고 어떻게 달라지나……"

"외고·자사고 입시 '이젠 학생부가 서류 평가의 핵심"

"자사고 준비, 학생부·자소서·배경지식 갖춘 면접 대비가 필수"

"토론·협동 수업 늘고, 예체능 교육 살아나고……"

01	스마트 포트폴리오
02	독서 활동
03	독서로 하는 과제탐구
04	교과연계 과제탐구

01 스마트 포트폴리오

나를 보여주는 종합 선물 세트 포트폴리오

스마트 도구를 활용하여 포트폴리오 관리하기

포트폴리오의 사전적 의미는 서류 가방, 자료 수집철, 자료 묶음입니다. 우리가 주목하는 포트폴리오는 목표를 달성하기 위해 자신의 실력을 보여줄 수 있는 활동, 결과, 성취, 경험, 작품, 프로젝트 등을 모은 종합 자료집입니다.

포트폴리오는 내 안의 가능성을 보여주는 것

포트폴리오는 왜 중요할까요? 결론부터 이야기하자면 포트폴리오는 내 안의 발전 가능성을 보여줄 수 있는 증빙 자료이기 때문입니다. 기록하지 않으면 기억할 수 없습니다. 포트폴리오 자료가 하나씩 모여감에 따라 작은 성공과 성취를 느낄 수 있고, 이것이 모여 꿈에 명확하게 다가갈 수 있는 것입니다. 포트폴리오는 급하게 만들어낼 수 없는 장기간 동안의 나의 삶의 궤적입니다. 포트폴리오 자료 안에는 문제를 해결하는 과정과 결과가 모두 포함되어 있습니다.

포트폴리오가 중요한 이유

- 내가 살아온 경험과 그 경험을 통해 느낀 점을 엿볼 수 있습니다.
- 내가 좋아하는 것, 흥미로운 것, 잘하는 것을 파악할 수 있습니다.
- 어떤 분야에 대한 능력을 파악할 수 있습니다.
- 어떤 분야에 대한 열정과 태도를 느낄 수 있습니다.
- 가지고 있는 문제해결 능력, 창의성, 완성도를 가늠할 수 있습니다.
- 타고난 재능과 길러진 능력을 파악할 수 있습니다.

합격을 부르는 포트폴리오 비법

합격을 부르는 포트폴리오 비법

나의 관심사와 잘 연결되도록 포트폴리오를 만드는 것이 중요합니다. 건축과 사진에 관심이 많은 학생이라면 글로 정리된 것보다는 사진과 직접 그린 그림이나 편집한 그림을 콜라주 형식으로 붙인 포트폴리오가 어울리고, 역사에 관심 있는 학생이라면 역사 관련 책 감상문을 올리거나 역사 유적지를 탐방하거나 깔끔하게 정리한 노트 등 좋아하는 분야의 특성이 드러나도록 포트폴리오를 구성하는 것이 좋겠죠? 포트폴리오는 활동 후 2~3일 이내 작성해야 활동내용을 생생하게 기록할 수 있습니다.

참여 동기 + 내용 + 느낀 점 + 산출물 → 의미 부여 + 스토리 → 브랜드

내용은 간결하고 구체적으로

간결하고 구체적인 포트폴리오는 다른 사람이 보았을 때 활동에 대한 정보를 파악하기 쉬워 평가하기 좋고, 나중에 보았을 때에도 핵심 내용을 기억해내는데 도움이 됩니다. 활동들을 단순 나열하는 것보다는 구체적인 생각, 대화, 행동, 힘든 점, 극복 과정 등이 포함되면 좋습니다.

예) 2020년 학생회 선거에서 선거 유세 및 개표 사회자 역할을 담당하였다. 후보별 공약을 일주일 동안 분석하였다. 100분 토론 영상을 찾아보며, 사회자가 발언자의 질문에서 질문을 만들어 내는 방법을 알게 되었다.

감정이나 느낌은 생생하게

학교에서 개인, 모둠, 학급 친구들과 다양한 활동을 하면서 때로는 즐겁고 기쁘고, 때로는 힘들고 짜증이 나기도 합니다. 최대한 솔직하게 기록하며 이 내용에는 다음과 같은 점이 포함되어야 합니다.

향상된 능력 | 태도 변화 | 성취를 이룬 경험 과정 | 어려운 점 극복 과정 | 깨달은 점

예) 모둠 활동에서 세 가지 아이디어를 융합하여 아이디어를 내는 것이 매우 어렵고 힘들었다. 기술 시간에 연습했던 마인드맵을 그려가면서 다양한 아이디어가 연결되어 결국에는 괜찮은 아이디어가 나왔다. 친구들이 나의 제안을 받아들여 주었을 때 자신감이 생겼고, 모둠 활동을 주도적으로 이끌게 되었다.

산출물은 많이

학교에서 활동을 하게 되면 어떠한 형태로든 결과물이 나오기 마련입니다. 포트폴리오를 풍부하게 만들기 위해서는 활동 과정, 결과물 사진과 파일 등을 많이 활용하세요. 글도 중요하지만 사진, 영상은 이해하기 쉽습니다.

활동은 1학년에는 다양하게, 3학년에는 일관성 있게

중학교 1학년 때는 동아리, 주제 선택, 진로 등의 활동을 할 때, 어렸을 때부터 관심 있었던 분야, 궁금한 분야 등에 폭넓게 참여합니다. 2학년부터는 시험공부를 병행해야 하므로 관심 분야 2-3개 정도를 설정하고, 그 분야와 관련된 활동들에 참여하세요. 3학년은 관심 분야에서 1-2개 정도를 설정하고, 관련된 활동에 집중적으로 참여하세요.

1학년

관심 분야 - 과학, 만들기, 미술 심리, 동물, 환경
동아리 - 과학 만들기
진로 특강 - 범죄심리분석
예술 - 컬러링 그리기
주제 선택 - 코딩 기초 실습
대회 - 환경 표어 제작 대회

2학년

관심 분야 - 과학, 공학, 정보, 기술
동아리 - 과학 실험반
대회 - 발명대회
봉사활동 - 과학 부스 운영
방과 후 - 컴퓨터 자격증반

3학년

관심 분야 - 물리, 공학, 기술
동아리 - 로봇과학반
대회 - 융합과학 대회
독서 - 나도 AI로봇 만들 수 있어(김선미, 강수현 외)
교과 - 아두이노 이용하여 자동분리수거 로봇팔 만들기

독서는 지속적으로

고등학교 진학 시 자기소개서를 쓸 때 제시되는 질문 중 독서에 관한 것이 항상 나옵니다.

읽은 책 중 자신에게 가장 영향을 준 책을 고르고,
왜 영향을 주었는지 기술하시오.

독서의 목적은 관심 있는 분야의 확장 및 심화 학습, 부족한 부분의 보완입니다. 틈틈이 관심 있는 분야의 책을 다양하게 읽는 것이 중요합니다. 줄거리, 인상적인 구절, 생각이나 나의 삶에 영향을 준 내용, 느낀 점을 위주로 구글 문서로 작성하여 누적하여 기록하는 것을 추천합니다. 필요한 부분은 사진을 찍어서 첨부해두는 것도 좋습니다.

책 제목 / 지은이 / 날짜	
3줄 요약	
인상적인 구절 + 이유	
나의 삶에 영향을 준 내용	
느낀 점	

관심 분야 체험 활동, 봉사활동도 함께하면 자기소개서에 쓸 내용이 더욱더 많아지겠죠? 포트폴리오에 포함되면 좋을 주제와 항목을 정리하면 다음과 같습니다.

주제	세부 내용
교과 활동	공부법, 수행평가, 노트 정리, 플래너 작성, 심화 탐구 활동, 모둠 활동, 산출물, 핵심 역량 등
창체 활동	교내대회, 학급행사, 자치회의, 봉사활동, 동아리 활동, 스포츠클럽, 체육대회, 합창대회 등
진로 활동	흥미, 적성, 장·단점, 취미, 특기, 직업 체험, 직업인 인터뷰, 롤모델, 인생 계획, 계열성향검사, 온라인 진로상담, 온라인 페스티벌
독서 활동	독서 목록, 독후감, 토론, 프로젝트 활동, 마인드맵 작성 등
기타	각종 성과, 칭찬받은 사례, 리더십을 발휘한 사례, 실패를 극복한 사례, 공모전, 외부 활동, 영재교육원, 발명교실 등

스마트한 포트폴리오

나의 활동을 어디에 어떻게 정리하면 좋을까요? 가장 손쉬운 방법은 클리어 파일에 보고서, 활동사진, 노트 등을 모아서 보관하는 것입니다. 보고서, 노트는 파일에 그대로 넣으면 되고, 큰 포스트잇에 느낀 점, 생각한 점 등을 추가하여 붙여 놓으면 바로 포트폴리오 자료가 됩니다. 요즘은 컴퓨터나 태블릿을 많이 사용하므로 온라인 포트폴리오를 활용하는 것도 추천합니다. 왜냐하면 정보를 체계적으로 보기 좋게 정리할 수 있고, 오랫동안 안전하게 보관할 수 있기 때문입니다. 구글 keep 메모, 패들렛, 구글 프레젠테이션, 블로그 등 온라인에서 포트폴리오를 스마트하게 관리할 수 있는 도구를 안내할게요. 살펴보고 자기에게 맞는 방식을 선택하여 사용해보세요. 입력 내용은 대입 학생부종합 요소를 참고하면 됩니다.

간단하고 쉽게, 구글 keep 메모

구글에서 제공하는 메모 기능으로 구글 아이디를 이용하여 어플리케이션을 다운받으면 편리하게 사용할 수 있습니다. 사용 방법이 쉽고 간단하며, 활동을 하면서도 사진 첨부, 실시간 녹음도 가능합니다. 컴퓨터, 태블릿, 스마트폰에서 동시에 작업이 가능하므로 시간을 절약할 수 있습니다.

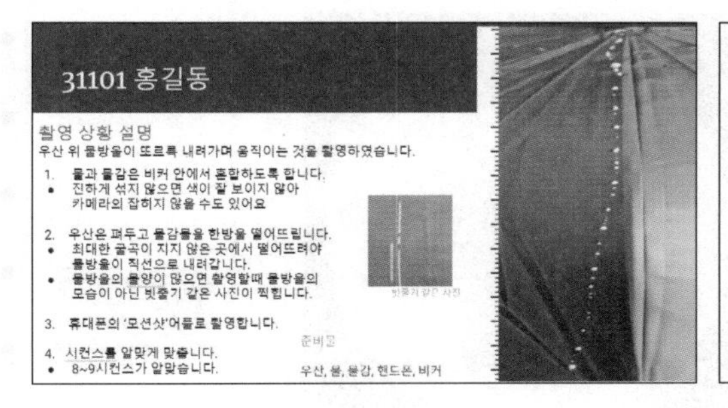

2020-11-18 (수) 과학 컨텐츠 제작 대회

- ☐ 실생활의 운동을 모션샷 어플리케이션 촬영하여 분석하는 활동
- ☐ 1차 아이디어 : 수도꼭지에서 떨어지는 물을 촬영해보고 싶었다. 1차 예선 통과
- ☐ 문제점 : 물이 떨어지는 것을 촬영하기 힘들었다. 물이 투명하기 때문에
- ☐ 문제점 해결 : 물에 색소를 타서 색소물을 만들었다. 물이 떨어지는 것을 잘 확인하기 위해서 방수 기능이 있는 우산에 떨어뜨렸다. 비록 직선으로 떨어지지는 않았지만 방수 기능으로 인하여 물이 떨어지는 것이 잘 보였다.

\+ 항목 추가

수정된 시간: 오전 11:28

한눈에 보기 좋고, 다양한 형식의 자료 첨부가 가능한 패들렛

패들렛은 온라인 게시판으로 항목별로 나누어 자료를 업로드 할 수 있습니다. 사진, URL, 음성 녹음, 그리기, 장소 등 다양한 형태의 자료 첨부가 가능한데다 무료입니다.

https://padlet.com/dashboard

1. 패들렛 접속
2. 패들렛 가입 구글 아이디
3. +PADLET 만들기 + MAKE A PADLET
4. 셸브 선택
5. 목차 작성
6. 포트폴리오 글 작성

글쓰기만 하면 멋진 발표 자료로 변신, 구글 프레젠테이션

구글 프레젠테이션은 구글에 접속하여 기록만 하면 바로 발표 자료가 되는 장점이 있습니다. 자동 저장되어 파일을 안전하게 보관할 수 있으며, URL로 쉽게 다른 사람과 공유가 가능하여, 선생님, 선배, 부모님 등의 코멘트를 받아 수정 보완하기 좋습니다. 다양한 템플릿, 구글 사진 검색 첨부, 유튜브 동영상 검색 첨부 등의 기능을 이용하여 입체적이고 개성 있는 포트폴리오를 제작해보세요.

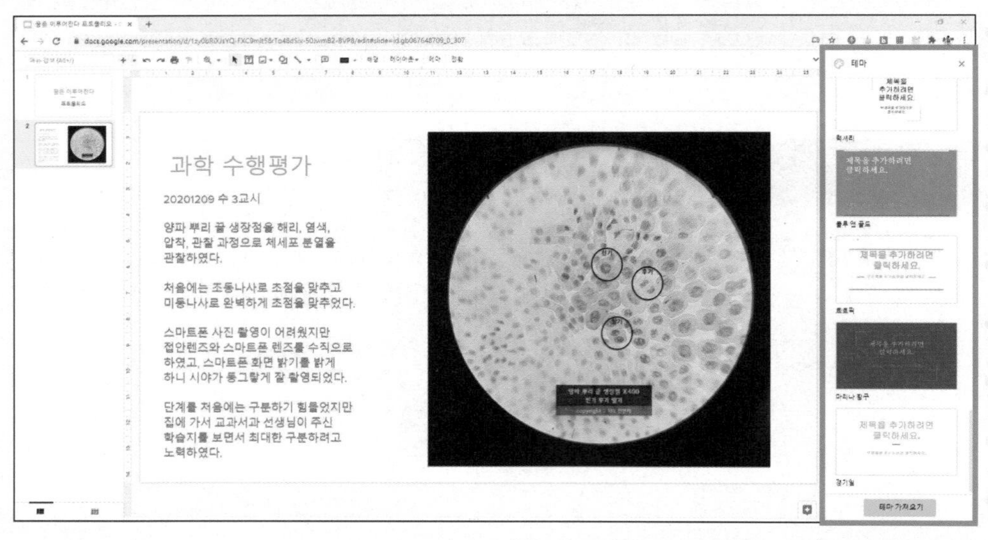

오른쪽 네모 상자에서 다양한 테마를 선택할 수 있음

사진 넣기 - 삽입 > 이미지 > 컴퓨터에서 업로드 또는 웹검색
동영상 넣기 - 삽입 > 동영상 삽입 > 검색 또는 URL 사용
레이아웃 선택 - 슬라이드 > 레이아웃 적용

브런치, 티스토리, 블로그

블로그는 웹(web)과 로그(log)의 합성어로 자신이 관심 있는 분야에 대한 경험, 생각, 정보, 전문 지식, 견해나 주장 등을 자유롭게 일기처럼 차곡차곡 적어 올리는 형식의 웹사이트입니다. 보통은 검색과 접근성이 좋아 블로그를 이용하고, 전문지식의 포스팅을 위해서는 브런치가 활용됩니다. 블로그의 좋은 점은 검색을 통하여 쉽게 블로그 글에 접근할 수 있으며, 댓글을 통하여 다른 사람들과 소통도 할 수 있다는 점입니다. 내가 모르는 사람들과 온라인에서 관계를 맺고, 이를 통하여 지식 정보를 확장해나갈 수 있죠. 메뉴를 자율활동, 동아리 활동, 봉사활동, 진로 활동, 교과 활동으로 크게 나누고, 그 섹션에 글을 올려 정보를 차곡차곡 모아 나만의 포트폴리오로 활용해보는 것은 어떨까요?

02 독서 활동

중학교 교과서에서 말하는 독서

요즘 학생들은 글을 읽고 이해하는 능력이 부족합니다. 실제로 교과서에 있는 단어를 이해하지 못하는 학생들이 꽤 많습니다. 책 읽기 습관이 부족하여 책과는 거리가 먼 편이지요. 인터넷상에 유행하는 이모지나 줄임말 등에는 익숙하지만 한자어를 비롯해서 깊이 있는 단어를 이해하지 못하여 학업을 수행하는 데 어려움이 많습니다.

독서는 창의력과 집중력, 문제해결 능력을 향상시키고 의사소통 능력에도 큰 영향을 미치는 학습활동입니다. 과정중심평가에서 심화활동을 하는 데 독서를 적극적으로 활용하는 것은 필수적인 요소라고 말할 수 있습니다. 중학교에서는 책 읽기의 내면 활동에 치중하고 고등학교에서는 서평 쓰기, 책 대화하기 등의 내면과 사회성에 치중하고 있습니다.

* 독후감 : 다른 사람을 염두하지 않고 쓰는 글
* 서평 : 다른 사람들이 읽을 것을 염두하여 쓰는 글

책에 흥미가 없다면 익숙해질 때까지 삽화가 있는 책부터 시작해서 점차적으로 좋아하는 주제가 있는 책을 읽기를 권장합니다. 가장 인상 깊은 대목과 전체적인 감상평을 작성하여 기록으로 남기세요. 꼭 학교생활기록부에 기록하는 것을 잊지 마세요!

학년별 독서활동
과목별 독서활동

학년별 독서활동 500자, 과목별 독서활동 250자

독서활동상황에는 학생이 읽은 책의 제목과 저자를 입력합니다. 독서기록장, 독서 포트폴리오 등의 증빙자료는 학생 개인이 보관합니다. 해당 교과의 독서는 교과 교사가 250자를 입력할 수 있고, 특정 교과에 해당하지 않을 경우 담임교사가 공통부분에 500자까지 입력할 수 있습니다. 학교에서 교육활동을 전개하였다면, 도서명을 포함하여 독서활동의 내용을 다른 영역(교과세특, 창의적 체험활동, 자유학기 등)에 입력할 수 있습니다. 고등학교 진학 후에도 같은 방식으로 기록됩니다. 진로에 관련된 탐구활동으로 연결 짓는 것이 필요하므로 중학교에서 학교생활기록부 형식에 맞추는 연습을 해보는 것을 추천합니다.

학년	과목	독서 활동 상황
1	국어	(1학기) 공중그네(오쿠다 히데오), 꿈꾸는 다락방(이지성), 교실 밖 국어여행(강혜원 외)
		(2학기) 연을 쫓는 아이(할레드 호세이니), 세 잔의 차(그레그 모텐슨, 데이비드 올리버 렐린), 바람을 길들인 풍차소년(윌리엄 캄쾀바)

학교생활기록부 독서활동 기록 기본 사항

- 증빙자료를 교과 담당 선생님께 제출할 경우 '해당 과목명', 담임선생님께 제출할 경우 '공통'으로 분류되어 책의 제목과 저자가 입력된다.
- 독서기록장 독서 포트폴리오 등의 증빙자료는 학생 개인이 보관한다.
- 독서활동상황은 독서기록장, 독서 포트폴리오, 독서교육종합지원시스템*의 증빙자료를 근거로 입력한다.
- ISBN에 등재된 도서에 한해 가능하다.
- 수행평가, 탐구보고서 작성, 동아리 활동 등에서 독서활동을 했다면 그 내용은 교과세특, 창의적 체험활동 등에 기재될 수 있다. 이 때 독서활동과 중복 기재될 수 없다.

독서교육종합지원시스템 활용하기

초·중·고등학교 재학생을 대상으로 책을 읽고 독후활동을 할 수 있도록 구성된 독서활동 온라인 지원프로그램입니다.(교육부 개발, 시도교육청 운영) 담임선생님께서 아이디를 나눠주시면 독서교육종합지원시스템에 학생 회원으로 가입하면 됩니다.

- 우리 학교 도서검색
- 나의 대출 도서 이력 확인
- E-BOOK 대출하기
- 대회 참여
- 독후활동 수행 및 관리: 독후감 쓰기, 마인드맵 작성, 요약하기, 토론하기 등

독서활동은 이렇게

독서활동에 조력자가 필요합니다.

자기 수준에 맞는 책을 읽어야 잘 소화할 수 있기 때문에 학생에게 적절한 도서 목록이 필요합니다. 또한, 학생이 작성한 글이나 표현에 대한 피드백, 적절한 조언이 필요합니다. 독서 횟수에 집착하지 말고 한 번을 읽어도 제대로 된 독서를 추천합니다. 부모님이나 선생님께 도움을 요청해보세요.

여럿이 함께 읽으면 효과적입니다.

사람들마다 갖고 있는 생각은 경험과 가치관에 따라 다양합니다. 소규모의 인원이 함께 읽고 서로 생각을 나누고 점검하는 활동을 하면 요점을 정리해서 말하는 능력이 향상됩니다. 책 읽기를 통해서 생각을 나누면 세상을 보는 시각이 넓어지기도 합니다.

생활기록부 기재로 연결하기

고등학교에 진학하면 진로연계 교과활동을 수행하며 학교생활기록부를 관리해야 합니다. 독서활동은 과목활동을 심화탐구할 수 있는 효과적인 수단이 될 수도 있고, 진로연계성을 갖고 여러 과목을 연결하여 학교생활을 스토리텔링할 수 있는 연결고리가 되기도 합니다. 고등학교에 진학하여 갑자기 새로운 환경에서 학생들이 해야 할 것이 많기 때문에 지금부터 독서를 적재적소에 활용하는 연습을 해보세요. 특히 교과세특, 동아리 활동, 진로활동 등에서 학습동기, 내용 등으로 인용문구나 도서내용을 활용할 수 있습니다.

1학년 추천 도서 목록

영역	종류	도서명	저자	출판사
단편소설	소설	어쩌다 보니 왕따	좌백	우리학교
단편소설	소설	조커와 나	김중미	창비
대화활용	만화	곤(Gone)	수신지	굴프레스
대화활용	소설	맹탐정 고민 상담소	이선주	문학동네
대화활용	소설	사춘기라서 그래?	이명랑	탐
대화활용	소설	어느 날 내가 죽었습니다	이경혜	바람의아이들
독서 시작	소설	구덩이	루이스 쌔커	창비
독서 시작	소설	런던 아이 미스터리	시본 도우드	생각과느낌
독서 시작	그림책	뭐든 될 수 있어	요시타케 신스케	스콜라
독서 시작	소설	바다로 간 별들	박일환	우리학교
사회문제	만화	까대기	이종철	보리
사회문제	인문	동물원에 동물이 없다면	이종철	다른
사회문제	동화	비정규 씨, 출근하세요?	더 나은 세상을 꿈꾸는 어린이책 작가 모임	사계절
사회문제	동화	여우의 화원	이병승	북멘토
수업활용 가능	만화	3그램	수신지	미메시스
수업활용 가능	소설	그래도 나는 피었습니다	문영숙	서울컬렉션
수업활용 가능	소설	까칠한 재석이가 사라졌다	고정욱	애플북스
수업활용 가능	인문사회	나는 나를 돌봅니다	박진영	우리학교
역사	소설	검은 바다	문영숙	문학동네
역사	만화	안녕, 베트남	심진규	양철북
이성	소설	난 그것만 생각해	카림 르수니 드미뉴	검둥소
이성	만화	열세 살의 여름	이윤희	창비
이성	소설	하모니 브라더스	우오즈미 나오코	사계절
인성, 철학	소설	1분	최은영	시공사
인성, 철학	에세이	나의 두 사람	김달님	어떤 책
인성, 철학	동화	나이 도둑	정해왕	해와 나무
인성, 철학	웹툰	내 어린 고양이와 늙은 개(1~3)	정솔 (초)	북폴리오
자연과학	과학	소년 소녀, 과학하라	김범준 외	우리학교
자연과학	에세이	수학으로 힐링하기	이수영	홍성사
통일관련	소설	나의 아름다운 첫 학기	이근미	물망초
통일관련	소설	류명성 통일빵집	박경희	뜨인돌

2학년 추천 도서 목록

영역	종류	도서명	저자	출판사
단편소설	소설	망나뇽의 눈물(웃음을 선물할게)	박상영	창비
단편소설	소설	불량한 주스가게(불량한 주스가게)	유하순	푸른책들
단편소설	소설	창모(2020현대문학상 수상소설집)	우다영	현대문학
대화활용	소설	2미터 그리고 48시간	유은실	낮은산
대화활용	소설	구미호 식당	박현숙	특별한 서재
대화활용	소설	그날, 고양이가 내게로 왔다	김중미	낮은산
독서 시작	소설	기억 전달자	로이스 로리	비룡소
독서 시작	소설	나는 내가 누구인지 말할 수 있었다	미카엘 올리비에	바람의아이들
독서 시작	소설	보손 게임단	김남중	사계절
사회문제	에세이	경찰관 속으로	원도	이후진프레스
사회문제	소설	나는 초콜릿의 달콤함을 모릅니다	타라 설리번	푸른숲주니어
사회문제	만화	먼지 없는 방	김성희	보리
서평 글쓰기	사회	고장난 거대 기업	이영면 외	양철북
서평 글쓰기	에세이	나는 매주 시체를 보러 간다	유성호	21세기북스
서평 글쓰기	에세이	소년의 레시피	배지영	웨일북
수업활용 가능	소설	가시고백	김려령	비룡소
수업활용 가능	소설	내일 말할 진실	정은숙	창비
수업활용 가능	소설	멧돼지가 살던 별	김선정	문학동네
역사	만화	100℃	최규석	창비
역사	만화	26년 1, 2, 3	강풀	재미주의
역사	역사	5월 18일, 맑음	임광호 외	창비
이성	소설	빨간 신호등 (영두의 우연한 현실)	이현	사계절
이성	인문사회(성)	사랑을 물어봐도 되나요?	이남석	사계절
이성	소설	키싱 마이 라이프	이옥수	비룡소
인성, 철학	소설	파란만장 내 인생	구경미	문학과지성사
인성, 철학	소설	사랑의 온도	하명희	북로드
인성, 철학	에세이	최후의 늑대	멜빈 버지스	푸른나무
자연과학	과학	낙타는 왜 사막으로 갔을까	최형선	부키
자연과학	과학	여우와 토종씨의 행방불명	박경화	양철북
통일관련	소설	꽃제비 영대	문영숙	서울셀렉션
통일관련	소설	리남행 비행기	김현화	푸른책들
페미니즘	인문	여자들은 다른 장소를 살아간다	류은숙	낮은산
페미니즘	그래픽노블	이브 프로젝트-페미니스트를 위한 여성 성기의 역사	리브 스트룀키스트	푸른지식
학교생활	소설	스피릿 베어	벤 마이켈슨	양철북
학교생활	소설	어느날 신이 내게 왔다	백승남	예담
행복한 삶	에세이	괜찮아, 인생의 비를 먼저 맞았을 뿐이야	김인숙, 남민영	휴 (休)
행복한 삶	에세이	서툴다고 말해도 돼	권명환	호밀밭
행복한 삶	에세이	천 개의 공감	김형경	사람풍경

3학년 추천 도서 목록

영역	종류	도서명	저자	출판사
단편소설	소설	유리 방패 (악기들의 도서관)	김중혁	문학동네
단편소설	소설	저건 사람도 아니다(당분간 인간)	서유미	창비
단편소설	소설	휴가 중인 시체	김중혁	아시아
대화활용	소설	일의 기쁨과 슬픔	장류진	창비
대화활용	소설	나미야 잡화점의 기적	히가시노 게이고	현대문학
대화활용	사회	계단의 집	김고연주	창비
독서 시작	소설	기억 전달자	윌리엄 슬레이터	창비
독서 시작	만화	나쁜 친구	앙꼬	창비
사회문제	현장리포트	4천원 인생	안수찬, 전종휘, 임인택, 임지선	한겨레출판
사회문제	인문사회	나는 무슨 일 하며 살아야 할까?	이철수, 박현희, 송승훈, 배경내, 하종강	철수와영희
사회문제	에세이	나는 신들의 요양보호사입니다	이은주	헤르츠나인
서평 글쓰기	소설	모두 깜언	김중미	창비
서평 글쓰기	소설	버드 스트라이크	구병모	창비
수업활용 가능	수필	금요일엔 돌아오렴	416세월호참사 작가기록단	창비
수업활용 가능	소설	누나가 사랑했든 내가 사랑했든	송경아	창비
역사	소설	1945, 철원	이현	창비
역사	수필	가만한 당신	최윤필	마음산책
역사	소설	갑신년의 세 친구	안소영	창비
이성	만화	다 이아리	이아리	시드앤피드
이성	사회	무지개 성 상담소	동성애자인권연대 외	양철북
이성	소설	유진과 유진	이금이	푸른책들
인성, 철학	에세이	가족의 두 얼굴	최광현	부키
인성, 철학	소설	고령화 가족	천명관	문학동네
인성, 철학	소설	엄마를 부탁해	신경숙	창비
자연과학	소설	마션	앤디 위어	알에이치코리아
자연과학	과학	과학, 일시정지	가치를꿈꾸는과학교사모임	양철북
자연과학	에세이	동물원에서 만난 세계사	손주현	라임
통일관련	소설	난민 소녀 리도희	박경희	뜨인돌
페미니즘	사회	괜찮지 않습니다	최지은	알에이치코리아
페미니즘	사회	불편해도 괜찮아	김두식	창비
페미니즘	사회	엄마는 페미니스트	치마만다 응고지 아디치에	민음사
학교생활	소설	열여덟 너의 존재감	박수현	르네상스
행복한 삶	인문사회	당신이 반짝이던 순간	이진순	문학동네
행복한 삶	사회과학일반	우리도 행복할 수 있을까	오연호	오마이북

03 독서로 하는 과제탐구

독서로 하는 과제탐구

과제탐구요?

이 글을 쓰는 선생님의 오랜 로망은 은퇴할 때 '별에서 온 그대'에 나오는 남자 주인공과 같은 서재를 갖는 거예요. 서재에 햇살까지 잘 들어오는 창이 있으면 좋을 거 같아요. 왠지 거기 앉아 햇살을 받으며 책을 읽으면 훨씬 책이 잘 읽힐 것 같거든요. 드라마에서도 오래된 책을 모아놓은 고풍스런 서재에 앉아 책을 읽거나 일기를 쓰는 남자주인공의 모습은 그 멋을 더 폭발하게 합니다. 남자 주인공이 원래도 멋지긴 했으나 더 있어 보인다랄까, 그 느낌 알죠?

여러분은 책을 많이 읽나요? 중학생들의 학생부를 보면 대다수가 책을 많이 읽지 않습니다. 중학교 3학년 간 약 10권 정도 나옵니다. 책을 많이 읽는 학생이 있습니다. 이들의 학생부에는 책 이름이 빼곡히 적힌 것은 물론이고, 국어 성적 또한 우수합니다. 앞으로 학생부에는 책 이름과 저자만 적히는데, 독서가 중요한지 묻는 학생들이 있습니다. 서울대학교에서 2020년 7월에 배포한 학생부종합전형 안내 책자에서 예비 서울대 학생에게 독서는 기본이라고 말합니다. 독서를 통해 학생의 학업능력과 학습태도를 파악할 수 있기 때문입니다. 면접 준비요령에도 독서를 언급합니다. 요즘 대학 입시에서 독서에 관한 질문은 아주 많습니다. 학생들이 책을 읽는 것도 중요하지만, 그 독서 과정의 전-중-후를 잘 파악하고 본인 생각의

변화를 기록하는 것도 무척 중요합니다.

입시에서 대학은 학생의 독서활동을 통해 무엇을 평가하려는 걸까요? 바로 학생이 희망하는 진로와 관련이 있습니다. 전공이나 계열 관련 추천하는 도서 목록을 본 학생이 있을 것입니다. 독서를 학업역량, 계열(전공)적합성, 발전가능성의 측면에서 바라보기 때문이지요. 학업태도나 성취도는 학교생활기록부를 통해 알 수 있지만, 더 구체적으로는 독서에서 연결된 탐구활동에서 드러납니다. 학생이 교과 수업을 하면서 생긴 호기심을 스스로 해결하려는 독서활동을 통해 학습을 확장하기 때문이죠. 이를 통해 대학은 학생이 자기주도적으로 대학에서의 학업을 충실히 수행할 능력과 열정적인 태도가 있는 것을 확인함과 동시에 학생이 지원하는 전공이나 계열에 어느 정도 관심이 있었는지, 고등학교 생활에서 얼마나 관심을 두고 노력했는지를 평가합니다. 그리고 현재보다 더 나은 수준으로 발전할 가능성이 보이는지도 확인하게 됩니다. 독서가 단순히 맘만 먹었다고 해서 단시간에 빨리 해결되는 문제는 아닙니다. 책을 읽고 이해하고 이를 다시 자신만의 언어로 표현하는 것은 매우 중요한 능력이고, 대입뿐만 아니라 인생에서 학생의 성장을 도울 핵심 무기가 되기 때문입니다.

독서기반 과제탐구는 어떻게하나요?

단순히 책만 읽는 것에 그치지 말고 이와 연결된 추가 자료를 조사하거나 비슷한 주제의 강의를 듣고, 주제별 탐구보고서를 작성하면 금상첨화일 것입니다. 학생부의 독서활동상황에는 도서명과 저자명만을 입력할 수 있지만, 독서와 연계해 보고서 작성을 한다면 자율활동 특기사항에도 적을 수 있습니다. 또, 동아리 활동을 통해 동아리활동 특기사항에, 스스로 한 경우는 진로활동 특기사항에 기록할 수 있습니다.

TED 활용

TED 강의를 들을 때도 책 내용에서 키워드를 뽑아보고 주제를 찾아 TED 강연을 들은 후 종합하여 보고서를 작성합니다. 반대로 TED 강의를 보고, 키워드를 뽑아서 책을 고르는 방법도 좋습니다. TED.COM 접속 후 Ted Talks에 들어가면 됩니다. 영어 강연이 어렵다고 포기하지 마세요. 웹상에서 언어를 한국어로 설정하면 번역된 자막과 함께 영상을 볼 수 있습니다. 단순히 TED 강연을 들었다고 해서 좋은 평가를 기대할 수 없습니다. 스스로 관심 있는 영역에서 어떤 키워드를 탐구하고, 거기에서 주장하고 있는 내용을 파악했다면 추가 작업을 하세요. 그것은 연계 독서와 자료 조사입니다.

K-MOOC 활용

독서 후 관련 주제의 K-MOOC 강연을 찾아 듣고 탐구보고서를 작성하는 것도 가능합니다. KMOOC.KR이나 KOCW.NET에 들어가서 카테고리별 검색을 하거나 독서를 하면서 정리한 키워드를 입력하면 됩니다. 최근에는 강연뿐만 아니라 강의록, 논문도 함께 볼 수 있어서 함께 활용하면 더욱 좋을 것입니다.

신문 활용

독서를 하면서 그 분야의 이슈나 연구 성과나 발전 정도, 연결되는 법령이나 제도에 궁금한 점이 있다면 신문기사를 찾아 읽어보고 이를 활용하여 보고서를 작성하는 것도 가능합니다. 신문기사를 찾을 때는 언론진흥재단을 활용하면 더 효과적입니다. '한국언론진흥재단'에 들어가 메뉴 상단에 있는 '빅카인즈'에 들어가 주제어를 검색하면, 모든 언론사의 기사를 한 번에 찾아 볼 수 있습니다. 검색 후 화면의 아래에 보이는 관계도 분석을 클릭해서 들어가면, 검색한 키워드와 관련된 여러 내용을 빅데이터로 찾아 보여줍니다.

논문 활용

책을 읽은 후에 해당 분야에 관심이 생겼다면, 관련 논문 읽기를 통해 이를 더 심화, 확장할 수 있습니다. 논문을 찾아 읽고 보고서를 작성하려면 RISS나 DBPIA가 편리합니다. 요즈음에는 학교에서 단체로 아이디를 구매해서 학생에게 오픈해 놓는 경우도 많으니 꼭 학교 선생님께 문의해서 사용해 보세요. 일반적으로 논문은 읽기에 매우 어려울 것이라고 생각합니다. 그러나 생각보다 어렵지는 않습니다. 선행 연구 조사와 연구 결론, 제언 등의 내용이 잘 정리되어서 웬만한 책보다 알고 싶은 내용을 파악하는 데 더 쉬울 수 있죠. 단순히 논문 내용을 요약하는 것보다는 관심 있는 주제에 대해 추가 자료조사를 하고 보고서를 작성해서 선생님께 제출하면, 진로활동 특기사항이나 자율활동에 기록할 수 있습니다. 즉, 2~3권의 책을 읽은 후, 주제와 관련한 논문을 찾아서 정리하고 이를 독서활동상황에 체계적으로 기재하면, 학생의 진로희망이 무엇인지 드러낼 수 있습니다. 체계적으로 기록된 자료에서 학생이 관련 분야의 배경지식을 점점 심화하고 확장시키는 모습이 확연히 보일 것입니다. 이렇게 작성된 탐구보고서의 근거가 독서활동상황에 기재된 책과 논문이 되기 때문에 학생부의 각 영역이 서로 유기적인 연결이 된다는 장점이 생깁니다.

[사례] 진로진학 독서
목표학과: 경제학과
진로희망: 한국은행 총재/경제학자
학년/과목: 중3/사회

<table>
<tr><td>교과</td><td>사회</td><td>도서명/저자</td><td colspan="2">만화로보는경제학의거의모든것/
마이클굿윈저, 댄E버그림, 김남수역</td><td>출판사/분야</td><td>다른 /
경제경영</td></tr>
<tr><td colspan="2">활동 계기/목표</td><td colspan="5">수업 시간에 EBS 다큐프라임 <자본주의>를 시청한 후, 우리나라 경제 체제인 자본주의의 역사에 관심이 생겼다. 영상에서 이해가 잘되지 않는 부분이 있어 책으로 읽고 싶었다. 사회 선생님께 추천받아 만화책으로 먼저 읽게 되었다.</td></tr>
<tr><td colspan="2">독서 내용</td><td colspan="5">세계사를 경제 중심으로 공부할 수 있었다. 자본주의가 세계사에 어떤 영향을 미쳤는지 다룬 책이기 때문이다. 그리고 천재라고 불릴 만한 위대한 경제학자들이 서로 논쟁하는 장면이 흥미로웠다. 애덤 스미스, 케인스, 프리드먼 등의 주장을 더 공부해봐야겠다고 생각했다.</td></tr>
<tr><td colspan="2" rowspan="3">배운 점
느낀 점</td><td>동의하는
구절/내용</td><td colspan="4">사실 모든 일이 경제에 영향을 미치고, 거꾸로 경제가 모든 일에 영향을 주기 때문이다.</td></tr>
<tr><td>내 생각과
다른 부분</td><td colspan="4">민주주의를 담보하는 공적 제도와 사회기반시설은 악화되었고, 공동체의 무형적 가치는 소비주의에 굴복하고 말았다.</td></tr>
<tr><td>활용계획
(학습/활동/후속독서)</td><td colspan="4">진로활동 포트폴리오 대회에 진로 독서 목록으로 활용함.</td></tr>
<tr><td colspan="2">선생님/친구와의
소통에 활용한 점</td><td colspan="5">학교생활기록부 독서활동으로 제출함.</td></tr>
<tr><td colspan="2">학생부 브랜딩</td><td colspan="5">평소 경제나 경영에 관심이 많았으나 본인이 진로에는 확신이 없어 자신의 진로를 더욱 확실히 결정하기 위해 '만화로 보는 경제학의 거의 모든 것'이라는 책을 읽고, 자본주의가 세계사에 미친 영향에 대해 새로운 시각을 갖게 되었으며 이를 더 알아보기위해 경제학자들의 주장을 찾아 이론을 공부함.
독서에서 탐구로 이어지는 활동의 확장을 통해 깊이 있는 탐구를 하면서 그 과정에서 본인이 희망하는 경제학자의 진로 탐색 활동으로 진로활동 포트폴리오 대회에 참가하고, 독서 목록으로 활용하여 열심히 노력하는 모습을 보임.</td></tr>
</table>

[사례] 교과연계독서 → 주제 탐구(논문 활용)
학년/교과: 중3/국어

<table>
<tr><td>교과</td><td>국어</td><td>도서명/저자</td><td>난장이가 쏘아올린 작은 공/조세희</td><td>출판사/분야</td><td>이성과힘 | /한국소설</td></tr>
<tr><td colspan="2">활동 계기/목표</td><td colspan="4">국어 교과서에 이 소설 일부가 수록됨. 중략 부분의 줄거리를 읽고 생략된 부분에 대해 궁금증이 생겨 읽게 됨.</td></tr>
<tr><td colspan="2">독서 내용</td><td colspan="4">서울특별시 낙원구 행복동을 배경으로 한 난쟁이 가족의 비극적인 이야기. 어느 날 철거 계고장을 받게 되고, 별다른 저항 없이 입주권을 팔고 이사를 준비한다. 우선 입주할 수 있는 권리가 있지만, 돈이 없어서 입주권을 헐값에 팔게 된다. 조상 대대로 가난은 대물림되고, 영수, 영호, 영희 삼남매는 교육의 기회를 얻지 못한 채 노동자로 살며 삶을 착취당한다.</td></tr>
<tr><td colspan="2" rowspan="3">배운 점
느낀 점</td><td>동의하는 구절/내용</td><td colspan="3">천국에 사는 사람들은 지옥을 생각할 필요가 없다. 그러나 우리 다섯 식구는 지옥에 살면서 천국을 생각했다.</td></tr>
<tr><td>내 생각과 다른 부분</td><td colspan="3">난 저따위 공장엔 안 나갈 거야. 공부해서 큰 회사에 들어갈 거야. 약속해.</td></tr>
<tr><td>활용계획
(학습/활동/후속독서)</td><td colspan="3">1970년대 산업화와 도시화 과정에 대해 더 알고 싶고 다음에는 소설이 아닌 사회과학도서를 읽으려 함.
2020년대의 도시 재개발 계획은 1970년대와 무엇이 다른지 논문을 찾아 읽고, 비교 정리함.</td></tr>
<tr><td colspan="2">선생님/친구와의 소통에 활용한 점</td><td colspan="4">학생부에 국어시간 독서활동으로 기재될 독서활동 기록지를 제출함. 수행평가 후 자원하여 발표함.</td></tr>
<tr><td colspan="2">학생부 브랜딩</td><td colspan="4">국어 시간에 교과서에 나온 본문에 호기심이 생겨 원문을 찾아 읽고, 관심을 확장하여 1970년대를 사회적 배경으로 하는 과학 도서를 읽은 것으로 심화독서 활동을 함. 나아가 2020년대의 도시재개발 계획이 1970년대와 무엇이 다른지 관련 자료를 찾아 탐구 활동을 한 후에 보고서를 제출하고 이를 정리하여 수업 시간에 발표함.</td></tr>
</table>

독서활동 기록지

<table>
<tr><td>교과</td><td></td><td>도서명/저자</td><td colspan="2"></td><td>출판사/분야</td><td></td></tr>
<tr><td colspan="2">활동 계기/목표</td><td colspan="5"></td></tr>
<tr><td colspan="2">독서 내용</td><td colspan="5"></td></tr>
<tr><td colspan="2" rowspan="3">배운 점
느낀 점</td><td>동의하는
구절/내용</td><td colspan="4"></td></tr>
<tr><td>내 생각과
다른 부분</td><td colspan="4"></td></tr>
<tr><td>활용계획
(학습/활동/후속독서)</td><td colspan="4"></td></tr>
<tr><td colspan="2">선생님/친구와의
소통에 활용한 점</td><td colspan="5"></td></tr>
<tr><td colspan="2">학생부 브랜딩</td><td colspan="5"></td></tr>
</table>

독서활동 기록지

<table>
<tr><td>교과</td><td></td><td>도서명/저자</td><td colspan="2"></td><td>출판사/분야</td><td></td></tr>
<tr><td colspan="2">활동 계기/목표</td><td colspan="5"></td></tr>
<tr><td colspan="2">독서 내용</td><td colspan="5"></td></tr>
<tr><td colspan="2" rowspan="3">배운 점
느낀 점</td><td>동의하는
구절/내용</td><td colspan="4"></td></tr>
<tr><td>내 생각과
다른 부분</td><td colspan="4"></td></tr>
<tr><td>활용계획
(학습/활동/후속독서)</td><td colspan="4"></td></tr>
<tr><td colspan="2">선생님/친구와의
소통에 활용한 점</td><td colspan="5"></td></tr>
<tr><td colspan="2">학생부 브랜딩</td><td colspan="5"></td></tr>
</table>

04 교과연계 과제탐구

과제탐구란

교과연계 과제탐구? 탐구라는 용어가 들어가서 왠지 모르게 복잡하고 어려운 것 같습니다. 탐구의 사전적 의미는 '진리, 학문 따위를 파고들어 깊이 연구함'입니다. 즉, 어떤 분야에 대한 심도 깊은 연구나 사고 과정을 의미합니다. 교과 공부하기에도 모자란 시간에 교과연계 과제탐구 활동을 할 수 있을까요? 대답은 'YES' 입니다. 이미 여러분들은 교과연계 과제탐구 활동을 진행하고 있습니다. 수업 시간에 하는 수행평가,지필고사 준비 과정, 동아리 활동 등이 바로 교과연계 과제탐구 활동에 포함됩니다.

교과연계 과제탐구의 결과물

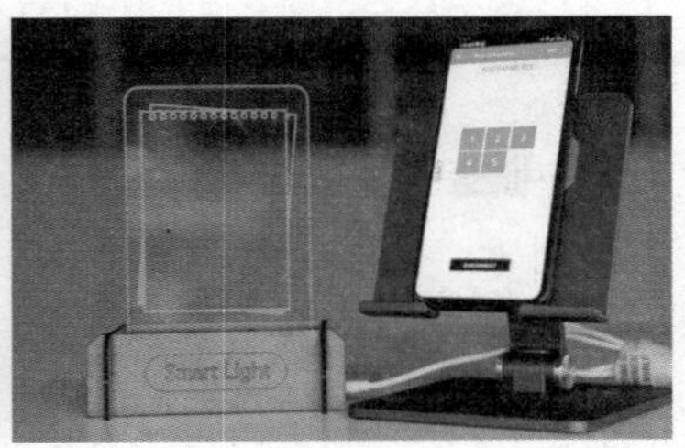

"과제탐구는 어떤 한 분야의 문제를 해결하거나
배운 것을 새로운 상황에 적용하여
새로운 결과물을 만들어내는 과정이다."

- 교과서 진도에 맞추어 소주제 하나를 미리 공부해 수업하듯 발표하기
- 교과 및 수업 주제와 관련한 주제를 선정하여 발표 자료 만들기
- 수업과 관련된 책 읽고 토론하기
- 교과 관련 자유주제 탐구보고서나 글쓰기
- 교과 관련 내용을 알리거나 배운 내용을 이용해 UCC제작하기
- TED나 페임랩 형식을 빌려 대본을 준비해 발표하기
- 포스터 만들어 발표하기

출처 과제탐구 끝판왕

과제탐구 방법

교과연계 과제탐구를 어떻게 시작하면 좋을까요? 가장 쉬운 방법은 선생님이 제시한 수행평가 활동에서 시작하는 것입니다. 수행평가 활동을 남들과는 다르게 좀 더 깊고, 좀 더 열정적으로, 좀 더 다양한 방법으로 진행해보는 것입니다.

디자인 씽킹(Design Thinking)

우리가 살아갈 미래는 현실 세계와 가상 세계가 결합되고, 스마트 기술을 통합한 융합기술이 넘쳐나는 세상이 될 것이라고 예상합니다. 이런 세상을 살아가기 위해 어떤 능력이 필요할까요? 복잡하고 예측이 불가능한 문제를 새롭게 바라보고, 창의적으로 해결하는 능력이 필요합니다. 창의적인 문제 해결 과정은 어떻게 시작하면 좋을까요?

01 작은 생각도 구체화하자.

02 편견을 버리고 생각의 범주를 정하지 말자.

03 엉뚱한 생각을 하자.

04 디자인 싱킹 과정을 이용하자.

디자인 씽킹은 아이디어의 새로운 전환과 인간에 대한 공감을 실현시킬 수 있는 창의적인 문제 해결 방법입니다. 토론토 대학 로저 마틴(Roger Martin) 교수는 '디자인 씽킹은 객관적인 사고와 분석적 사고의 균형을 이루는 과정'이라고 하였습니다. 디자인 씽킹의 특징을 정리하면 다음과 같습니다.

아이디어의 새로운 전환	인간에 대한 공감 실현
창의적인 문제 해결 방법	다른 사람의 마음을 공감하는 능력
실패와 반복 극복을 통한 성장	협업 능력과 집단 지성 경험하기

디자인 씽킹은 공감 → 정의 → 아이디어 → 프로토타입 → 테스트의 5단계로 진행됩니다.

공감

공감은 남의 감정, 의견, 주장 등에 대하여 자기도 그렇다고 느끼고 생각하는 것입니다. 공감하는 방법은 주변을 유심히 관찰하고, 궁금한 것을 물어보고, 그것을 직접 경험해보는 것입니다. 몰입이 중요합니다.

정의

정의는 해결하고자 하는 '문제'가 어떤 것인지 정확하게 말하는 것입니다. [1]5Why 기법, 9개 창 도구, [2]HMW(How-Might-We) 등의 방법을 사용하며, 정보를 분석하고, 추론하고, 질문을 구성해나가며, 질문을 구체화하는 과정으로 진행됩니다.

미국 워싱턴 D.C에는 제퍼슨 기념관이 있는데 기념관의 대리석 표면이 빠르게 부식되는 것을 보고 5Why 방법을 사용했습니다.

① 왜 대리석이 빨리 부식되는가? → 대리석을 비눗물로 자주 씻기 때문이다.
② 왜 대리석을 비눗물로 자주 씻는가? → 비둘기 배설물 때문이다.
③ 왜 비둘기들이 기념관에 많이 오는가? → 비둘기의 먹이인 거미가 많이 오기 때문이다.
④ 왜 거미가 기념관에 많이 오는가? → 거미들의 먹이인 나방이 많이 오기 때문이다.
⑤ 왜 나방은 기념관에 몰려드는가? → 저녁 무렵 점등되는 기념관의 불빛 때문이다.

1) 5why 기법 : 주어진 문제 상황에서 문제의 근본 원인이 무엇인지 질문에 꼬리를 물고 궁극적인 원인을 찾을 때까지 계속 질문하는 방법
2) HMW(How-Might-We) : 어떻게(How), 해볼까(Might), 우리가(We) 이 세 용어를 넣어 해결해야할 문제에 대한 문장을 만들어보며 문제 해결의 방향을 구체적으로 정할 수 있는 정의 방법

대리석 표면이 빠르게 부식되었던 원인은 일찍 점등되는 기념관의 불빛이었습니다. 기념관의 등을 2시간 늦게 켜는 것으로 문제는 해결되었습니다.

HMW(How-Might-We) 기법은 '우리가 어떻게 하면 높낮이 조절이 편한 의자를 만들 수 있을까?', '어떻게 하면 환자들이 건강 기록을 안전하게 보관하고 필요할 때에 의사와 공유할 수 있을까?'와 같이 사용자의 요구를 반영하여 구체적으로 정의를 한다면 아이디어 생성 단계에서 보다 빠르게 문제에 접근할 수 있을 것입니다.

아이디어

아이디어란 어떤 일에 대한 구상을 말합니다. 즉, 계획이나 기획을 바탕으로 그것을 실현하기 위한 고안, 생각 등입니다. 디자인 싱킹에서 아이디어 단계는 문제를 해결하기 위한 답을 찾아가는 과정입니다. 답을 찾기 위해서 브레인스토밍, 브레인라이팅, [1]SCAMPER와 같은 발산적 사고 기법을 활용하여 다양한 아이디어를 생산합니다.

프로토타입

프로토타입은 최종 결과물 전에 일종의 모형이나 시제품을 다른 사람들이 이해하기 쉽도록 만든 산출물입니다. 프로토타입 제작을 통해 테스트해보고, 사용자의 요구에 따라 수정, 보완할 수 있습니다. 프로토타입의 핵심은 빠르게, 저렴하게, 손쉽게 모형을 만드는 것입니다.

테스트

테스트는 아이디어를 바탕으로 제작한 프로토타입을 작동해보고 이를 피드백하는 단계입니다. 이 단계에서 질적으로 결과를 개선할 수 있는 중요한 수정안이 많이 나오게 됩니다. 특히 프로토타입 개발에 참여하지 않은 중립적인 사람들의 참신하고 객관적인 시각은 프로토타입을 평가할 때 훨씬 자유롭기 때문에 마지막에 좋은 결과를 얻게 해줍니다.

---

1) SCAMPER 창의력 증진기법으로 아이디어를 얻기 위해 의도적으로 시험할 수 있는 7가지 규칙을 의미함. S=Substitute [기존의 것을 다른 것으로 대체해 보라], C=Combine [A와 B를 합쳐 보라], A=Adapt [다른 데 적용해 보라], M=Modify, Minify, Magnify [변경, 축소, 확대해 보라], P=Put to other uses [다른 용도로 써 보라], E=Eliminate [제거해 보라], R=Reverse, Rearrange [거꾸로 또는 재배치해 보라] 등을 뜻함.

횡단보도 노인 사고 급증 문제 해결을 위한 디자인 씽킹 과정

단계	선정한 주제	노인 사고를 줄여줄 지능형 신호 체계 구축하기
1	공감	횡단보도에서 사고 나는 비율을 보니 노인과 어린이의 비율이 높았다. 특히 노인들의 사고가 최근에 많아 안타까웠다.
2	정의	횡단보도 사고의 종류와 비율은? 횡단보도에서 사고가 나는 이유는? 노인들의 횡단보도 사고가 많은 이유는?
3	아이디어	신호등에 노약자 버튼을 만들어 신호등 시간을 5~10초 정도 길게 만드는 거야.
4	프로토타입 제작	폼보드를 이용하여 신호등 모형을 만들고, 아두이노 키트와 LED를 이용하여 1분 간격으로 불이 켜지는 신호등을 만들자. 신호등에 버튼을 넣어 버튼을 누르면 초록색 불이 5초간 길게 유지되게 만드는 것이지.
5	테스트	프로토타입 테스트 결과 5초는 너무 짧은 것 같아. 7초 정도로 시간을 늘리고, 누구나 버튼을 잘 볼 수 있도록 야광 재질로 만들면 좋겠어. 우리 마을에 직접 설치하도록 구청에 건의해보자.

교과연계 과제탐구 쉽게 시작하기

'시작이 반이다.'라는 말이 있습니다. 과제탐구의 시작은 문제를 알아채는 것이고, 문제를 해결하기 위해 정보를 모으고 새로운 시도를 해보는 것이 과제탐구 활동입니다. 과제탐구를 쉽게 시작할 수 있는 방법은 다음과 같습니다.

선생님이 제시한 활동에서 시작한다.

학교에서 하는 수행평가 활동은 평가 받아 점수를 받기 위한 활동일 수 있지만 조금만 생각을 넓히면 그 자체가 과제탐구 활동입니다. 관심 있는 과목에서 했던 수행평가 활동을 써보고, 그중 가장 흥미로운 주제를 선택하여 포털 사이트나 유튜브에서 검색해보세요. 검색하다 보면 신문기사, 흥미로운 블로그 글, 영상 등이 눈에 띌 것입니다. 정보를 수집하는 것 자체도 과제탐구이니 관련된 정보들을 분류해보세요.

읽기 활동에서부터 출발한다.

우리 주변에는 책, 교과서, 잡지, 신문기사 등 많은 읽기자료가 있습니다. 그 정보들을 정리하는 과정에서 드는 의문이나 얼개 만들기를 통한 사고 과정이 과제탐구의 출발점이 됩니다.

* 얼개: 어떤 사물이나 조직의 전체를 이루는 짜임새나 구조

(예) 과학에서 복사 평형 단원의 교과서를 읽다가 보니 궁금한 점이 생겼습니다. '태양 복사 에너지를 계속 받는데 왜 지구는 더워지지 않을까?', '색깔에 따라 태양 복사 에너지를 반사하는 양은 같을까?' 등이었습니다. 이에 복사 평형 실험을 직접 해보기로 하였고, 정량적인 측정을 위하여 디지털 온도계, 자동 온도 측정 프로그램을 활용해보기로 하였습니다.

주변을 살피는 것부터 출발한다.

정보를 그냥 지나치지 않고 곰곰이 생각하고, 그것을 해결하기 위해 무엇인가를 시도해보는 것이 과제탐구의 시작입니다. 고속도로로 이동하다 노면의 세로줄이 무엇인지 궁금해질 수

있습니다. 이에 실험실에서 세로줄의 간격과 폭을 다르게 하여 소음, 미끄럼방지, 이탈 여부, 배수 등 다양한 요소를 변경하여 실험해보며 고속도로 세로줄의 역할과 최적의 모양 등을 탐구할 수 있습니다.

검색TIP

1 같은 검색어를 사용하여도 포털 사이트마다 다른 정보를 안내해줍니다. 네이버, 구글, 다음 등 다양한 포털 사이트에서 검색을 하는 습관을 가져야 합니다.

2 관련 검색어를 함께 검색하면 생각지도 못한 정보들을 찾을 수 있습니다. 예를 들어 궁금한 것이 지구 온난화라면 기후 변화, 온실가스, 이산화탄소 농도, 빙하의 면적 등 관련된 내용을 함께 검색하면 정보의 양이 많아지고 범위가 넓어집니다.

3 영어로도 검색합니다. 태양을 검색을 해 본 후, 영어 sun으로 검색하면 다른 정보가 나옵니다.

4 검색어.hwp, 검색어.pdf, 검색어.ppt와 같이 검색어 뒤에 파일의 확장자를 넣어 검색하면 관련된 파일을 찾을 수 있습니다.

5 필요한 부분을 PDF 파일로 저장해둡니다. 크롬창을 이용하여 구글에서 검색을 하다가 마음에 드는 사이트를 발견한 경우 Ctrl + p(인쇄)를 누르면 인쇄 설정창이 뜹니다. 대상 탭을 클릭하여 'PDF로 저장' 항목을 클릭하여 파일로 저장합니다.

6 웹사이트에서 필요한 부분만 저장을 하고 싶다면, 필요한 부분을 드래그한 후 Ctrl + p(인쇄)를 누르면 인쇄 설정창이 뜹니다. 설정을 클릭하고 옵션에서 선택영역만을 체크하면 선택 영역만 저장 또는 인쇄가 가능합니다.

교과관련 과제탐구 이론적 배경(논문) 검색 사이트

Science Direct(국외 SCI급 논문 자료) https://www.sciencedirect.com/

디비피아 https://www.dbpia.co.kr/

국회도서관 https://www.nanet.go.kr/main.do

학술연구정보서비스(RISS) http://www.riss.kr/index.do

출처 과제탐구 끝판왕

읽어보기

변화 속도가 빠른 시대에 사는 요즘 학생들이 자신의 진로를 설계할 때 막막할 수 있습니다. 미래 사회를 예측하기 힘들기 때문이지요. 미래사회에 필요한 내용을 학교 교육 안에서 어떻게 찾을 수 있을까요?

OECD는 DESECO(Definition and Selecton of Competecies) 프로젝트 연구를 1997년부터 2003년까지 수행한 결과, '역량' 중심의 새로운 틀을 제시하였습니다. 이는 2015 개정교육과정에 역량 중심 교육과정으로 반영되었습니다. OECD는 Education 2030 프로젝트 진행하면서, 변혁적 역량을 기존의 핵심 역량의 대안으로 제시하였습니다. 그 내용이 이제 우리나라에도 반영되고 있습니다.

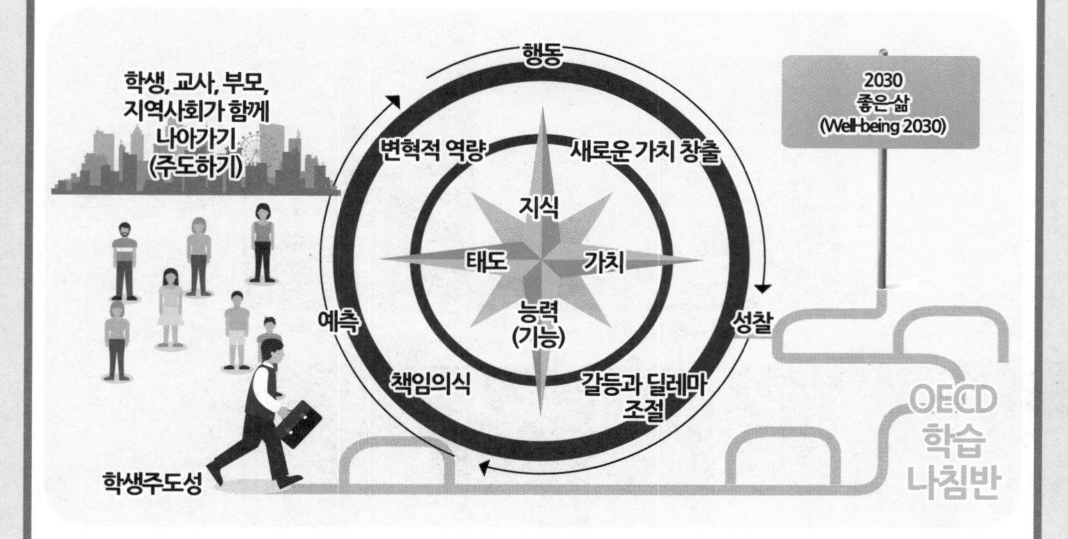

변혁적 역량은 현대 사회가 필요로 하는 부분이 무엇인지 추측할 수 있는 단서가 됩니다. Education 2030 프로젝트의 역량 개념틀에는 '새로운 가치 창출하기', '긴장과 딜레마 해소하기', '책임감 가지기' 라는 변혁적 역량과 이를 함양하기 위한 내용요소로서 지식, 기능, 태도 및 가치 범주가 제시되었습니다.

중고등학교 평가 요소에 지식, 기능, 태도가 포함되었고, 학생부 종합전형은 물론이고 취업에 이르기까지 광범위하게 영향을 끼칩니다. 핵심역량이 추구하는 목적도 현대 사회에 필요한 인재양성에 있고, 이는 기업에서 요구하는 핵심역량과 맥을 같이합니다.

교육의 초점이 지식에서 역량으로 바뀌었다는 점과 정보과잉 시대에 경제사회 분야의 관심이 교육으로 확대되어 있다는 것과 선진국 사례에서 교육의 방향에 대한 공통점이 있습니다. 교육을 통한 인적자원의 개발이 경제사회의 발전으로 이어지고, 개인의 추구하는 좋은 삶은 진정한 행복의 가치를 삶에서 실현하는데에 있다고 말할 수 있습니다.

5교시 대학 입시는 고등학교 선택부터

"알파고가 어디 고등학교라고요?"

"수학 등급 높으면 임금도 많이 받아"

"이공계 선호 열풍에…… 외고·국제고 선호도 10년 새 대폭 하락"

"진짜 학생부 쓰는 흙수저 고교의 변신"

"특목고, 자사고 내신만 잘하는 학생은 뽑을 생각이 없다"

01	고등학교 유형 살펴보기
02	고등학교 선택하기
03	원서 작성 후 알차게 보내기

01 고등학교 유형 살펴보기

고등학교 유형

중학교 3년 동안 본인의 적성과 흥미, 진로에 대한 방향을 찾는 것이 좋습니다. 먼저 고등학교 유형을 살펴봅시다.

고등학교 유형 한 눈에 보기

※ 파란색: 전기학교(일반고 중 예체능계고 포함)
그 외 학교: 후기학교

일반고		특정 분야가 아닌 다양한 분야에 걸쳐 일반적인 교육을 실시하는 고등학교 가장 많은 학생이 선택하는 고등학교의 형태로 흔히 '인문계고' 라고 함 대학 진학을 목표로 함
특수 목적 고등 학교	과학고	과학 인재 양성을 위한 이공계열(과학, 수학, 정보)의 특수목적고등학교 과학과 수학 관련 심화 교육과정과 다양한 프로그램 및 동아리가 운영됨
	외국어고	외국어에 능숙한 인재 양성을 위한 외국어계열의 특수목적고등학교 전문 교과 Ⅰ 의 총 이수 단위의 60% 이상이 전공 외국어
	마이스터고 (산업수요 맞춤형고)	산업 수요와 연계한 예비 마이스터(젊은 기술명장)를 양성하는 특수목적고등학교 취업이 목표이며, 직장과 병행 가능한 대학교육 가능 학비면제, 기숙사 생활, 실무 외국어 교육, 특기 살린 군복무 등의 다양한 혜택
특성화고		취업을 희망하는 학생을 대상으로 실습 중심의 교육과정을 운영하는 고등학교 애니메이션, 요리, 영상, 관광, 디자인, IT, 자동차, 화학공업 등 특성화고 정원 외 특별전형 등 대학 진학도 가능
자율고		교육과정 및 학사운영 등을 자율적으로 운영할 수 있도록 지정된 고등학교 자율형사립고등학교(자사고)와 자율형공립고등학교(자공고)가 있음
영재학교		영재를 대상으로 능력과 소질에 맞는 교육을 위한 학교 과학, 인문, 예술적 소양을 갖춘 융합형 창의 인재 육성을 목표로 함 지원 대상은 중1부터 중3까지이며, 전국 단위로 6월에 선발함

선발시기와 모집단위에 따라서 다음과 같이 구분합니다.

선발시기

전기학교	과학고등학교 9월 경 마이스터고 10월경 특성화고 11월 경 일반고 중 예·체능계고 11월 경 예술고·체육고 10월경
후기학교	외국어고, 국제고, 일반고, 자율형 사립고, 자율형 공립고 12월 경

모집단위

광역단위 선발	중학교가 있는 광역시·도 내의 고등학교에만 지원 가능
전국단위 선발	전국의 학생들이 지원 가능. 마이스터고, 체육계열 특수목적고, 일부 특성화고, 영재학교 등

일반고등학교

일반고등학교

- ㅇ 대학 진학을 목적으로 일반적인 교육을 실시하는 고등학교
- ㅇ 가장 많은 학생이 선택하는 고등학교의 형태
- ㅇ 모집 단위 - 지역 / 광역
- ㅇ 입학 전형 - 평준화 - 추첨(내신 기반) / 비평준화 - 내신
- ㅇ 종류 - 일반고등학교, 자율학교, 과학중점학교, 예술중점학교, 기숙형학교

일반고에서 대학 입시 성공하기

학교장 추천 전형을 노려라!

수시 전형에 학교장의 추천을 받은 학생을 선발하는 전형이 있습니다. 다른 전형에 비해서 경쟁률이 낮아 합격 가능성이 높아요. 학교장 추천 전형은 학교마다 추천 인원이 정해져 있어 학교 내 경쟁에서 우위에 있어야 합니다. 학교마다 어떤 학생을 추천할지 자체 규정을 정해두고 있습니다. 내신 이외에도 비교과 활동 및 면접도 준비해야 하며 최저학력기준도 맞추어야 합니다.

대입 수시 전략은 고1부터 준비하세요.

교과 성적은 1학년 때 최상을 받지 않아도 됩니다. 1학년 1학기 때 3, 4등급을 받았더라도 꾸준히 노력하여 성적이 향상되면 발전 가능성을 보고 1단계에서 선발될 수 있어요. 교내 행사에 적극 참여하고 진로와 관련된 동아리 활동, 독서 활동으로 전공에 대한 역량을 키우고 꾸준한 교외 봉사 활동으로 나눔과 배려를 실천하면서 1학년 때부터 학생부를 관리한다면 희망하는 대학에 쉽게 진학할 수 있겠죠.

자율학교(농어촌 자율고)

- 학교 운영의 자율성을 최대한 확보한 고등학교
- 모집 단위 - 전국 ※ 자율고등학교(자사고, 자공고)와 혼동 주의하세요!
- 선발 - 내신(학교별 입시 요강 확인)

지역	학교	공학	설립	지역	학교	공학	설립
충남 공주	한일고	남	사립	경남 창녕	창녕옥야고	공학	사립
충남 공주	공주대학교사범대학부설고	공학	국립	경북 안동	풍산고등고	공학	사립
경남 거창	거창고	공학	사립	경북 영양	영양여자고	여	사립
경남 거창	거창대성고	남	사립	전북 익산	익산고	공학	사립
경남 남해	남해해성고	공학	사립				

자율학교 장점

우수 학생들이 전국에서 입학하기 때문에 다른 일반고에 비해 면학 분위기가 조성되어 있습니다.
농어촌에 위치해 대부분 기숙사 생활을 합니다.
교내 활동(방과 후 수업, 동아리 등)이 체계적이고 다양하여, 비교과 활동이 풍부해 학생부종합전형 등 대입에 유리합니다.
일반고 수준의 학비이며, 대학 입학 실적이 우수합니다.

과학중점학교

- 일반고에서 과학, 수학 분야에 특화된 교육과정 및 심화 탐구활동 등을 실시하는 중점학급을 운영하는 학교
- 수업 단위의 45%가 수학, 과학으로 창체나 체육 같은 시간이 적게 편성되어 있음.
- 과학중점학교는 물·화·생·지 모두 II까지 교육과정에 편성되어 있어 과학고와 견줄 수 있는 학생부 활동이 많음.

예술중점학교

- 창의성과 예술성을 갖춘 미래형 인재 양성을 목표로 일반고등학교에 중점학급을 설치하여 학생들에게 예술 심화 교육 기회를 확대하는 학교
- 음악, 미술, 공연과 영상 등 3개 분야가 있으며, 예술에 흥미와 관심만 있으면 누구나 입학 가능함.

기숙형고등학교

- 농·산어촌 등의 학교에 기숙사 시설을 지원하여 교육여건 개선과 함께 다양한 프로그램을 지원하고 운영의 자율성을 확대해 교육격차 해소를 목적으로 운영되는 학교
- 기숙사 생활을 하므로 등 · 하교 시간이 절약되고, 방과 후에 학교에서 운영되는 다양한 프로그램에 참여하기 좋음.

특수목적고등학교

과학고등학교

- ㅇ 과학 인재 양성을 위한 이공계열(과학, 수학, 정보)의 특수목적고등학교
- ㅇ 과학과 수학 관련 심화 교육과정과 연구 활동 활성화
- ㅇ 모집 단위 - 광역
- ㅇ 선발 - 1단계 서류 전형 및 방문 평가(9-10월) + 2단계 창의성 및 역량 평가(11월 초)
- ㅇ 과학고(20교) 현황

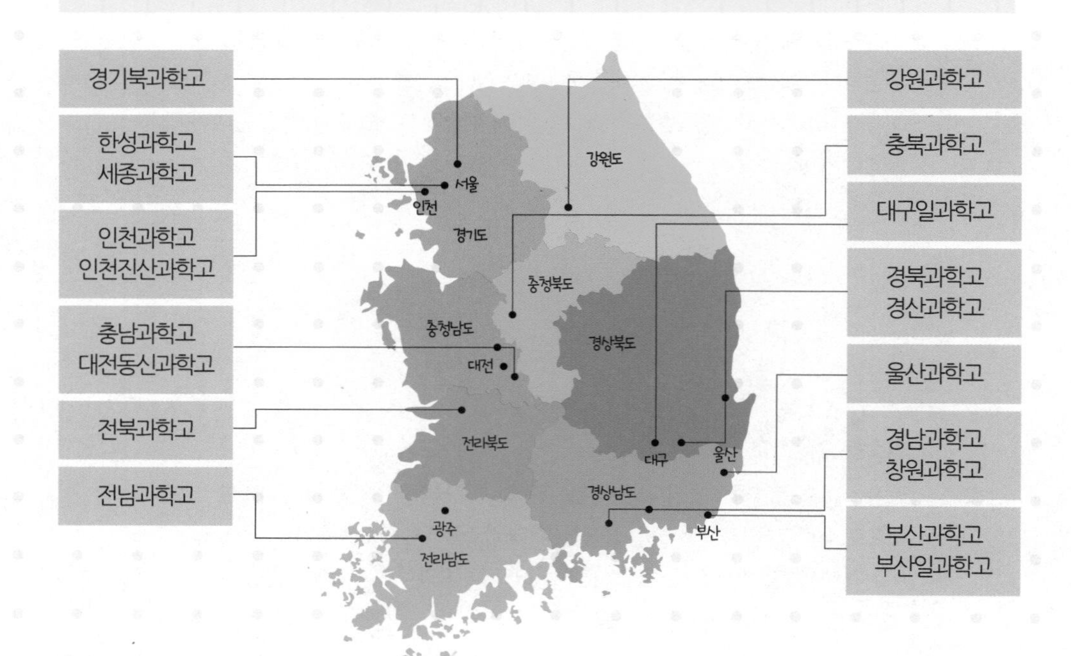

과학고 입시 포인트

과학, 수학, 정보의 심화 교육과정 및 연구 활동이 주가 됩니다.

1단계 서류 및 방문 면담 - 내신 성적, 학교생활기록부 관리, 자기소개서 작성

중2부터 중3 1학기의 수학 및 과학 교과의 내신 관리가 중요합니다.

자기소개서에는 수학 및 과학 교과의 열정과 우수성이 드러나야 합니다.

관련 독후 활동도 자기소개서에 기록되니 관심 분야의 독서를 미리 해두세요.

2단계 면접 평가

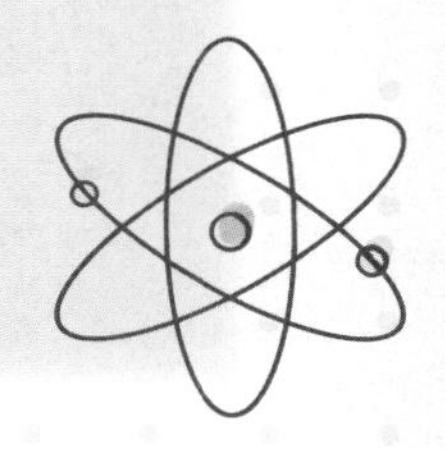

자기소개서와 학생부 등을 충분히 숙지하고 예상 질문에 답변하는 실전 연습을 많이 해보세요. 기출 문제는 입학설명회를 통해 안내하거나 홈페이지에 탑재되어 있습니다.

(변경 전) 수학 및 과학 교과 역량 평가
(변경 후) 창의성 및 종합적 사고력, 협업적 태도 등 평가

과학고는 전국 소재 전기고 중 1곳만 지원 가능하고, 과학고 합격 시 등록여부와 관계없이 후기 고등학교에는 응시할 수 없습니다.

외국어고등학교

- ㅇ 외국어에 능숙한 인재 양성을 위한 특수목적고등학교
- ㅇ 모집 단위 - 지역
- ㅇ 특징 - 전공학과별 운영(영어과, 중국어과, 독일어과, 프랑스어과, 스페인어과, 일본어과 등)
- ㅇ 전형 - 후기 전형으로 일반고와 동시 지원할 수 있으며 자기주도학습전형을 통해 선발
- ㅇ 외국어고(30교) 현황 [공립 14개교, 사립 16개교]

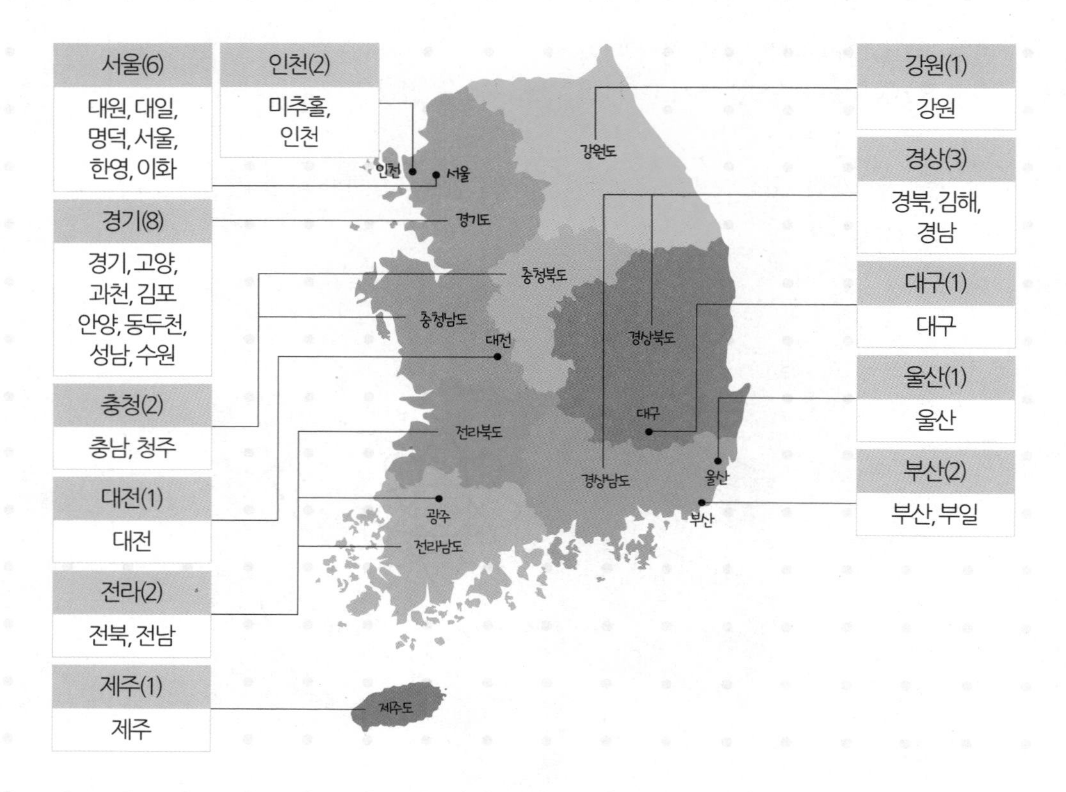

외고 입시 포인트

1단계에서 영어 내신 성적 160점에 출결 감점을 적용해 일정 배수를 선발합니다.

2단계에서 면접이나 서류 점수 40점을 합산해 총점 순으로 합격자를 결정합니다.

2, 3학년 4개 학기 영어 성적을 절대평가인 성취도 점수로 반영하게 되는데, 외고의 경우 어학에 자신 있는 학생들이 지원하기 때문에 지원자 대부분이 '올 A' 성적일 가능성이 높습니다. 이 경우 동점자 처리기준에 따라 국어, 사회 과목 성적을 반영해 합격자를 정하게 되므로 해당 과목들의 성적 관리와 출결 관리에도 신경을 써야 합니다.

내신 성적는 실질적으로 점수 차이가 크지 않으므로 서류와 면접으로 충분히 역전이 가능합니다.

'글로벌 인재 육성'이라는 큰 목표 아래 학교마다 구체적인 인재상을 제시하고 있습니다.

자기소개서 작성이나 면접 준비 시 학교의 인재상을 꼭 확인하세요.

독서 활동, 인성이나 생활 태도도 중요합니다.

외국어고등학교	국제고등학교
외국어 분야의 어학 전문가 양성	국제정치나 외교 분야 전문가 양성
언어별로 전공학과 구분	전공학과 없음
전공언어별 심화 학습 청해 · 회화 · 문법 · 작문 · 문화	영어 심화 과정(듣기·회화 등), 국제정치, 국제경제, 국제법, 세계지리

국제고등학교

ㅇ 국제 관계에 전문성을 갖춘 인재 양성

ㅇ 특징 - 외국어 전공학과 없음(구분하지 않음)
영어를 기본으로 국제정치, 국제문화, 국제법 등 국제계열 전문교과 집중 이수

ㅇ 모집 단위 - 광역시·도

ㅇ 전형 - 후기 전형으로 일반고와 동시 지원할 수 있으며 자기주도학습전형을 통해 선발

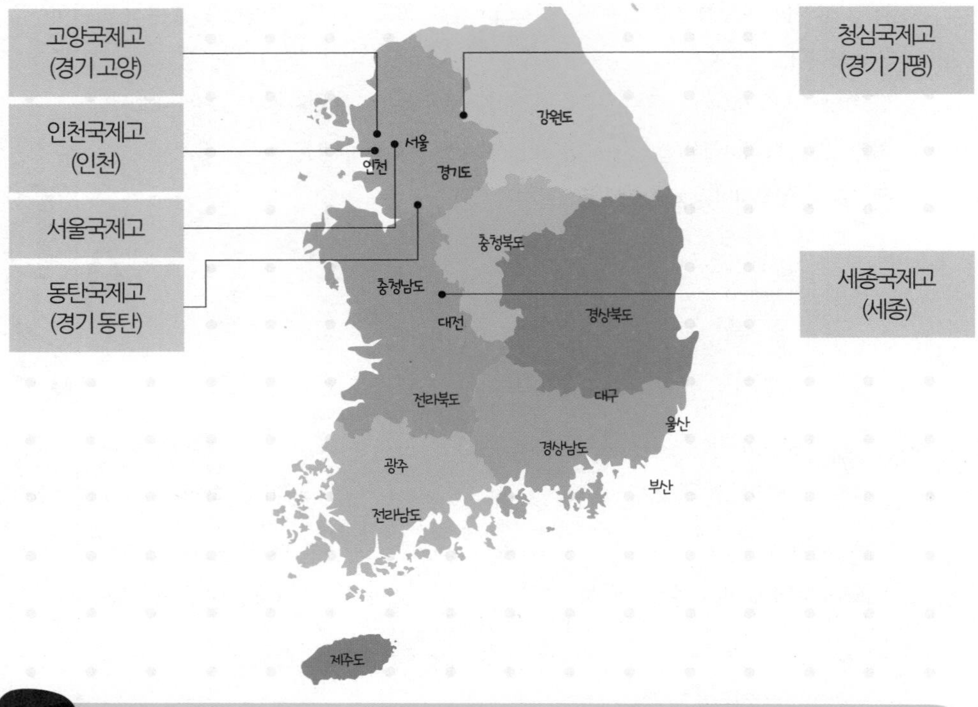

Plus⁺

우리 동네에는 국제고가 없어요!

- 국제고가 없는 지역(대구광역시, 대전광역시, 광주광역시, 울산광역시, 강원도, 충청북도, 충청남도, 경상북도, 경상남도, 전라북도, 전라남도, 제주특별자치도)에서 중학교에 다니는 학생들은 전국에 있는 국제고에 모두 지원할 수 있습니다. (후기모집)
- 서울특별시, 부산광역시, 경기도, 인천광역시, 세종특별자치시에서 중학교에 다니고 있는 학생들은 해당 지역에 있는 국제고만 지원할 수 있습니다.

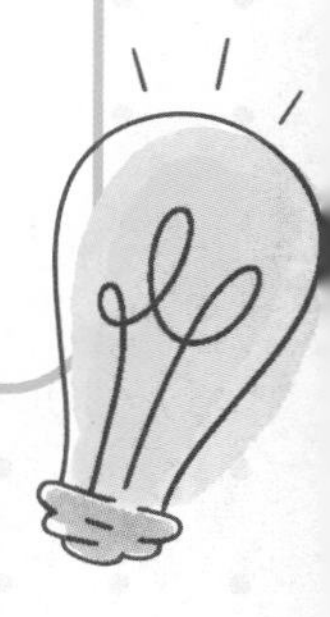

예술고등학교

- ㅇ 음악, 미술, 무용, 연극, 사진 등 예술 교육을 목표로 하는 특수목적고등학교
- ㅇ 모집 - 전국 단위(학교별로 선발 요강을 정하기도 함.)
- ㅇ 선발 - 전공별로 실기 + 내신 성적
- ㅇ 전국 모집 예술고

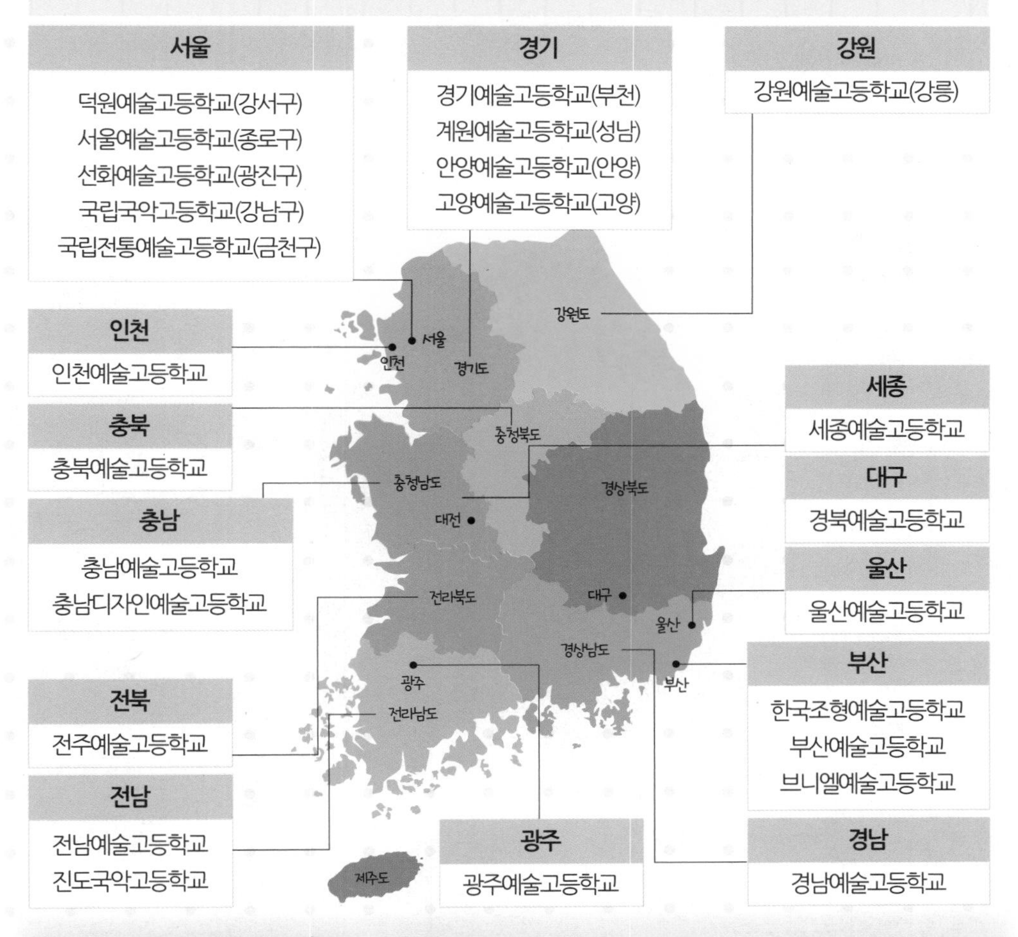

예고 입시 포인트

학교에서 먼 지역에 거주하는 경우에는 기숙사가 있는지 확인해보세요.

학비를 확인하세요. 사립인 경우는 대략 일반고보다 3배 정도 되는 곳도 있습니다.

서울과 경기 상위권 예고를 희망한다면 실기 실력은 물론 높은 내신 성적도 중요합니다.

미술과는 다른 과보다 내신 성적이 중요합니다.

체육고등학교

- ㅇ 체육인 양성을 목적으로 세워진 특수목적고등학교
- ㅇ 종목 - 육상, 수영, 다이빙, 사격, 유도, 조정, 역도, 사이클, 체조, 태권도, 복싱, 펜싱, 레슬링, 양궁, 근대5종, 핀수영 등
- ㅇ 모집 - 전국 단위(학교별로 선발 요강 정하기도 함.)
- ㅇ 전국 체고 현황

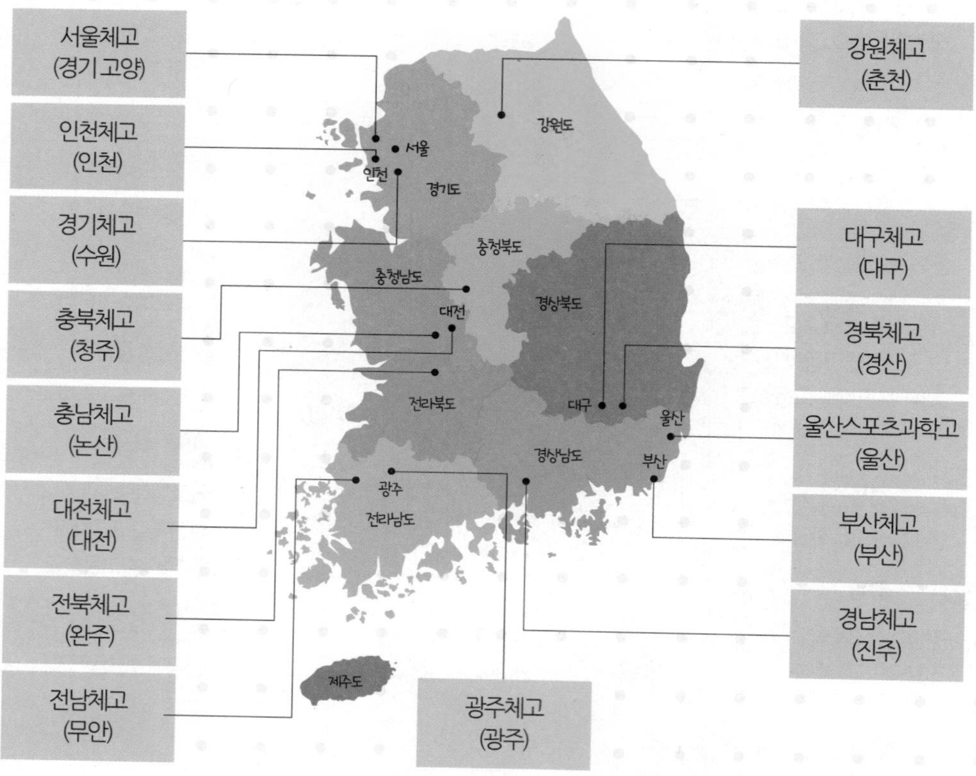

※ 제주도에는 제주체고가 없는 대신 사립인 남녕고등학교에 체육과를 설치하여 운영

마이스터고등학교

- ○ 산업 수요와 연계하여 예비 마이스터(젊은 기술명장)를 양성하는 특수목적고등학교
- ○ 특징 - 최고의 기술 중심 교육으로 실습 위주의 교육
- ○ 혜택 - 학비 면제, 외국어 교육, 해외 연수, 우수기업 취업, 특기를 살린 군 복무, 직장생활과 병행 가능한 대학교육 기회 제공
- ○ 모집 단위 - 전국
- ○ 마이스터고 지정 현황(52교)

시도	구분	학교명	산업분야
서울(4)	사립	수도전기공업고	에너지
	사립	미림여자정보과학고	뉴미디어콘텐츠
	공립	서울로봇고	로봇
	공립	서울도시과학기술고	해외건설·플랜트
부산(4)	공립	부산자동차고	자동차산업
	국립	부산기계공업고	기계
	국립	부산해사고	해양
	공립	부산산업과학고	소프트웨어
대구(4)	공립	경북기계공업고	기계·메카트로닉스
	공립	대구일마이스터고	자동차
	공립	대구소프트웨어고	SW · 융합
	공립	대구농업마이스터고	도시형 첨단농업경영
인천(2)	공립	인천전자마이스터고	전자·통신
	국립	인천해사고	해양
광주(2)	공립	광주자동화설비공업고	자동화설비
	공립	광주소프트웨어마이스터고	소프트웨어
대전(2)	사립	동아마이스터고	전자·기계
	공립	대덕소프트웨어마이스터고	소프트웨어
울산(3)	공립	울산마이스터고	기계·자동화
	공립	울산에너지고	에너지
	사립	현대공업고	조선해양플랜트
경기(3)	공립	수원하이텍고	메카트로닉스
	공립	평택기계공업고	자동차·기계
	공립	경기글로벌통상고	게임 콘텐츠
강원(3)	공립	원주의료고	의료기기·바이오
	공립	삼척마이스터고	발전산업
	공립	한국소방마이스터고	소방

시도	구분	학교명	산업분야
충북(3)	공립	충북반도체고	반도체장비
	공립	한국바이오마이스터고	바이오
	공립	충북에너지고	차세대전지
충남(4)	공립	합덕제철고	철강
	공립	공주마이스터고	전기·전자
	공립	연무대기계공고	자동차부품제조
	공립	한국식품마이스터고	식품
전북(4)	공립	군산기계공업고	조선·기계
	국립	전북기계공업고	기계
	공립	한국경마축산고	말 산업
	공립	김제농생명마이스터고	농생명자원생산·가공
	공립	한국항만물류고	항만물류
	공립	전남생명과학고	친환경농축산
	공립	여수석유화학고	석유화학산업
	공립	완도수산고	어업 및 수산물 가공
경북(6)	국립	구미전자공업고	전자
	공립	금오공업고	전자·기계기계·전자모바일
	사립	포항제철공업고	철강
	공립	한국원자력마이스터고	원자력발전설비
	공립	경북식품과학마이스터고	식품품질관리
	공립	한국국제통상마이스터고	글로벌 비즈니스
경남(4)	공립	거제공업고	조선
	공립	삼천포공업고	항공·조선
	국립	공군항공과학고	항공기술
	공립	한국나노마이스터고	나노융합

마이스터고의 취업률

마이스터고의 설립 목적이 바로 취업이 가능한 인재 양성입니다. 마이스터고 가운데 가장 높은 취업률을 기록한 곳은 자동차산업 분야 대구일마이스터고와 반도체장비 분야 충북반도체고입니다. 2019년 2월 졸업생 모두 취업에 성공하여 취업률 100%를 달성하였습니다.

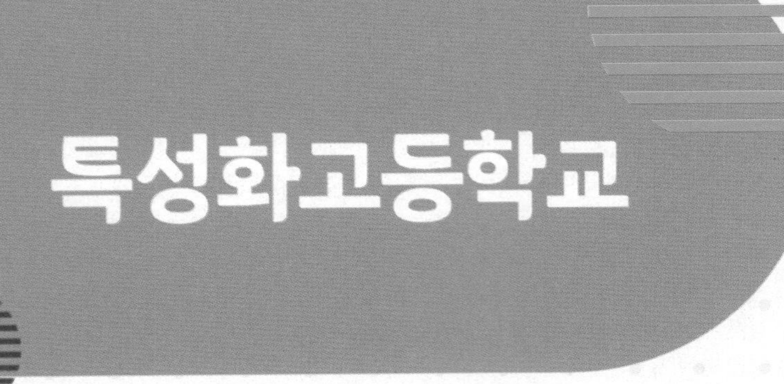

특성화고등학교

특성화고등학교는 특정 분야의 인재양성을 위해 세워졌습니다. 학생 개개인의 소질과 적성에 맞는 교육을 통해 우수한 인재를 양성하고 좋은 일자리에 취업하도록 지원하는 직업 특성화고와 인성교육, 자기주도학습, 자연친화적 학습 등 다양한 방면으로 대안교육 특성화고가 있습니다.

직업 특성화고등학교 검색하기

특성화고·마이스터고 포털 하이파이브

http://www.hifive.go.kr/  접속

⇨학교 찾기 또는 학교 정보에서 '특성화고 종류' 선택
⇨특성화고 입학, 고졸 취업 지원 정책, 후학습

제도 안내

특성화고·마이스터고 포털 하이파이브

대안교육 특성화고등학교 현황 [25교 : 공립5교, 사립20교]

시도	구분	학교명	소재지
대구	사립	달구벌고등학교	동구
인천	사립	산마을고등학교	강화군
광주	사립	동명고등학교	광산구
경기	사립	두레자연고등학교	화성시
	공립	경기대명고등학교	수원시
	사립	이우고등학교	성남시
	사립	한겨레고등학교	안성시
강원	사립	전인고등학교	춘천시
	사립	팔렬고등학교	홍천군
	공립	현천고등학교	횡성군
충북	사립	양업고등학교	청주시
충남	사립	한마음고등학교	천안시

시도	구분	학교명	소재지
충남	사립	공동체비전고등학교	서천군
전북	사립	세인고등학교	완주군
	사립	푸른꿈고등학교	무주군
	사립	지평선고등학교	김제시
	공립	고산고등학교	완주군
전남	사립	영산성지고등학교	영광군
	사립	한빛고등학교	담양군
	공립	한울고등학교	곡성군
경북	사립	경주화랑고등학교	경주시
경남	사립	간디고등학교	산청군
	사립	원경고등학교	합천군
	사립	지리산고등학교	산청군
	공립	태봉고등학교	창원시

Q1. 특성화고 진학이 일반고 진학보다 좋은 점은 무엇인가요?

- 다양한 국가기술자격증 취득 준비를 할 수 있으며 취업에 유리합니다.
- 대학 진학 시 동일계열로 응시할 경우, 정원 외 특별전형으로 입학이 가능합니다.
- 전공과 유사한 계열의 대학 진학 시 고등학교 내신 성적 및 학교 생활기록부만으로 평가되어 대학 진학에 유리한 면이 있습니다.
- 대학수학능력시험에 직업탐구영역이 있어 특성화고 학생만 전공별로 선택하여 응시할 수 있습니다.
- 학생 전원이 수업료를 지원받을 수 있습니다.

Q2. 누가 특성화고 · 마이스터고에 진학하나요?

- 특정 분야에 소질과 적성을 지닌 학생
- 고등학교 졸업 후 취업을 희망하는 학생
- 자신의 적성에 맞는 진로를 개척하고 싶은 학생
- 전문기술·기능인, 명인·명장이 되길 원하는 학생

특성화고등학교는 졸업 시 취업과 대학 진학의 길이 모두 열려 있지만, 마이스터고는 졸업 후 진학보다는 취업에 초점을 둡니다. 따라서 마이스터고는 특성화고 특별전형 등을 활용할 수 없다는 점에서 대학 진학이 특성화고보다 어렵습니다. 고교 졸업 후 취업해 3년이 지나고 신청할 수 있는 재직자 특별 전형을 활용한다면 대학에 진학할 수 있습니다.

Q3. 대안교육 특성화고등학교는 어떤 학교인가요?

정규 고등학교이지만, 일반계고와는 달리 체험 위주 교육 등 다양하고 독특한 교육과정을 운영하는 학교를 말합니다. 국민공통기본교육과정은 35% 범위 내에서 자율운영이 가능하고, 선택중심 교육과정도 자율적으로 운영하고 있습니다. 그 대신 전인교육, 인성교육 등을 위주로 한 공동체 교육, 자신에게 주어진 시간을 본인 스스로 관리하는 자기주도학습, 자연친화적학습 등에 큰 비중을 두고 있습니다.

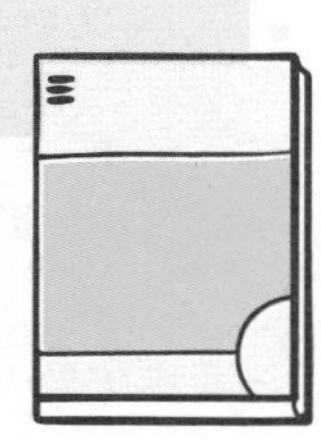

자율형고등학교

자율형 사립고등학교

교육과정 및 학사운영 등을 자율적으로 운영하여 보다 다양하고 특화된 교육 프로그램을 제공하는 것을 목적으로 합니다. 자율형 사립고등학교는 후기 전형으로 일반고와 동시 지원할 수 있으며 자기주도학습 전형을 통해 선발합니다.

자사고는 교육 프로그램이 다양하고 특성화된 장점이 있지만, 학비가 일반고 대비 3~4배에 달합니다. 모집단위에 따라 전국단위(하나고, 용인외대부고, 민족사관고, 상산고, 현대청운고, 포항제철고, 북일고, 인천하늘고, 김천고, 광양제철고)와 광역단위(전국단위를 제외한 나머지 학교)로 구분됩니다. 전국단위 자사고는 1단계에서 교과 성적과 출결 감점을 토대로 일정 인원을 선발하고, 2단계에서 1단계 성적과 면접을 합산해 최종 합격자를 선발합니다.

	시도	학교명	소재지
1	서울	경희고	동대문구
2	서울	대광고	동대문구
3	서울	동성고	종로구
4	서울	배재고	강동구
5	서울	보인고	송파구
6	서울	선덕고	도봉구
7	서울	세화고	서초구
8	서울	세화여고	서초구
9	서울	숭문고	마포구
10	서울	신일고	강북구
11	서울	양정고	양천구
12	서울	이대부고	서대문구
13	서울	이화여고	중구
14	서울	장훈고	영등포구
15	서울	중동고	강남구
16	서울	중앙고	종로구
17	서울	하나고	은평구
18	서울	한가람고	양천구
19	서울	한대부고	성동구
20	서울	현대고	강남구
21	서울	휘문고	강남구
22	부산	해운대고	해운대구
23	대구	계성고	서구
24	대구	대건고	달서구
25	인천	인천포스코고	연수구
26	인천	인천하늘고	중구
27	대전	대성고	중구
28	대전	대전대신고	서구
29	울산	현대청운고	동구
30	경기	안산동산고	안산시
31	경기	용인외대부고	용인시
32	강원	민족사관고	횡성군
33	충남	북일고	천안시
34	충남	충남삼성고	아산시
35	전북	상산고	전주시
36	전남	광양제철고	광양시
37	경북	김천고	김천시
38	경북	포항제철고	포항시

자율형 공립고등학교

교육감이 공립의 고등학교를 대상으로 학교교육제도를 포함한 교육제도의 개선과 발전을 위하여 필요하다고 인정되는 경우에 학교 또는 교육과정을 자율적으로 운영할 수 있도록 지정한 고등학교를 말합니다. 학생선발은 후기 일반고와 동일하게 이루어집니다.

영재학교

영재학교는 재능이 뛰어난 사람으로서 타고난 잠재력을 계발하기 위하여 설립된 고등학교과정 이하의 학교를 말합니다. 과학영재학교와 과학예술영재학교가 있습니다.

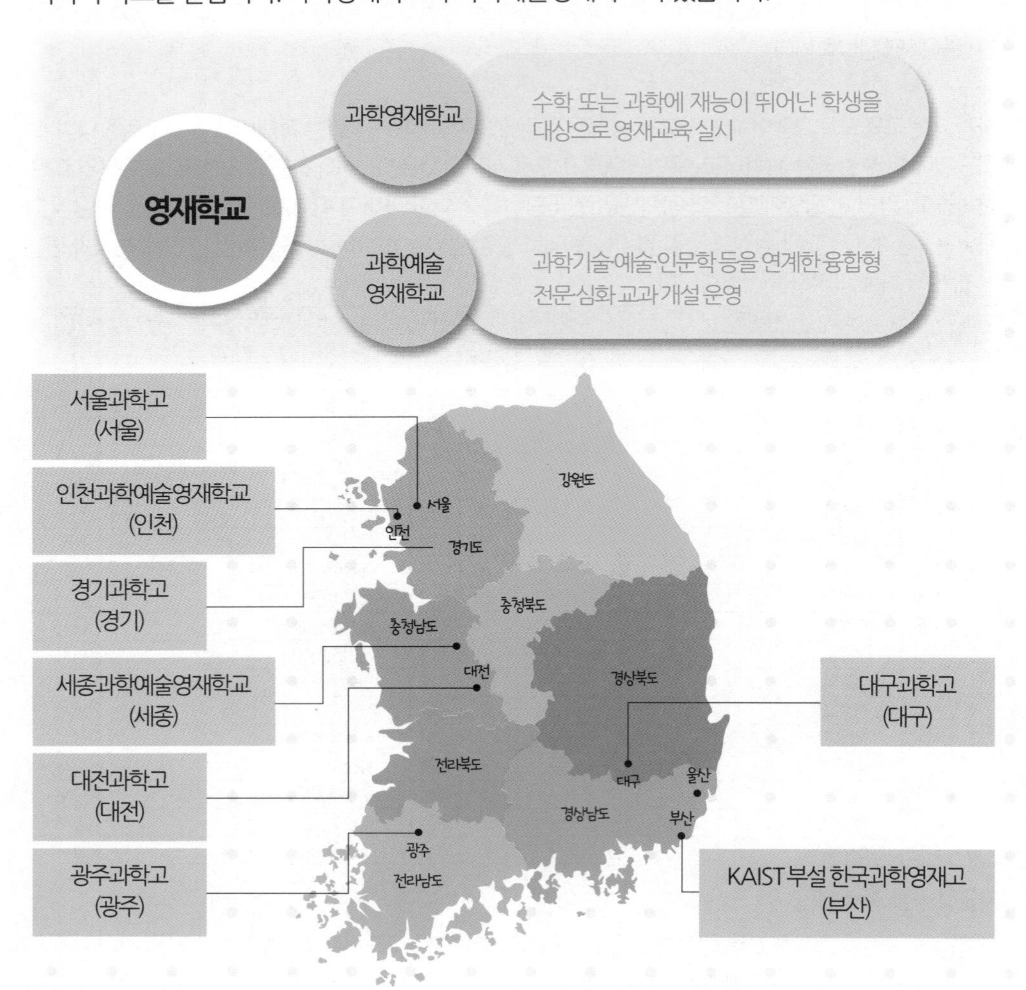

Q1. 영재고 준비 방법을 알려주세요.

- 1단계 서류평가에서는 학생부 기록과 자기소개서, 교사추천서 또는 관찰소견서 등이 중요합니다. 학생부의 주요 평가요소로는 수학 및 과학, 국어, 영어의 학업성취도와 학업 능력이 기술된 교과 활동 사항 등입니다. 교과 성적(국어, 영어, 수학, 과학)에서 적어도 수학, 과학 A등급을 받아야 합니다.

- 교내 활동에서 수학, 과학 교과의 우수성이나 관련 분야에서 학업 열정이나 수상실적, 연구 항목 등이 우수하면 이를 자기소개서에 구체적으로 서술합니다.

- 수학 및 과학 담당 선생님이나 담임선생님이 작성하는 추천서(또는 관찰소견서)가 주요평가요소이며 관련 과목 역량(탐구력, 문제해결능력, 사고력 등), 학문적 열정, 인성, 리더십, 봉사 활동 등에 대해서 평가합니다.

- 2차 지필 시험인 '영재성 평가와 수학, 과학 창의적 문제해결력 평가' 등에 대비해 지원학교의 기출 문제나 단원별로 심층 문제를 풀어보며 실전 감각을 기르세요.

- 3단계 최종 과학영재 캠프는 인성 면접을 포함해 수학 및 과학 구술면접, 실험 및 연구보고서, 집단 토론 등을 실시하므로 1, 2단계 전형을 통과한 학생들은 학교별 기출 문제나 사례를 참고하여 준비하세요.

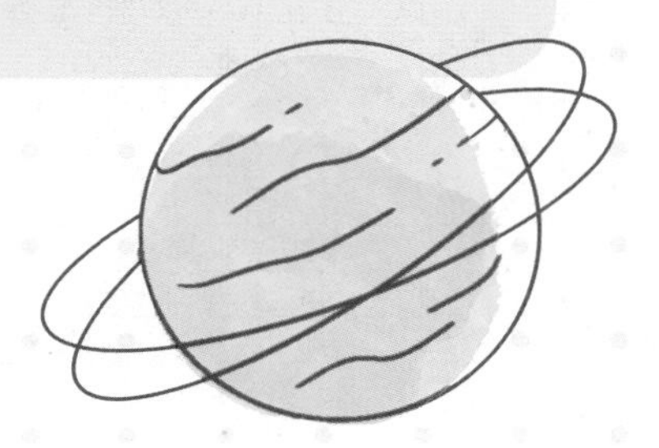

대안학교

대안학교는 학업을 중단하거나 개인 특성에 맞는 교육을 받으려는 학생을 대상으로 현장 실습 등 체험 위주의 교육, 인성 위주의 교육 또는 개인의 소질·적성 개발 위주의 교육 등 다양한 교육을 하는 학교를 말합니다. 교육과정에서 학교장의 자율권이 비교적 큰 편입니다. 교육과정의 50% 내에서 자유로운 교육 활동이 가능합니다. 입학전형은 학교 자율로선발시기와 방법을 정하고 있습니다.

시도	설립	학교명	소재지
서울	사립	서울실용음악고등학교(고)	중구 신당동
	사립	여명학교(고)	중구 남산동
	사립	지구촌학교(초)	구로 오류동
	공립	서울다솜관광고등학교(고)	종로 숭인동
부산	공립	송정중학교(중)	강서구 송정동
대구	공립	대구해올중고등학교(중·고 통합)	대구 달서구
인천	사립	인천청담고등학교(고)	연수 동춘동
	공립	인천해밀학교(중·고 통합)	남동 구월동
	공립	인천한누리학교(초·중·고 통합)	남동 논현동
광주	사립	월광기독학교(초)	서구 화정동
대전	사립	새소리음악고등학교(고)	서구 도마동
	사립	새소리음악중학교(중)	서구 도마동
울산	공립	울산두남중고등학교(중·고 통합)	울주군 두서면
경기	사립	티엘비유글로벌학교(초·중 통합)	고양시 덕양구
	사립	화요일아침예술학교(고)	연천군 전곡읍
	사립	쉐마기독학교(초·중·고 통합)	양주시 은현면
	사립	새나래학교(중·고 통합)	용인시(휴교중)
	공립	경기새울학교(중)	이천시 율면
	사립	광성드림학교(초·중·고 통합)	고양시 일산구
	사립	하늘꿈중고등학교(중·고 통합)	성남시 수정구
	사립	중앙예닮학교(중·고 통합)	용인시 수지구
	사립	노비따스음악중고등학교 (중·고 통합)	가평군 설악면

시도	설립	학교명	소재지
강원	사립	해밀학교(중)	홍천군 남면
	공립	노천초등학교(초)	홍천군 홍천읍
충북	사립	글로벌선진학교(중·고 통합)	음성군 원남면
	사립	한국폴리텍다솜고등학교(고)	제천시 강제동
	사립	다다예술학교(초·중 통합)	청주시 상당구
	공립	은여울중학교(중)	진천군 문백면
충남	공립	여해학교(중)	아산시 염치읍
	사립	드림학교(고)	천안시 충절로
	공립	충남다사랑학교(고)	아산시 둔포면
전남	사립	월광기독학교(중·고)	함평군 대동면
	사립	성요셉상호문화고등학교(고)	강진군 강진읍
경북	사립	한동글로벌학교(초·중·고 통합)	포항시 북구
	사립	글로벌선진학교문경(중·고 통합)	문경시 영순면
	사립	산자연중학교(중)	영천시 화북면
	사립	나무와중학교(중)	영천시 대창면
	사립	링컨중고등학교(중·고 통합)	김천시 대덕면
	사립	대경문화예술고등학교(고)	경산시 자인면
경남	공립	경남꿈키움중학교(중)	진주시 이반성면
	사립	지리산중학교(중)	하동군(휴교중)
	공립	경남고성음악고등학교(고)	고성군 하일면
	공립	밀양영화고등학교(고)	밀양시 상남면
	공립	금곡무지개고등학교(고)	김해시 한림면
	공립	거창연극고등학교(고)	거창군 위천면

Q1. 대안학교는 학력을 인정받을 수 있나요?

대안학교의 학력 인정은 교육 프로그램 평가를 통해 이루어지고 있으므로 입학 전에 학력인정 여부를 꼭 확인해야 합니다.

Q2. 대안학교를 고민하는 친구에게 해 주고 싶은 말

대안학교마다 다양한 특징을 가지고 있기 때문에 대안학교 입학을 결정하기 전에 다음과 같은 질문을 본인에게 해 보고 가장 좋은 선택을 하길 바랍니다.

새로운 시작을 할 준비가 되어 있나요?
정규교육이 아닌 새로운 형태의 학교에서 나의 잠재력을 키울 준비가 되어 있는지 생각해 보세요. 단지 부모님이나 다른 사람들의 권유로 시작한다면 오래가지 못할 수 있습니다.

나의 흥미, 진로와 관련이 있나요?
대안학교의 교육과정, 특징을 잘 살펴보고 나의 흥미, 진로와 관련 있는 곳을 선택하도록 하세요.

학력이 인정되는 학교에 가야 하나요?
대안학교 중에는 교육부의 인가를 받아 학력이 인정되는 곳이 있고, 그렇지 않은 곳이 있습니다.
본인의 진로나 가치관에 따라 학력 인정 여부를 알아본 후 결정하도록 하세요.
비인가 대안학교는 초·중등교육법에서 규정하는 '학교'로 인가받지 못한 학교를 말합니다. 학력 인정이 안 돼서 검정고시를 치러야 하죠. 시설이나 교사 자격 등의 문제로 인가를 받을 수 없는 학교도 있지만, 공교육의 틀에서 벗어나 자신들만의 교육철학을 지켜나가기 위해 비인가를 고수하는 경우도 많습니다.

기숙사 생활도 괜찮나요?
대안학교 중에는 학교 기숙사에서 공동체 생활을 의무로 규정하기도 하고, 집에서 통학하는 학교도 있습니다. 본인에게 어떤 생활이 맞을지 고민해 보세요.

02 고등학교 선택하기

고등학교 선택하기

고교 선택은 곧 대학 입시의 시작이고 생각하면 됩니다. 자신의 전략에 맞추어 가장 잘 맞는 고등학교인지 따져 선택하는 것이 필요합니다.

진로와 연계할 수 있는 교과목 개설 여부 확인하기

고교 선택 기준의 최우선 순위로 강조하는 것은 학생의 진로에 맞는 교육과정이 있는 고등학교를 선택하는 것입니다. 지원하려는 고등학교의 교육과정 편성표에 자신이 필요한 교과목이 있는지 꼭 확인해야 합니다.

지원하고자 하는 학교의 입학후 3년간의 교육과정 편성표를 꼭 확인해보세요. 어떤 선택과목이 언제 개설되어 있는지 확인해야 합니다. 예를 들어, 전기전자·기계 학과군의 진학을 희망한다면 '물리학 II' 등의 과목, 상경계열의 진학을 희망한다면 '경제', '경제 수학' 등의 선택과목 개설 유무를 확인해야 할 것입니다. 또한, 학생의 진로·진학에 필요한 과목이 3학년 1학기 내에 개설되어 있는지도 확인해보세요. 진짜 필요한 과목이 3학년 2학기에 개설된다면 수시 전형에 무의미하기 때문입니다.

개설되지 않은 과목을 이수할 수 있는 방법

* **학교 간 공동교육과정 클러스터** : 인근 지역 학교 간 상호 협력하여 운영하는 공동 교육과정입니다. 인근 학교의 학생들이 과목을 개설한 거점 학교에 모여서 수업에 참여합니다.
* **온라인 공동교육과정 수강**: 배우고 싶은 교과목이 지원 학교 교육과정에 없을 때, 온라인 교육포털 사이트에 접속하여 실시간, 쌍방향 방식으로 운영되는 교육과정입니다.

학생부종합전형을 위한 비교과 관리, 특색 프로그램 등 확인하기

학교 행사, 고교별 동아리 활동, 봉사활동 등의 창의적 체험활동 구성과 차별화된 독서 프로그램이 있는지, 캠프, 방과후 학교와 토요 프로그램 등 특색 프로그램이 있는지도 살펴 봐야 합니다.

※ 잠깐! 고등학교 선택 시 학교 정보를 참고할 수 있는 사이트

각 학교 홈페이지 확인

고입정보포털 - http://hischool.go.kr/

학교 알리미 - https://www.schoolinfo.go.kr

각 교육청 진로진학상담센터

동아리

동아리 활동은 대입 시 전공에 대한 관심과 적합성 등을 보는 척도로 활용됩니다. 따라서, '학교알리미'에서 제공하는 교육활동 부분의 '동아리 활동 현황'을 통해 희망 진로와 관련된 동아리가 있는지 확인하는 과정이 필요합니다. 자율동아리는 대입에 반영되지 않고 교육과정 내 정규동아리만 반영됩니다.

예> 자연계열 수학과로 진학하고자 하는 학생 - 수학 동아리, 수학 관련 대회, 수학 관련 체험 활동 등이 있는지 여부 확인

특색 사업 및 우수 프로그램

해당 교과목의 수준별 수업이 있거나 교과 교실제를 운영하는 등 특화된 프로그램이 있는지 고려해보세요. 예를 들면 고교대학연계프로그램, 각종 과제연구, 심화학습, 멘토링 등 입니다. 진로, 진학과 연계된 다양한 교육 활동을 경험할 수 있기 때문에 진로, 전공 적합성의 방향을 설계하는 것에 도움이 됩니다.

통학 거리 및 교통수단 점검하기

고등학교 3년 동안 걸어서 통학이 가능한 정도로 가까운 거리의 학교에 다니는 것과 통학에 많은 시간을 소요해야 하는 학교에 다니는 것은 학습 시간뿐만 아니라 체력 면에서도 많은 차이가 납니다. 학교에서 늦은 시간에 귀가하게 되는 경우도 많기 때문에 학교가 가까이 있는 것이 매우 유리합니다.

학생수

학생부위주전형(학생부교과전형, 학생부종합전형)에서 내신 성적 관리는 필수입니다. 학생 수는 내신 성적 관리와 교과목 개설에 큰 영향을 미칩니다. 학생 수가 많은 것이 내신 성적 확보에서 유리합니다. 같은 등급 대의 학생 수가 많아야 안정적으로 등급을 확보하는 것이 수월하기 때문입니다. 지원하려는 고등학교의 학급수와 학생수를 학교알리미나 학교 홈페이지에서 확인해보세요.

Q. 일반고 중 정시 위주 학교와 수시 위주 학교, 어떤 학교를 선택하면 좋을까요?

학생이 실전에 강한 편이고, 장기 계획을 짜서 공부할 수 있는 끈기와 고난이도 및 복합형 문제 해결 역량이 있다면, 정시 위주의 학교에 진학하여 좋은 학업 분위기 속에서 수능 성적 향상에 집중하는 것도 좋습니다.

반면, 수시 위주 학교는 정시로 진학하는 학생이 많지 않아서 대부분 교과 성적을 기반으로 수시에 치중합니다. 내신 확보가 비교적 수월한 편입니다. 전략적으로 내신을 위해 이러한 학교에 지원하는 경우도 많습니다. 학생이 환경의 영향을 받지 않고, 자기 주도적으로 주어진 일에 최선을 다하는 편이라면, 수시 위주의 학교에 진학하여 내신을 확보하고 수능 최저 등급을 맞추도록 노력하길 바랍니다.

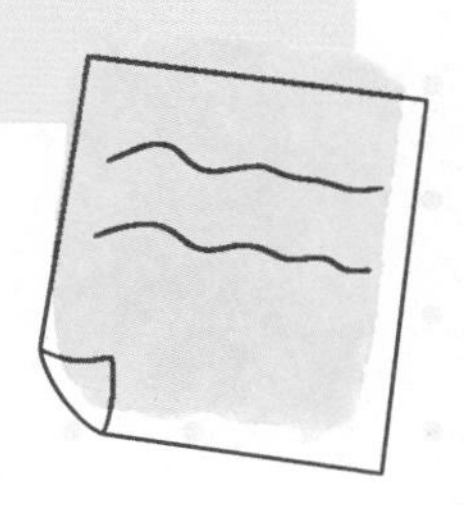

고등학교 선택하기 활동지

1. 나의 정보

나의성향

나의 성격	학습 성향

내가 진학할 계열, 학과

나의 목표 대학, 학과

내가 고등학교에서 필요한 선택 과목

일반 선택	진로 선택

2. 내가 고민하고 있는 학교들의 정보를 비교해보고 최적의 고등학교를 선택해보자!

비교할 고등학교 / 비교할 학교 정보	예시) ○○고등학교			
우리 집과의 거리 (도보/교통수단)	버스로 10분			
전체 학생 수 → 등급별 학생수 계산	389명 1등급: 15.56 2등급: 42.79 3등급: 89.47 4등급: 155.6…			
개설된 선택 과목들 중 내가 필요한 과목	정치와 법, 사회·문화, 생활과 윤리, 철학, 논술			
학교 특성, 수시 / 정시 관리 유·불리 등	우수한 학생들이 많고, 면학 분위기 좋음. 내신 경쟁 치열하고 시험이 어려운 편. 정시 성적이 좋음.			
학교 특색 사업 및 프로그램	과학중점학교			
기타 고려해볼 사항 (학교환경 등)	남녀공학, 시청 근처에 있어서 소음이 자주 들림 등			

03 원서 작성 후 알차게 보내기

원서 작성 후 알차게 보내기

대학 정보 및 계열 탐색하기

사이트명	주요 내용
커리어넷(www.career.go.kr)	진로심리검사, 진로상담, 직업·학과정보
워크넷(www.work.go.kr)	직업심리검사, 진로상담, 직업·학과정보
지역별 진로진학정보센터(www.jinhak.or.kr)	진로심리검사, 대입정보, 진로·진학 상담
대입정보포털 어디가(www.adiga.kr)	대학·학과·전형정보, 대입상담
대학알리미(academyinfo.go.kr)	대학별 공시정보(교육비, 취업률, 장학금 등)
전문대학 포털·프로칼리지(www.procollege.kr)	전문대학 및 전공정보 입학정보, 온라인상담
각 대학별 입학처, 학과홈페이지: 전년도 입시결과,전형통계,입학자료,학과정보,전공안내자료 등 열람가능	

고등학교 1학년 내용 선행학습 하기- 예비 고1 대상 EBS 추천 강좌

강좌	특징
「고등예비과정」	교과서의 핵심 내용 단기간 정리 누구나 쉽게 이해할 수 있는 구성 및 설명
「(새교육과정)올림포스」	교과서를 이해하기 쉽게 핵심 내용만! 교과서 기본 내용이 주제별로 정리! 수능, 내신, 수행평가를 동시에 준비!
「50일 수학」「올림포스 닥터링」「올림포스 고난도」	수학이 고민인 학생들을 위한 강의
「개념완성」, 「개념완성 문항편」	통합사회, 통합과학 공부
「EBS 공부법 Q」「수능에 잘 나오는 사자성어」, 「행간 읽기의 고수되기」「Real 과학 실험」, 「Real 통합과학 실험」	자투리 시간을 활용한 공부
「뉴수능 스타트」	한국교육과정평가원에서 발표한 개편 수능 예시 문항 최초 분석!

출처 예비 고1 입시자료집 EBS가 답이다!

독서활동 계획하고 준비하기

독서는 학업의 기초역량 강화에 도움이 될 뿐만 아니라 문제해결력, 풍부한 표현력과 의사소통능력 등 다양한 능력을 길러주는 활동입니다. 선택해 읽는 습관을 키운다면 교과 학습역량 및 비교과 활동들에도 도움이 될 것입니다. 많은 양의 독서가 중요한 것은 아닙니다. 전공이나 진로와 관련된 독서 활동뿐만 아니라 고전, 문학, 예술, 철학 등 인문학 분야 등의 다양한 독서가 중요합니다.

고1의 첫 시험, 3월 학력평가 대비하기

고등학교 입학 후, 처음으로 치러지는 3월 학력평가는 대학수학능력시험을 모의로 경험해 보는 시험으로 전국에서 본인의 위치를 객관적으로 가늠할 수 있는 시험입니다.

학력평가는 대학수학능력시험과 유사한 유형의 시험이기 때문에 짧은 시간 안에 제시된 문제의 의도를 정확하게 파악하고 보기 중에서 정답을 찾는 훈련이 되어 있어야 좋은 점수를 얻을 수 있습니다.

여태껏 접해보지 못한 학력평가 기출문제를 찾아서 여러 번 진지하게 풀어보세요. 그리고 부족한 과목과 부족한 영역의 개념들을 다시 정리해 두세요. 혼자 정리하는 것이 어려우면 EBSi 고등 예비과정이나 징검다리 강좌가 큰 도움이 될 것입니다. 아울러 고1 학력평가 기출문제와 해설 강의를 통해 출제 유형에 적응하도록 합니다.

전국연합학력평가 자료 다운받기 - 서울시교육청>학력평가자료실

http://www.sen.go.kr/web/services/bbs/bbsList.action?bbsBean.bbsCd=105 

Home > 교육정보 > 학력평가자료

학력평가자료 _ **학력평가자료**

- **한국교육과정평가원**에서 시행한 **6월, 9월 대수능 모의고사**는 시행기관에서 문제와 정답(해설없음)만 제공하였기에 착오없으시길 바랍니다.
- 학력평가자료에 탑재된 자료의 저작권은 시도교육청 또는 한국교육과정평가원에 있습니다. 저작권자의 허락없이 문제의 일부 또는 전부를 복제, 배포, 출판, 전자출판하는 등의 일체의 행위를 금합니다.
- **문제와 정답**은 모든 과목 시험이 종료된 **오후 6시 이후**에 탑재되오니 참고하시기 바랍니다.

한글 2014 뷰어 프로그램 | 아크로벳리더 10.0 뷰어 프로그램 | A4로 출력하는 방법 팝업

학교선택 | 학년선택 | 년도선택 | 월선택 | 제목 | 검색

- 전체 : 1001건, 1/101

번호	학교	학년	연도	월	구분
1001	고등학교	3학년	2021	01월	2021학년도 전국 연합학력평가 시행 일정
1000	고등학교	2학년	2021	01월	2021학년도 전국 연합학력평가 시행 일정
999	고등학교	1학년	2021	01월	2021학년도 전국 연합학력평가 시행 일정
998	고등학교	3학년	2021	01월	2021학년도 전국 연합학력평가 출제 범위
997	고등학교	2학년	2021	01월	2021학년도 전국 연합학력평가 출제 범위

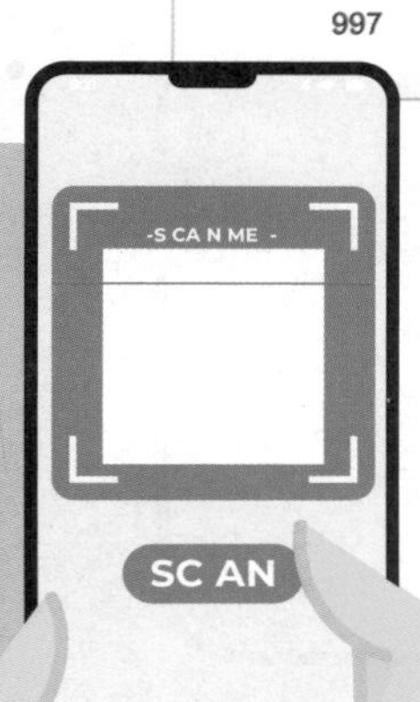

쉬는시간

교대에 진학한 선배 인터뷰

교대에 진학한 동기가 궁금해요.

고등학교 1학년 때까지는 내 진로는 영어과에 진학해서 영어공부를 깊게 하는 것이었어. 그런데 고1때부터 꾸준히 하던 봉사활동을 통해 교사로 진로를 바꾸게 되는 계기가 있었어. 초등 저학년에게 학습지도를 하는 교육봉사활동을 했는데 그 때 만난 한 아이의 마음을 열기위해 교육에 관해 공부하고, 고민하고 방법을 찾아 시도하면서 배우고 가르치는 일에 소중함을 알게 되었어. 어릴수록 정서적인 접근과 학습 방법이 중요하다는 것도 알게 되었지. 봉사활동을 통해 난 진로를 바꾸게 된 계기가 되었고 보람 있는 삶을 계획하게 된 귀한 시간이었어. 봉사 전에는 막연히 영어가 좋아서 영어과를 가야지 했었다면, 이후부터는 아이들에게 즐겁고 신나게 영어공부를 하게 할 방법을 공부하자는 비전을 세웠지.

중학교 생활은 어땠어요?

난 평범하고 조용한 성격이었어. 학교에서 하는 활동은 적극적으로 참여했던 것 같아. 특별히 잘하는 것이 있었다기보다 참여하고 준비하는 자체가 의미 있다고 생각했어. 한 번은 교내 영어합창대회를 준비하면서 반 친구들에게 노래를 가르쳐주게 되었는데 호응이 좋았어. 아마 영어 자신감이 그 때 더 커졌던 것 같아.

책을 좋아해서 여러 주제의 책을 읽었는데, 이것은 고등학교에서 공부할 때도 도움이 많이 되었어. 국어 문학작품이나 사회현상에 대한 주제는 고등학교에서 탐구보고서를 쓸 때 주제 찾는데 도움이 많이 되었지.

중학교 2학년 1학기 기말고사를 치르고 내 학습 방법에 대해 고민을 하게 되었어. 시험이 점점 어려워지고 있다는 생각이 들었고 이런 마음이면 고등학교성적을 망치게 될 것 같아 불안해 진거야. 그래서 학습 습관에 대한 강의와 책을 찾아보고, 상담을 하면서 나만의 학습방법을 찾고 습관화 하려고 노력하게 된 것이 의미 있었어. 그 때 상담해주신 선생님께서 중학교 때, 시행착오를 두려워하지 말고 자기만의 학습법을 갖기 위해 연습을 하라고 하셨어. 자기주도학습을 계획하고 먼저 학원에 도움을 받지 않는 사회, 과학 공부를 시작했지, 예습, 복습, 노트를 정리하고, 점점 학원과 병행하는 과목인 영어, 수학도 자기주도학습을 시도하면서 점점 학습 자신감을 갖게 되었는데 의미 있는 노력이었어.

진로를 고민하는 후배에게 조언한다면요?

난 중3 때 진로문제로 고민을 많이 한 적이 있었어. 그냥 미래가 안개처럼 막연하게 느껴지고 내가 과연 어른이 되어 세상에서 잘 살아갈 수 있을까 하는 막막함이 들었지. 진로가 정해지지 않으니 불안하고 공부가 힘들었어. 그때 진로상담 선생님을 찾아가서 말씀을 나눈 것은 큰 도움이 되었어. 선생님은 공통분모를 생각해보라고 하셨어. 내가 살아가게 될 미래, 나는 어떤 모습이고

싫은가 등. 그래서 내 공통분모는 '지금 무엇을 해야 하는가'였고, 지금 공부를 하는 것이 미래 설계에 도움이 된다고 판단했어. 공부가 결론이라는 뜻이 아니야. 진로를 고민하는 것은 삶을 잘 살고 싶어 하는 내면의 소리인 것이지, 지금 나를 표현할 수 있는 성실함, 그 방법을 공부로 잡으면 좋겠다는 것이야. 미래를 위한 공통분모 기억해 줘.

고등학교 진학한 선배 인터뷰- 예고 미술과

예고를 선택한 동기나 계기가 있나요?

나는 어렸을 때부터 취미로 그림 그리는 것을 좋아했어. 가족이나 친구들의 얼굴을 자주 그려주기도 했고, 눈에 보이는 것들을 그림으로묘사하는 일도 즐거웠지. 어렸을 때부터 미술학원을 다녔다가 다른 친구들처럼 공부에만 전념하려고 잠시 그만뒀었는데, 부모님이랑 담임선생님, 미술선생님하고 상담도 하고 혼자서도 고민을 많이 해봤지만 역시 내가 가장 좋아하고 잘하는 일을 진로로 삼는 것이 좋을 것 같더라.

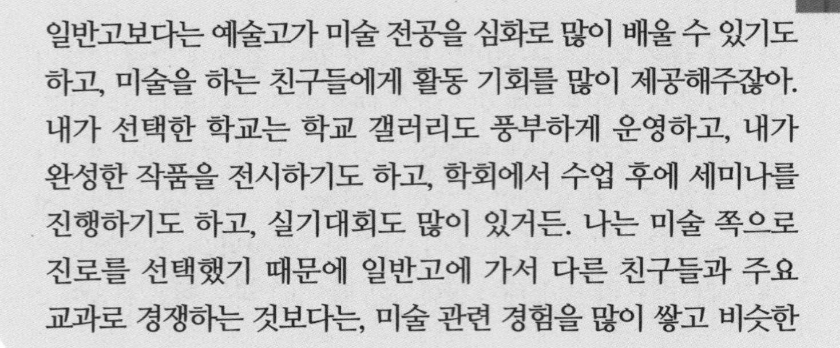

일반고보다는 예술고가 미술 전공을 심화로 많이 배울 수 있기도 하고, 미술을 하는 친구들에게 활동 기회를 많이 제공해주잖아. 내가 선택한 학교는 학교 갤러리도 풍부하게 운영하고, 내가 완성한 작품을 전시하기도 하고, 학회에서 수업 후에 세미나를 진행하기도 하고, 실기대회도 많이 있거든. 나는 미술 쪽으로 진로를 선택했기 때문에 일반고에 가서 다른 친구들과 주요 교과로 경쟁하는 것보다는, 미술 관련 경험을 많이 쌓고 비슷한

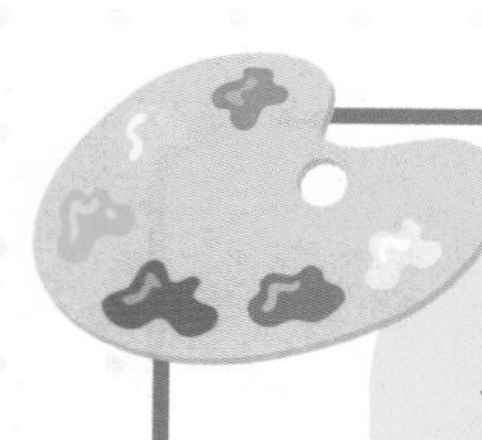

진로와 성향을 가진 친구들이랑 생활하는 것이 더 행복한 학교생활을 할 수 있을 것 같았어. 그래서 중학교 2학년 때부터 미술을 본격적으로 배우고 연습한 것 같아.

내신 성적이나 수상 경력 등 중학교 생활을 어떻게 했는지 궁금해요.

내 중학교 내신 성적은 20% 초반대야. 학교 끝나고 미술학원을 다니고 틈틈이 여가생활도 즐기느라 공부할 시간이 다른 친구들보다 좀 부족했던 것 같아. 그래서 학교 수업 시간에 더욱 집중하려고 노력했지. 특히 시험 기간에는 선생님께서 하시는 말씀은 하나도 안 놓치고 필기를 해두고 정리했어. 예고에 반영되는 과목들 중 국어, 영어, 사회(역사/도덕) 성적은 거의 A를 받았는데 수학 성적이 좀 부족했어. 2학년 때는 수학에서 C를 받는 바람에 멘붕이 왔지. 그래도 수학 잘하는 친구들과 함께 공부하면서 3학년 1학기에 많은 도움을 받고 극복했어.

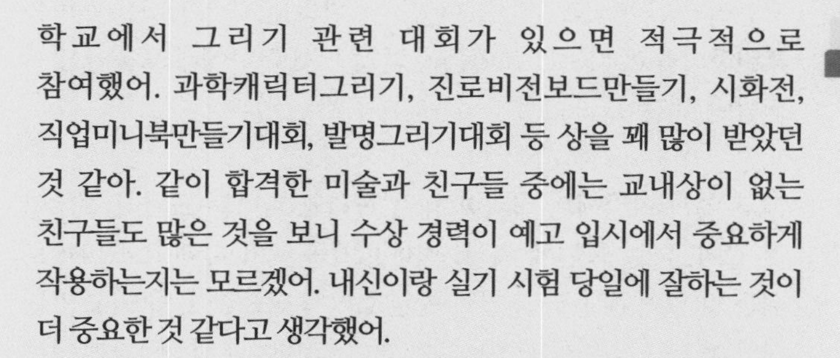

학교에서 그리기 관련 대회가 있으면 적극적으로 참여했어. 과학캐릭터그리기, 진로비전보드만들기, 시화전, 직업미니북만들기대회, 발명그리기대회 등 상을 꽤 많이 받았던 것 같아. 같이 합격한 미술과 친구들 중에는 교내상이 없는 친구들도 많은 것을 보니 수상 경력이 예고 입시에서 중요하게 작용하는지는 모르겠어. 내신이랑 실기 시험 당일에 잘하는 것이 더 중요한 것 같다고 생각했어.

출결은 중학교 다니면서 성실하게 관리해서 미인정 지각이나 조퇴, 결과는 없었어. 그리고 학급에서는 게시판 관리를 맡아서 게시판을 예쁘게 관리하려고 노력해서 칭찬을 많이 받았어. 나중에 보니까 담임선생님께서 생활기록부에도 기재해주셨더라고. 중학교 때 애니메이션 자율 동아리에 가입해서 동아리 친구들이랑 웹툰도 많이 읽고, 학교에 남아서 그림도 많이 그렸던 것도 기억에 남아.

**실기 준비는 어떻게 했는지,
슬럼프가 있었다면 어떻게 극복했는지 궁금해요.**

슬럼프가 많이 와서 힘들었던 적이 많아. 열심히 그렸는데 그림이 생각보다 너무 안 그려질 때, 시간 안에 내가 생각했던 대로 못 그렸을 때 너무 힘들었어. 분명히 취미로 그림을 그렸을 때는 즐거웠는데 입시 준비를 하니까 마냥 즐거운 것만은 아니더라. 점수도 생각보다 잘 안 나오고, 코멘트도 많아지고 그런 날에는 내가 선택한 길이 맞는 건가 싶어서 울기도 많이 울었어. 몸이 약한 편이라서 허리도 아프고 체력적으로도 힘들었어. 그럴 때 가족, 선생님, 친한 선배들에게 내가 어떤 점이 힘들고, 고민인지 털어놓고 상담을 나눴는데 말하는 것만으로도 속이 좀 후련하더라고. 따뜻한 조언들을 받았던 것도 나에게 도움이 많이 되었던 것 같아.

예고 입시 기간에는 철저한 체력 관리와 피나는 노력이 전부인 것 같아. 나는 학원에 가장 먼저 오기를 목표로 하고 주말에도 쉬는 날 없이 매일 가장 일찍 학원에 가서 연습했어. 밥 먹고 자는 시간 빼고는 정말 실기에만 올인 했어. 학원에서 선생님들께 받은 코멘트를 적어놓고 기억하면서 바로바로 고치려고 집에 가서도 계속 연습했어. 자투리 시간에 구도를 짜고 다른 예시 작품들을 찾아보곤 했지. 그리고 체력 관리를 위해서 비타민, 한약, 각종 즙,

몸에 좋다는 것은 다 챙겨서 먹으려고 했던 것 같아. 체력에 가장 좋은 것은 잠을 충분히 자는 것이더라. 실기에는 컨디션도 분명 크게 작용하기 때문에 최상의 컨디션으로 가려고 실기 전날은 일찍 잤어.

예고를 준비하는 후배들에게 한 마디 해주세요!

내가 선택한 학교는 미술과 내신 비율이 무려 60%였어. 그래서 실기도 당연히 중요하지만, 내신이 뒷받침되지 않으면 합격이 어려웠을 것 같아. 3학년 1학기가 끝나면 실기에 올인해야겠지만, 그 전에는 국어, 영어, 수학, 사회 과목들의 내신 성적 관리도 절대 소홀히 하면 안 되는 것 같아. 그리고 예고 입시에는 체력이 정말 중요해. 간단한 운동이라도 하면서 체력 관리를 열심히 했으면 좋겠어.

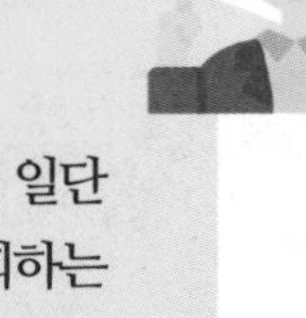

혹시 예고 입시에서 떨어질까봐 고민하는 친구들이 있다면 일단 도전해보라고 말하고 싶어. 도전하지 않았다가 나중에 후회하는 것보다는 최선을 다해서 노력하면 혹시 결과가 좋지 않더라도 분명 도전하는 과정 자체가 좋은 경험이 되어서 지금보다 훨씬 많이 성장할 수 있을 거야!

6교시

입시 실전 준비하기

"자소서에 남들 다 하는 공부 방법 쓰지 말아라."

"학생부종합 전형 시대, 일반고 어떻게 달라지나……"

"외고·자사고 입시, 이젠 학생부가 서류 평가의 핵심"

"자사고 준비, 학생부·자소서·배경지식 갖춘 면접 대비가 필수"

"토론·협동 수업 늘고, 예체능 교육 살아나고……"

01	백점만점 자소서
02	면접 길라잡이
03	대입용어 정리
04	미리보는 대입 전형
05	고등학교 학교생활기록부
06	진로에 따른 과목 선택하기
07	목표대학, 학과 탐색

01 백점만점 자소서

백점만점 자소서

면접관이 말하는 백점만점의 자기소개서

왜(why)라는 화두를 갖고 쓰자

생각은 행동으로 드러나게 마련입니다. 지원자가 어떤 학습 관련 행위를 했을 때 그 근원에는 명확한 이유가 있어야 합니다. 가령 과제탐구를 했다면 그것을 왜 했는지에 대한 나름의 이유가 있어야 하고, 유전공학자가 되고 싶다면 왜 유전공학자가 되고 싶은지 자문해보기 바랍니다.

자소서는 제출 서류가 밑거름이 되어야 한다

자소서는 학생부 등 제출서류를 바탕으로 작성해야 합니다. 학생부에 있는 활동 중 가장 느낀 점이 많았던 활동을 구체적으로 써보는 것이죠. 수상이나 활동을 위해 어떤 것을 준비했는지, 준비 과정에서 무엇을 느꼈는지 등을 구체적으로 작성하세요. 그리고 그것이 삶에 어떤 변화를 가져왔는지를 기록해야 합니다.

잘 대신 남과 다르게 써라

자소서는 남과 다른 점을 드러내면서 자신이 읽어도 재미있어야 합니다. 수천 장의 자소서를 읽는 면접관 입장에서 차별화된 단 한 사람으로 보일 방법을 고민하면서 작성하세요.

첫인상의 효과를 적용하라

첫인상 효과는 매우 강력합니다. 각 문항에 대한 본인의 생각을 짧고 간단명료한 문장으로 글의 첫머리에 배치해 수백 개의 자소서를 읽어야 하는 면접관에게 강렬한 인상을 남겨서 자소서를 끝까지 읽도록 해야 합니다.

솔직하고 담백하게 써라

솔직하게 써야 합니다. 구체적 사실을 활동 동기와 과정, 결과와 함께 그 활동에서 배우고 느낀 점을 정리해보세요. 미사여구는 빼고 담백하게 쓰는 게 좋습니다. 너무 감상적으로 흐르는 것도 막아야 합니다. 쿨하고 드라이하게 자기 생각과 경험을 드러내는 것이 최선입니다.

꼭 만나고 싶은 사람이 되어라

면접관들은 자소서를 보고 직접 만나보고 싶은 학생을 선발해 면접전형에 참여할 수 있게 합니다. 자소서를 보고 '이 학생을 만나보고 싶다'는 생각이 들게 한다면 성공한 자소서입니다.

책의 느낀 점과 나의 변화에 무게를 실어라

학생부에 기록된 도서 목록은 융합적 사고 능력과 창의력, 전공에 대한 열정을 드러낼 수 있는 것이므로 신중하게 선택해야 합니다. 책을 읽고 얼마나 폭넓게 이해하고 있는지, 관심 있는 분야에 대한 지적 호기심이 구체적으로 어떻게 나타나는지, 지적 호기심을 어떻게 해결하고 있는지를 보여주는 게 독서 기록입니다.

책을 선택한 이유와 책을 통해 느낀 의미를 기록해야 합니다. 줄거리는 간단히 압축하거나 생략하고, 인상 깊은 구절과 대목을 기술하고 그 이유를 쓰고, 이후에는 그 책이 나의 생활이나 사고방식에 어떤 영향을 미쳤는지를 쓰는 것이 좋겠지요.

자소서 작성 길라잡이

나만의 스토리 만들기 4단계

동기 → 과정 → 결과 → 느끼고 배운점

자기소개서는 학생부에 나타나지 않는 학생의 동기, 과정, 결과에 대한 분석, 그로 인해 배우고 느끼고 성장한 점을 보여주기 위해 작성합니다. 즉, [동기-과정-결과-느끼고 배운 점]이라는 4단계를 준수해야 합니다.

[동기-과정-결과]는 학생이 학교에서 한 활동에 대한 이야기입니다. 대부분의 학생이 주로 이 부분에 많은 분량을 할애하고, 마지막에 알고 배우고 느낀 점을 1~2줄 정도로만 언급하고 맙니다. 가장 좋은 [동기-과정-결과]에 대한 분량은 50~60% 정도, 느끼고 배운 점은 40~50% 배분해야 합니다. 그래서 활동을 끝마친 후에는 반드시 해당 활동에 대한 기록을 해놔야 이 부분에 대한 분량이 나오게 됩니다.

1단계 : 동기-지적 호기심을 채우고 싶어요.

자신이 왜 그러한 활동을 하게 되었는지 활동의 계기와 동기를 서술합니다. 동기는 그 어떤 소재도 좋습니다. 다만 이러한 소재들이 자기소개서 기재 금지 사항에 해당하는지 확인해야 합니다. 기재 금지 내용은 수상 실적과 성적입니다. 단순한 참가 사실이나 준비 과정은 쓸 수 있습니다. 보통 동기 파트의 소재로 삼는 건 지적 호기심, 자신의 부족한 점 채우기(학업에 대한 열정), 외부로부터의 자극 등을 들 수 있습니다.

2단계 : 과정-어려움을 극복했어요. 또는 새로운 방향으로 도전했어요.

학생들이 가장 쉽게 쓰는 파트입니다. 과정 파트는 학생이 자신의 전공 적합성과 학업 역량, 경험 다양성 등을 아낌없이 보여줄 수 있는 학교 활동에 대한 내용을 표현합니다. 한마디로 HOW에 대한 항목이라고 할 수 있습니다. 하지만 이 HOW를 활동의 나열로 생각하면 안 됩니다.

중요한 것은 활동 과정에서 나타나는 자신의 역량과 리더십, 경험 다양성을 얼마만큼 표현할 수 있느냐 하는 겁니다. 자신이 주도적으로 활동을 이끌었는지, 어떤 차별화된 방법을 썼는지 등을 기재해야 합니다.

보통은 어려움과 그 극복 방안을 제시하는 패턴을 사용합니다. 자신의 리더십과 이에 대한 해결 방안을 제시하는 모습을 나타낼 수 있기 때문입니다. 모든 활동에 어려움이 따르는 것은 아니기 때문에 무조건 어려움을 제시할 필요는 없습니다. 중요한 것은 자신이 활동을 주도했으며 무언가 새로운 방법으로 활동했다는 사실을 알리는 것입니다.

3단계 : 결과-결과에 대한 분석과 반성이 필요해!

자신이 한 활동에 대한 결과로 성적 상승, 활동의 성공적 마무리, 나(구성원)의 변화, 계획한 목표 달성 등을 표현합니다. 여기서는 결과 그 자체뿐만 아니라, 결과에 대한 분석과 반성의 내용까지 나와야 합니다. 결과의 내용이 성공이든 실패든 그 내용물에 대한 분석이 이루어져야 합니다. 활동이 어떠했으며, 성공(아니면 실패)에 있어 무엇이 큰 영향을 끼쳤는지 언급해야 합니다.

4단계 : 느끼고 배운 점 - 내가 바뀐 모습을 보여줘!

핵심 파트입니다. 학생이 한 활동을 통해서 무엇을 얻었으며, 어떻게 성장했는지를 드러내는 부분입니다. 이를 통해 평가자가 학생의 역량과 성장점을 알 수 있기 때문입니다. 면접관은 학생의 활동 과정보다는 미래 가치와 잠재력을 알고 싶어 합니다. 따라서 느끼고 배운 점의 분량이 자기소개서의 40% 이상이 되도록 작성해야 합니다. 그 정도의 양이 되어야 면접관이 학생에 대해 평가할 수 있고, 학생의 가치를 알 수 있기 때문입니다. 느끼고 배운 점은 그리 어려운 것이 아닙니다. 학생이 활동을 통해서 얻은 느낌이 될 수도 있고, 변화점이 될 수도 있습니다. 또 다른 활동이나 새로운 도전에 대한 자극도 될 수 있겠죠.

기록하고 또 기록하라!

모든 활동 후에는 반드시 기록을 남겨야 합니다. 길게는 2년 6개월 전의 활동일 수 있기에 그 모든 내용을 기억하기란 불가능합니다. 특히 활동에 따른 느낌이나 배운 점, 자신의 변화한 점을 세세히 기록해주어야 합니다. 기록을 해두지 않는다면, 활동 직후에 기억할 수 있었던 생생한 내용이 자기소개서를 작성하는 시점에서는 간단한 감상이나 느낌 정도밖에 남지 않아 진정성 있는 내용보다는 인위적이거나 식상한 표현이 기재될 확률이 높습니다.

자기소개서 쓰는 법 YES or NO

나열식 글쓰기 NO!
구체적 글쓰기 YES!

자신이 한 활동에 대해서 과정 위주의 글쓰기를 하는 데 발생하는 큰 문제점이 바로 경험에 대한 나열인데, 이런 식의 글은 분량을 늘리는 용도일 뿐 전혀 면접관을 감동시키지 못합니다.

스펙 나열 NO!
에피소드 중심 YES!

자기소개서는 학생부의 소명자료입니다. 보고서를 준비하게 된 동기, 준비 과정은 어떻게 진행되었으며, 위기 상황은 어떻게 극복했는지, 그리고 결과에 대한 나의 평가는 어떠한지, 마지막으로 자신이 어떻게 성장했는지를 담아야 합니다.

중괄식, 미괄식 NO!
두괄식 YES!

면접관들은 수백, 수천 개의 자기소개서를 한 달이라는 기간 동안 읽어봐야 합니다. 면접관도 사람이기에 말하고자 하는 내용이 뒤에 나오면, 지루함을 느끼고 흥미를 갖기 힘듭니다. 따라서 처음에 자기가 강조하고 싶은 내용을 쓰는 두괄식 표현이 중요합니다. 특히 처음은 짧고 명료하게 쓰는 것이 좋습니다. 제일 앞에 가장 중요하다고 생각하는 것을 쓰고, 그 문장을 뒷받침해주는 에피소드나 근거를 적어서 일관성 있는 글을 써야 합니다.

지나친 과장 NO!
솔직하게 YES!

솔직하게 글을 써야 합니다. 중학교 재학 기간 중 있었던 활동 위주로 쓰는 겁니다. 활동 결과에 대해서 과장하지 말고 솔직하게 자신이 느끼고 배운 점 위주로 표현해야 합니다. 약점을 가리고자 숨기거나 다르게 기재한다면, 오히려 자신의 약점을 더욱 키우는 모양새가 되어버립니다.

읽어보기

힐링되는 좋은 글

축구선수 메시는 고등학교 때 성장판이 일찍 닫혀 키가 더 이상 크지 않는다는 의사의 소견을 듣고 좌절했다고 합니다. 170cm의 키가 축구에는 작은 신장으로 큰 단점이 된다는 것을 알았기 때문입니다. 메시는 축구는 머리로만 하지 않고 드리블을 잘하면 얼마든지 멋진 축구선수가 될 수 있다고 긍정적 관점 바꾸기를 통하여 결국 세계 최고의 발재간을 지닌 선수가 되었습니다.

자신을 얼마만큼 믿느냐에 따라 전혀 다른 결과를 가져옵니다. 내 마음이 긍정적이면 몸도 마음을 따라 긍정적으로 흘러가고, 그 반대라면 몸도 부정적으로 흘러가게 됩니다. 사람 속에는 무한한 에너지가 있는데, 이 에너지는 마음이 원하는 방향으로 믿는 만큼 방출되기 때문입니다. 나에게 상상하는 이상의 힘이 잠재되어 있음을 믿고 다가오는 어떠한 상황에서도 항상 긍정과 확고한 믿음을 가지고 여러분이 원하는 원대한 꿈을 이루길 바랍니다.

「긍정의 레시피」, 존 메이슨

02 면접 길라잡이

면접의 배경지식은 학생부와 자소서

학생부 분석으로 면접 문항 찾기

면접은 서류를 바탕으로 진행되는데 학교생활기록부에 기록된 활동 점검, 독서 기록 점검, 본인의 진로 활동 및 계획에 대한 점검 등이 핵심 요소입니다. 그래서 자기소개서와 독서 및 진로 활동 등이 구체적으로 준비되어야 합니다.

여러분이 자기소개서를 작성할 때 가장 먼저 학교생활기록부를 살펴보고 자소서 문항에 알맞은 활동을 찾아서 스토리를 작성했듯이 면접도 마찬가지입니다.

학생부를 담임 선생님과 상의하거나 행정실을 통해서 한 부 출력합니다. 그다음 형광펜을 준비합니다. 형광펜을 잡고 자신의 학생부에서 특이하거나 소재가 될 만한 내용에 모두 밑줄을 긋습니다. 조금이라도 자신의 역량이나 지원 학과와 관련이 있는 항목을 선택합니다.

수상 경력					
구분	수상 명	등급(위)	수상연월일	수여 기관	참가 대상 (참가 인원)
교내상	과학반탐구보고대회	우수상(2위)		고등학교장	2학년
	모범학생표창장 (봉사 부문)			고등학교장	전학년
	토요방과후학교2기	최우수상(1위)		고등학교장	2학년
	과학경시대회	장려상(3위)		고등학교장	2학년

자기주도학습 전형 면접 대비와 전략

과학고, 영재고 면접 노하우

과학고 면접

과학고의 경우 원서 접수 후 서류 평가 및 방문 면접은 원서 접수 마감 후 약 2~3개월에 걸쳐 진행됩니다. 면접은 과학고 합격 여부의 핵심이 됩니다. 서류 평가에 대한 답변도 중요하지만 수학·과학 교과 지식을 물을 때 이에 대한 대응도 정말 중요합니다. 단답형보다 논리적이고 창의적인 답변 여러 개가 면접에 유리합니다.

방문 면접은 지원자 전원을 대상으로 학교에 직접 방문하여 지원자, 추천 교사를 차례로 면담하며 주로 자기소개서와 추천서의 진위를 묻는 질문으로 이루어집니다. 그 외에 지원자가 지금까지 수학, 과학 공부를 어떻게 해왔는지에 대한 질문과 학교생활기록부에 기재되어 있는 내용에 대한 사실 여부 및 추가 질문 등으로 이루어지므로 자신이 제출한 자기소개서 내용을 충분히 숙지하고 질문에 답할 수 있도록 준비해야 합니다. 면접은 수학·과학 교과 탐구 활동 사례를 중점적으로 봅니다. 수학·과학 교과 탐구 활동 사례는 1단계 방문 면접의 평가 기준일 뿐 아니라 2단계 심층 면접에서도 관련 내용을 바탕으로 한 깊이 있는 질문이 나오기 때문에 신중하게 검토해야 합니다.

구술 면접에서는 중등 교과과정 내에서 배운 수학·과학 내용과 배경지식을 바탕으로 문제 해결 과정을 확인하는 유형이 출제됩니다. 수학은 도형과 관련된 문항, 과학은 자료 해석을 통한 문제 해결과 간단한 실험 설계 문항이 출제된 사례가 있습니다.

2단계 면접에서 융합형 문항 출제, 실생활 응용력 필요

최근 과학고 입시에 수학·과학 교과의 내신 절대평가가 적용되어 내신 변별력은 상대적으로 줄었습니다. 자기소개서와 면접의 중요성이 더욱 커질 것으로 전망됩니다. 2단계 면접에서 여러 과목을 합친 융합형 문항을 출제하기 때문에 이에 대한 대비가 필요합니다.
융합형 문제는 어느 한 분야 지식만으로는 해결할 수 없기 때문에 원리와 개념을 정확히 이해하고 실생활에서 어떻게 적용되는지 논리적으로 풀어가는 것이 중요합니다. 수학에서는 과도한 선행 학습보다 현재 교육과정 안에서 응용력을 기르고, 과학은 자기 관심 분야만이 아니라 과학 전반에 대해 학습해야 좋은 평가를 받을 수 있습니다.

외국어고, 국제고, 자사고 면접 노하우

외고·국제고는 설립 취지에 맞게 고입 자기주도학습 전형 1단계(내신 성적)에서 영어 성적만 보게 되어 있습니다. 1단계 점수의 차이는 적으나, 2단계 면접에서 차이가 많이 납니다. 2단계에서 대부분의 외고·국제고가 기본 점수가 없는 상태에서 평가 점수를 주기 때문에 내신 평가가 다소 미흡해도 면접 평가가 우수하면 합격할 가능성이 높습니다.
2단계 서류 평가 시 학생부에서 주의 깊게 보는 것은 ▲6번 창의적 체험 활동 상황 ▲8번 독서 활동 상황입니다. 7번 교과 학습 발달 상황의 세부 능력 및 특기 사항은 출력이 되지 않도록 하므로 반영할 방법이 없습니다. 창의적 체험 활동 상황을 통해 중학교 활동이나 교육이 어떻게 이루어지는지 짐작할 수 있고 학생의 참여도를 알 수 있습니다.
2단계 면접 평가 때 서류를 바탕으로 지원자에 대한 이미지가 대략 형성되게 마련이고 면접은 이를 최종 확인하는 단계이므로 구체적인 활동을 체크하거나 역량을 확인하는 식으로 질문합니다. 그러므로 수행한 활동이 있다면 이에 대한 일관된 스토리텔링이 되어야 합니다.

내신 vs 면접의 합격 상관관계

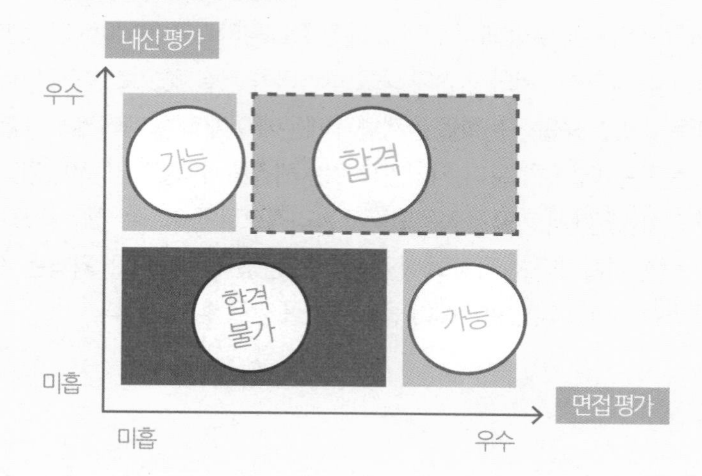

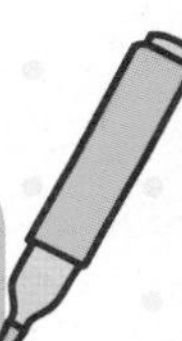

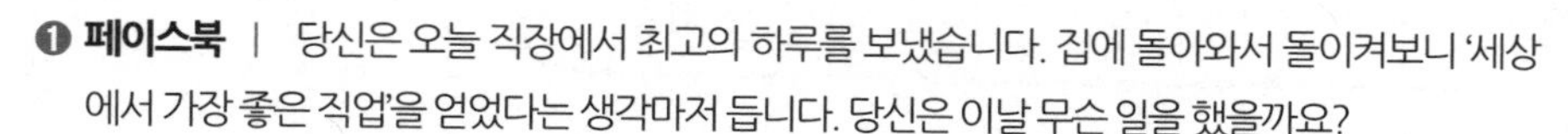

Plus+

꿈의 직장 IT 기업들의 기발한 면접 질문

❶ **페이스북** | 당신은 오늘 직장에서 최고의 하루를 보냈습니다. 집에 돌아와서 돌이켜보니 '세상에서 가장 좋은 직업'을 얻었다는 생각마저 듭니다. 당신은 이날 무슨 일을 했을까요?

❷ **구글** | 당신 키가 동전만 한 크기로 쪼그라들어 믹서 안에 내던져졌습니다. 몸집이 줄어들었지만 밀도는 예전과 같습니다. 1분 내 믹서는 작동합니다. 무엇을 해야 할까요?

❸ **애플** | 내(면접관)가 지금 당장 당신 친구에게 '이 친구가 애플에서 일해야 하는 이유가 뭐죠?'라고 묻는다면 그들은 뭐라고 이야기할까요?

❹ **마이크로소프트** | 당신에게 투명인간과 나는 것 중 한 가지 초능력이 생길 수 있다면 무엇을 선택하시겠습니까?

❺ **드롭박스** | 아침에 일어났더니 읽지 않은 이메일이 2,000통이나 와 있습니다. 이 중 시간상으로 300통만 회신할 수 있다면 어떤 것부터 하겠습니까?

❻ **에어비앤비** | 당신이 여객기 추락 사고의 유일한 생존자라는 것을 알았다면 무엇부터 하겠습니까?

❼ **아마존** | 제프 베조스가 사무실을 찾아오더니 당신에게 '지금 당장 100만 달러를 줄 테니 어떤 스타트업 사업을 시작할 수 있겠느냐?' 하고 물었습니다. 당신은 어떻게 대답하겠습니까?

자기주도학습 전형 면접 기출문제 (예시)

지원 동기
학습 계획

우리 학교가 지원자를 뽑아야 하는 이유는 무엇인가요?
우리 학교의 어떤 프로그램이 마음에 들었나요?
우리 학교만의 특징은 무엇이라고 생각합니까?
입학 후에 어떻게 공부할 것인지 말해보세요.
우리 학교가 학생의 진로에 어떤 도움이 될까요?

우리 학교에 입학하고 싶은 의지가 얼마인지가 면접관 입장에서는 중요합니다. 지원자는 지원 학교의 자료를 상세하게 조사하여 입학하고 싶은 열정, 적극성 등을 보여주는 것이 좋겠죠.

자소서
기반 질문

○○○ 활동에 참여했다고 했는데 무엇이 가장 힘들었나요?
○○○ 활동 하면서 갈등 상황을 말해보세요.
○○○ 활동 하면서 가장 크게 느낀 점은 무엇인가요?
○○○ 활동이 자소서에는 있는데 학생부에는 없는 이유는?
○○○ 강연을 들었다고 했는데 가장 기억나는 내용은?

기록된 활동의 참가 이유, 갈등 상황, 성공 실패 사례 등에서 자신이 한 역할 및 그 활동을 통해 배우고 느낀 점을 중점으로 질문하고 평가합니다.

독서 관련

○○○ 책에서 가장 인상 깊었던 구절은 무엇인가요?
주로 어떤 책을 읽으며 책을 선택하는 기준은 무엇인가요?
학생부나 자소서에 있는 책 외에 감명 깊게 읽은 책은?
○○○ 책을 읽었다고 했는데 ○○○에 대해 말해보세요.
○○○ 책으로 독서 토론한다면 상대에게 질문 2개 해보세요.
친구에게 추천하고 싶은 영문학 작품을 소개해보세요.

독서 활동에서 해당 책을 고른 이유, 책을 통해서 느낀 점, 감명 깊게 읽은 문장, 해당 책이 자신에게 미친 영향 등을 질문합니다.

03 대입용어 정리

대입 용어

대표적인 대입 관련 용어들을 소개합니다.

용어	설명
교과	각 교과목의 성적
비교과	학생생활기록부에 기재된 내용 중 교과(성적) 부분을 제외한 활동 출결, 수상경력, 봉사, 창의적 체험활동, 행동특성 및 종합의견 등
석차 백분율	교과 성적을 백분율로 표시한 것 예) 100명 중 50등 → 석차 백분율 50%
석차 등급	과목 석차 백분율을 활용하여 상대적 위치로 9등급으로 나눔.

석차 등급	석차 누적 비율
1등급	~4% 이하
2등급	4% 초과 ~ 11% 이하
3등급	11% 초과 ~ 23% 이하
4등급	23% 초과 ~ 40% 이하
5등급	40% 초과 ~ 60% 이하

석차 등급	석차 누적 비율
6등급	60% 초과 ~ 77% 이하
7등급	77% 초과 ~ 89% 이하
8등급	89% 초과 ~ 96% 이하
9등급	96% 초과 ~ 100% 이하

용어	설명
수시모집	학생의 다양한 능력과 재능을 반영하기 위해 정시모집에 앞서 대학이 실시하는 선발 방식으로 학생부교과, 학생부종합, 논술, 실기 4가지 전형유형이 있음.
정시모집	주로 수능 성적 중심으로 모집군(가군/나군/다군)으로 구분하여 선발하는 방식
정원 내/ 정원 외 전형	정원 내 전형: 정원을 전형별로 나눠서 선발하는 경우 정원 외 전형: 균등한 교육기회 제공을 위해 대학에서 자율적으로 실시하는 전형 예) 농어촌학생, 특성화고 졸업자, 기초생활수급자, 특수교육필요대상자 등
복수 지원	수시 모집에는 최대 6개까지 지원 가능. 정시모집에서는 1개 모집군마다 1개 모집단위에 지원할 수 있으며 총 3개까지 지원 가능.
절대평가vs상대평가	절대평가: 학생의 성적을 미리 결정된 기준에 따라 점수를 부여하는 평가 방식. 수능 영어, 한국사 영역, 제2외국어 및 한문 영역은 절대평가에 따른 등급만 제공 ○ 상대평가: 개인의 성적을 다른 학생의 성적과 비교하여 집단 내에서의 상대적 위치로 평가하는 방식. 국어, 수학, 탐구는 상대평가 체제하의 등급과 점수 제공
수능최저 학력기준	수시모집에서 주로 사용되며, 일정한 수준 이상의 수능 성적을 받아야 최종 합격 가능 예) 수능 4개 영역 중 3개 영역 합 6등급 이내

04 미리보는 대입 전형

대입 전형 소개

고등학교에 진학해서 대학 입시를 체계적으로 준비하기 위해 미리 대학 입시에 관련된 대입 전형 및 학교생활기록부 기재 방식을 이해하면 유리합니다.

<table>
<tr><th>구분</th><th colspan="2">전형 유형</th><th>주요 전형 요소</th></tr>
<tr><td rowspan="4">수시</td><td rowspan="2">학생부 위주</td><td>학생부 교과</td><td>교과 중심</td></tr>
<tr><td>학생부 종합</td><td>비교과, 교과, 면접 등</td></tr>
<tr><td colspan="2">논술 위주</td><td>논술 등</td></tr>
<tr><td colspan="2">실기 위주</td><td>실기 등</td></tr>
<tr><td rowspan="2">정시</td><td colspan="2">수능 위주</td><td>수능 등</td></tr>
<tr><td colspan="2">실기 위주</td><td>실기 등</td></tr>
</table>

수시 모집은 '학생의 학교생활을 중심'으로 뽑는 전형으로, 내신성적을 중심으로 하는 학생부 교과, 내신성적을 포함하여 학교에서 이루어졌던 다양한 활동들을 통해 종합적으로 학생을 평가하는 학생부 종합, 논술, 실기 4가지의 전형이 있습니다. 학생부 전형은 수능최저학력기준이 있는 경우가 많으니 내신뿐만 아니라 수능도 병행하여 준비해야 합니다. 수시 모집의 논술은 논술 고사를 통하여 학생들을 선발하는 전형입니다. 인문계열, 자연계열 논술 모두 고등학교 교육과정 내에서 출제됩니다.

정시모집은 수능 성적 발표 이후 모집군(가·나·다)을 정하여 선발하며 주로 수능 성적 중심으로 학생을 선발하는 방식입니다. 수능점수가 당락에 중요하게 작용합니다. 같은 수능점수라도 각 대학별로 표준 점수와 백분위의 반영 여부, 영역별 반영 비율이 다릅니다. 본인에게 가장 유리한 대학을 찾는 것이 중요하다는 것을 알아두세요.

대학수학능력시험 영역별 문항 수, 배점, 시간

		문항 수	문항 유형	배점		시험시간
				문항	전체	
국어		45	5지선다형	2점, 3점	100점	80분
수학		30	5지선다형, 단답형	2점, 3점, 4점	100점	100분
영어		45	5지선다형(듣기17문항)	2점, 3점	100점	70분
한국사(필수)		20	5지선다형	2점, 3점	50점	30분
탐구	사회탐구	과목당 20	5지선다형	2점, 3점	과목당 50점	과목당 30분
	과학탐구	과목당 20	5지선다형	2점, 3점	과목당 50점	과목당 30분
	직업탐구	과목당 20	5지선다형	2점, 3점	과목당 50점	과목당 30분
제2외국어/한문		과목당 30	5지선다형	1점, 2점	과목당 50점	과목당 40분

2022 이후 대입 전형 소개

대학수학능력시험 개편

- 국어·수학·직업탐구 영역에 공통문항+선택문항 구조 도입
- 사회·과학 탐구영역에서 계열 구분 없이 최대 2과목 선택
- 수능 EBS 연계율 기존 70%에서 50%로 축소
- 제2외국어/한문 상대평가에서 절대평가로 전환

구분		2022학년도	
수능 출제 범위	국어	공통	독서, 문학
		선택	화법과 작문, 언어와 매체 중 택1
	수학	공통	수학Ⅰ,수학Ⅱ
		선택	확률과 통계, 미적분, 기하 중 택1
	영어	영어Ⅰ, 영어Ⅱ	
	한국사	한국사	
	탐구	계열 구분 없이 자유롭게 택2	
		일반계	17과목(사회9과목, 과학8과목) 중 택2
		직업계	성공적직업생활+5과목(농업기초기술, 공업일반, 상업경제, 수산·해운산업의기초, 인간발달) 중 택1
	제2외국어/한문	9과목(독일어Ⅰ, 프랑스어Ⅰ, 스페인어Ⅰ, 중국어Ⅰ, 일본어Ⅰ, 러시아어Ⅰ, 아랍어Ⅰ, 베트남어Ⅰ, 한문Ⅰ) 중 택1	
수능EBS 연계율		50%(과목 특성에 따라 간접연계로 전환)	
성적 산출		상대평가: 국어, 수학, 탐구 -> 표준점수, 등급, 백분위 표기 절대평가: 영어, 한국사, 제2외국어/한문 -> 등급만 표기	

2022학년도 대입 전형의 주요 특징

- 서울 소재 중상위권 이상 대학의 정시 수능위주전형 확대
- 수도권 대학 학생부교과전형 지역균형전형 확대
- 공통(75%) + 선택형(25%) 수능과 대학별 수능 선택과목 지정
- 학생부종합전형 서류 기록 축소 및 제출서류 간소화

  과도한 경쟁 및 사교육을 유발할 수 있는 학생부와 자기소개서 등 학생부종합전형 제출서류가 많이 간소화되었습니다. 특히, 중학생 여러분이 대학에 갈 때에는 자기소개서가 폐지되고, 학교생활기록부(학생부)가 더 간소화됩니다.
- 균등한 고등교육 기회 제공을 위한 고른 기회 특별전형 모집인원 규모 확대

05 고등학교 학교생활기록부

학교생활기록부

학생부종합전형에서 가장 중요한 서류는 학교생활기록부

2024학년도 대입('21년 고1 해당)부터 정규교육과정 외 비교과 영역은 대입에 반영하지 않습니다. 비교과 영역에서 수상경력, 독서, 자율동아리 활동 등이 빠지면서 학생들의 부담이 줄어들었습니다.

※ 미기재: 학생부에서 삭제, 미반영: 학생부에는 기재하되 대입자료로 미전송

구분			현 고1(2024학년도 대입)
학생부	교과활동 세부능력 및 특기사항		과목당 500자 방과후학교 활동 미기재 영재.발명교육 실적 미반영
	행동특성 및 종합의견		연간 500자
	비교과활동	자율활동	연간 500자
		동아리활동	연간 500자 소논문 기재금지/자격증 미반영 자율동아리 미반영 청소년 단체활동 미기재
		봉사활동	특기사항 미기재 개인봉사활동 실적 대입 미반영(단, 학교교육계획에 따라 교사가 지도한 실적은 대입 반영)
		진로활동	연간 700자(진로희망분야 대입 미반영)
		수상경력	대입 미반영
		독서활동	대입 미반영

수상 및 독서 활동 등 여러 비교과 활동을 대입에 활용할 수 없다면 대학이 원하는 정보를 얻을 수 있는 교과학습발달상황, 세특 등의 중요성이 훨씬 커졌다고 생각하면 됩니다. 특히 교과 세특은 3년간 총 40여명의 교과 담당교사가 해당 학생의 수업 참여도와 성취도를 관찰하고 평가한 결과이므로 전형 자료로 충분히 의미 있게 활용될 수 있습니다.

세부능력 특기사항 관리 Tip!

01
수업시간 50분 동안 졸거나 잠을 자지 않는다.

02
수업시간에 다른 교과목 과제나 학습을 하지 않는다.

03
수업 중 질문, 수행평가, 조별 활동 등에 적극적으로 참여하고 손을 들어 발표한다.

04
수행평가 등 과제 제출 시 친구들 작품이나 인터넷 내용들을 그대로 베껴 내지 않고 스스로 노력한 흔적이 드러나도록 한다.

05
수업 내용 중 궁금한 것은 대충 넘어가지 말고 질문을 함으로써 교과에 대한 관심을 드러내고, 담당 선생님과 소통한다.

06
학습 내용과 연계된 교과 연계 독서 활동을 한다.

07
여러 과목의 세부능력 특기사항이 본인의 관심사, 흥미와 적성, 전공 관련 활동을 기준으로 하나로 연계되도록 한다.

06 진로에 따른 과목 선택하기

공통 과목
일반 선택, 진로 선택

2015개정교육과정은 학생 선택 중심 교육과정으로 고등학교 1학년에서는 보통 공통과목을 이수하지만, 2, 3학년에서는 학생 자신의 진로에 따라 필요한 과목을 선택해 이수하도록 하고 있습니다.

공통 과목, 일반 선택, 진로 선택은 뭐예요?

'공통 과목'은 문·이과 구분 없이 모든 고등학생들이 배워야 할 필수적인 내용으로, 국어, 수학 영어, 한국사, 사회, 과학, 통합사회, 통합과학, 과학탐구실험 과목이 있습니다.

'일반 선택' 이란 교과별 학문에 대해 기본적으로 이해해야 하는 내용으로 구성된 과목입니다. 모든 학생이 폭넓게 선택할 수 있는 과목이며 대부분 수능 출제 과목입니다.

'진로 선택'은 교과 융합학습, 진로 안내학습, 교과별 심화학습 및 실생활 체험학습 등이 가능한 과목으로, 학생들이 적성과 진로에 따라 선택할 수 있는 과목입니다. 기하와 과학 II (물리학 II, 화학 II, 생명과학 II, 지구과학 II)의 4개 과목을 제외하고는 수능 출제 과목이 아닙니다.

교과영역	교과(군)	공통 과목	선택 과목	
			일반 선택	진로 선택
기초	국어	국어	독서, 문학, 화법과 작문, 언어와 매체,	실용 국어, 심화 국어, 고전 읽기
	수학	수학	수학Ⅰ, 수학Ⅱ, 확률과 통계, 미적분	실용 수학, 기하, 경제 수학, 수학과제 탐구
	영어	영어	영어Ⅰ, 영어Ⅱ, 영어 회화, 영어 독해와 작문	실용 영어, 영어권 문화, 진로 영어, 영미 문학 읽기
	한국사	한국사		
탐구	사회(역사/도덕포함)	통합사회	한국지리, 세계지리, 세계사, 동아시아사, 경제, 정치와 법, 사회 문화, 생활과 윤리, 윤리와 사상	여행지리, 사회문제 탐구, 고전과 윤리
	과학	통합과학 과학탐구 실험	물리학Ⅰ, 화학Ⅰ, 생명과학Ⅰ, 지구과학Ⅰ	물리학Ⅱ, 화학Ⅱ, 생명과학Ⅱ, 지구과학Ⅱ, 과학사, 생활과 과학, 융합과학
체육·예술	체육		체육, 운동과 건강	스포츠 생활, 체육 탐구
	예술		음악, 미술, 연극	음악 연주, 음악 감상과 비평 미술 창작, 미술 감상과 비평
생활·교양	기술 가정		기술 가정, 정보	농업 생명 과학, 공학 일반, 창의 경영, 해양 문화와 기술, 가정과학, 지식 재산 일반
	제2외국어		독일어Ⅰ 프랑스어Ⅰ 스페인어Ⅰ 중국어Ⅰ / 일본어Ⅰ 러시아어Ⅰ 아랍어Ⅰ 베트남어Ⅰ	독일어Ⅱ 프랑스어Ⅱ 스페인어Ⅱ 중국어Ⅱ / 일본어Ⅱ 러시아어Ⅱ 아랍어Ⅱ 베트남어Ⅱ
	한문		한문Ⅰ	한문Ⅱ
	교양		철학, 논리학, 심리학, 교육학, 종교학, 진로와 직업, 보건,환경, 실용 경제, 논술	

진로에 맞는 선택과목 고르기

고1 때 공통 과목을 마친 후 고2와 고3이 되면, 일반 선택과 진로 선택과목을 선택합니다. 학생부종합전형에 지원할 학생이라면 자신의 진로에 맞게 설계하여 선택하는 것이 필요합니다. 진로·진학을 전문으로 담당하는 학교의 선생님, 담임선생님과의 심층적인 상담을 통해 과목을 선택하면 좋습니다. 희망하는 대학교의 가이드북 관련 책자에 있는 선택과목 권장 사항, 학생선택과목에 대한 이수 기준 및 평가방법 등의 내용 등을 살펴보세요. 예를 들어, 서울대는 수학, 과학, 사회 교과 선택과목 이수 기준에 따라 정시 수능 위주 전형에서 유형별로 가산점을 부여합니다.

진로에 따른 과목 선택의 예시

상경 계열 **학과 : 분석적이고 논리적인 사고력을 기르기 위해 수학을 충분히 선택하고, 국제 감각을 익히기 위해 정치와 법, 경제뿐만 아니라 세계사, 세계지리 등 사회 교과의 과목도 광범위하게 선택할 수 있습니다.

구분(상경)	1학년	2학년	3학년
기초	국어, 수학, 영어 한국사	화법과 작문, 독서, 언어와 매체, 문학, 수학Ⅰ, 수학Ⅱ, 확률과통계, 경제 수학(미적분)*, 영어 회화, 영어Ⅰ, 영어 독해와 작문, 영어Ⅱ	
탐구	통합사회	한국지리, 세계지리, 세계사, 동아시아사, 경제, 정치와 법, 사회·문화, 생활과 윤리, 윤리와 사상, 사회문제 탐구 중 택 4~6	
	통합과학, 과학탐구실험	과학Ⅰ, 생활과 과학 중 택 1~2	
체육·예술	체육, 음악, 미술	운동과 건강, 스포츠 생활, 음악 감상과 비평, 미술 감상과 비평	
생활·교양	정보, 심리학, 실용 경제 중 택 0~2, 제2외국어Ⅰ, 한문Ⅰ, 제2외국어Ⅱ 중 택 1~3		

간호·보건 계열 **학과 : 관련 직무를 잘 수행하기 위해 필요한 것은 생명과학 · 화학적인 지식뿐만 아니라, 환자를 이해하고 배려하는 따뜻한 마음입니다. 화학, 생명과학은 심화 수준까지 선택하고, 생활과 윤리, 정치와 법, 사회·문화, 심리학, 보건 등 인간에 대한 이해를 돕는 과목도 선택할 수 있습니다.

구분(간호보건)	1학년	2학년	3학년
기초	국어, 수학, 영어 한국사	화법과 작문, 독서, 언어와 매체, 문학, 수학Ⅰ, 수학Ⅱ, 확률과 통계(미적분) 영어 회화, 영어Ⅰ, 영어 독해와 작문, 영어Ⅱ	
탐구	통합사회	정치와 법, 사회·문화, 생활과 윤리, 사회문제 탐구 중 택 2~3	
	통합과학, 과학탐구실험	화학Ⅰ, 생명과학Ⅰ	화학Ⅱ, 생명과학Ⅱ
체육·예술	체육, 음악, 미술	운동과 건강, 스포츠 생활, 음악 감상과 비평, 미술 감상과 비평	
생활·교양	제2외국어Ⅰ, 한문Ⅰ 중 택 1~2, 심리학, 보건, 제2외국어Ⅱ 중 택 2~3		

07 목표대학, 학과 탐색

목표대학 학과 탐색

학교의 정보(교육 이념, 위치, 학교의 특징적인 내용)와 그 학교에 들어가기 위한 전형 방법 등을 조사해서 기록해보세요. 구체적인 정보는 자신이 관심 있는 대학교와 학과 홈페이지를 검색(예: '고려대학교' 또는 '고려대학교 국어국문학과'로 검색)하거나 아래 사이트에 들어가서 검색하면 됩니다.

어디가>대학/학과/전형>학과정보	커리어넷>직업학과정보

워크넷>직업진로>학과정보	서울진로진학정보센터>학과정보

대학교	전공	학교/학과 정보	전형방법	내가 준비해야 할 것들

쉬는시간 중학생이 알아야 할 대입 정책

2022학년도 대입전형 체계

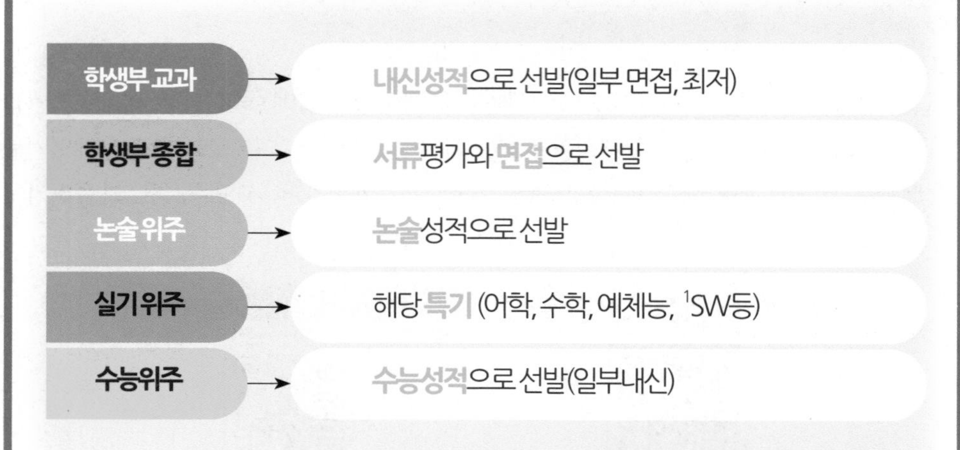

2020 · 2021 학년도 대입 전형 비율

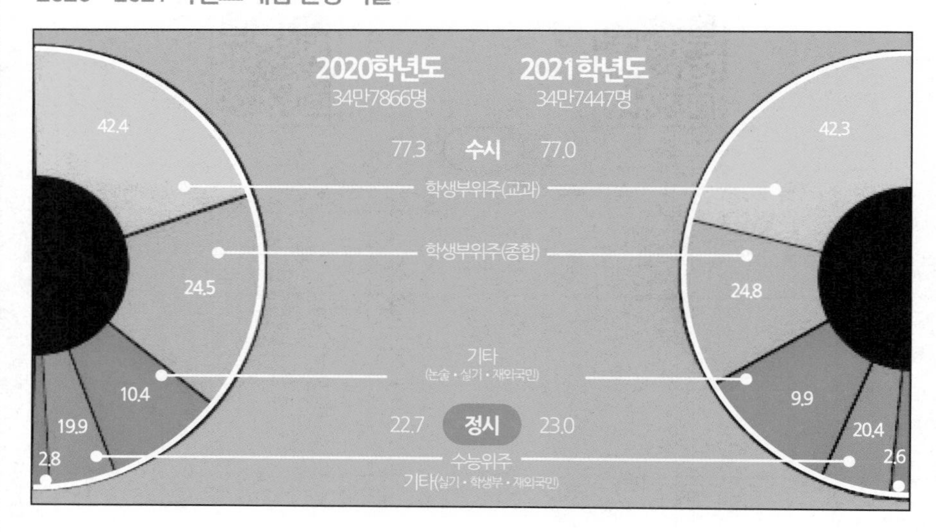

1) 소프트웨어

2021학년도 이후 수능 변화와 준비 방법

구분	수능변화	입시준비
2021년	수능 수학의 출제범위 변화	자연계열은 기하와 벡터 과목이 제외되면서 부담은 줄었으나 1등급 경쟁은 치열해지므로 철저하게 공부해야 함 인문계열은 지수와 함수, 로그함수, 삼각함수가 추가되므로 부담이 늘어나지만 포기하지 않고 준비해야 함.
2022년	수능위주전형 비율 30% 이상 확대 권고	대체로 논술전형을 줄여 정시인원을 확대하기 때문에 일반고 학생은 영향을 받지 않음.
	수학·사회·과학과목에 문과·이과 구분 폐지	수학은 수학Ⅰ, 수학Ⅱ를 공통으로 치르며 확률과 통계와 미적분, 기하 중에 한 과목을 선택해서 응시하므로 전공 학과와 관련된 과목을 선택하여 공부.
		수능에서 사회와 과학은 구분 없이 2과목을 선택하기 때문에 이과학생과 문과학생 모두 동일한 문제로 시험을 보게 되므로 이제는 이과와 문과에 편중된 공부를 해서는 안 되고 모든 과목을 비중 있게 공부해야 함.
	제2외국어/한문 절대평가	절대평가로 바뀌면 수능 탐구과목과 대체하는 대학이 줄어들기 때문에 응시율이 떨어질 것으로 예상됨.
	EBS 연계율을 기존 70%에서 50%로 축소	지문이나 그림, 도표 등의 자료가 출제될 가능성이 낮아지나 기본적인 원리를 이해하고 파악하는 개념학습은 EBS교재를 참고로 공부하는 것이 좋음.
2022년 이후	2022~2024년은 고교학점제 일부 도입	진로선택과목의 성취평가제가 실시되며 2025년에 전면 실시될 때까지 많은 변화가 있을 예정임. 학생이 스스로 선택하는 것이 중요한 포인트.

중학교 적응 만렙 매뉴얼

중학생활 끝판왕

초 판 1쇄 발행 2021년 3월 1일
초 판 2쇄 발행 2021년 5월 20일
초 판 3쇄 발행 2022년 1월 1일

기 획 정동완
지 은 이 정동완 육근섭 안혜숙 진연자 윤호진 문예나 유경화
펴 낸 이 꿈구두
펴 낸 곳 꿈구두
디 자 인 안혜숙 조현지

출판등록 2019년 5월 16일, 제2019-000010호
블 로 그 https://blog.naver.com/edu-atoz
이 메 일 edu-atoz@naver.com
I S B N 979-11-971095-6-0

책값은 표지 뒤쪽에 있습니다.
파본은 구입하신 서점에서 교환해드립니다.